한국사는 없다

한국사는 없다

더 넓은 시각으로 바라본 우리 역사

유성운 지음

제대로 된 한국사를 만났다!

유성운은 글을 잘 쓴다. 그의 글은 호객(?)에 강점이 있다. 읽는 이를 잘 끌어들이고 탄탄한 사실 관계를 유연하게 풀어내면서도 여운이 짙게 남는 이슈를 던진다. 이 책 한사군漢四郡 부분을 꼭 보라. 먼 스코틀랜드와 잉글랜드의 경계에 세운 고대 로마의 하드리아누스 성벽에서 이야기를 시작한다. 웬 로마? 그런데 한반도의 낙랑군으로 매끈하게 이어진다. 평양 장백동 무덤의 발굴 성과를 상세히 소개하면서 한사군 위치 논쟁과 낙랑군의 의미 등에 대해 깔끔하게 정리한다. 그리고 묻는다. 영국은 프랑스 노르망디 출신인 정복왕 윌리엄을 왕실 족보의 맨 위에 올려놓는데, 우리는 왜 실체가 명백한 낙랑군을 외면하려 하는가? 이러한 은폐와 왜곡이 우리의 인식에 어떤 도움이 되는가?

이 책은 하나의 작은 사건이 역사의 변곡점이 되는 순간을 추적한 역작이다. 절대 놓쳐서는 안 되는 한국사의 잃어버린 퍼즐이 이 책에 담겨 있다. 연표식 전개, 사건과 흥미 위주의 해설에서 벗어나 기후와 세계정세 변화 등을 적용해 입체적으로 조명한 제대로 된 한국사를 만나게 될 것이다.

_김용석(전 서울역사박물관장, 현 서울시의회 사무처장)

선진국 대한민국을 위한,
그리고 세계 시민을 위한 한국사

최근 한국인의 관심사가 일상과 국내에 머무르지 않고 세계 이웃들로 확장되고 있다. 대한민국 국민이 세계 시민으로 거듭나는 데 속도가 붙는 듯하다. 이젠 세계적인 시각과 지구적인 관점에서 한국사를 바라볼 때가 되었다.

한국사를 국사國史라 부르며, 우리 역사를 중심으로 세계사를 인식하던 때가 있었다. 하지만 우리만의 역사란 존재할 수 없다. 인류는 다양한 지역에서 다양한 사람들과 교류하며 역사를 만들어왔다. 한국사 역시 동아시아, 나아가 세계와 상호작용하며 빚어졌으며, 그것은 전 세계적이고 전 지구적인 흐름과 맞닿아 있다.

이 책은 한국사를 이야기하면서도 생각의 폭을 세계와 지구의 영역으로 확장시킨다. 홀로세의 기후 변동과 단군 설화, 14세기 유라시아 대륙의 자연 환경과 조선의 건국을 연결하는 대목 등은 전 지구적인 시각에서 한국사를 생각하는 기회를 제공한다.

'한국사는 없다'는 도발적인 제목과 달리, 책에는 한국의 역사를 향한 저자의 애정이 가득하다. 역사의 큰 흐름을 따라가다가 어느새 지금 우리의 일상과 연결되는 지점에 이르게 된다. 지금껏 접해보지 못한 색다른 한국사의 여정으로 함께 떠나보자.

_한영준(『두선생의 지도로 읽는 세계사』 저자, 유튜브 〈두선생의 역사공장〉 운영자)

이보다 선명하게 과거를 재현한
역사책은 아직 없었다!

우리는 인류 역사라는 흐름 속에 존재한다. 그렇기에 우리는 과거에도 존재했고, 현재에도 존재하며, 미래에도 존재해낼 것이다. 존재란 가치를 증명하는 일이다. 흐름에 무지하다면, 제대로 보지 못하고 있다면, 흘러갈 뿐 존재하지 못할지도 모른다.

『한국사는 없다』는 단순히 지금껏 우리가 배워온 한국사가 틀렸다거나 미처 몰랐던 사실을 전달해주는 책이 아니다. 우리가 어떻게 흘러왔는지에 대한 맥을 짚어준다. 저자는 역사에 대한 시각은 물론 현재 우리가 당면한 역사 문제의 갈등까지 새로운 시각으로 볼 수 있도록 논리적으로 그 진실과 핵심을 그려낸다.

저자가 전하는 과거의 이야기들은, 안개가 걷힌 새로운 한반도의 모습을 통해 오늘의 우리에게 전혀 다른 시각의 현재를 선물할 것이다.

_박준홍(유튜브 〈당신이 몰랐던 이야기〉 운영자이자 동명의 도서 저자)

한국사를 벗어나
한국사를 바라보다

어릴 때 역사책을 보면서 가장 원망스러웠던 인물은 고구려의 장수왕이었다. 왜 드넓은 만주 벌판으로 더 뻗어나가지 않고 남쪽으로 방향을 틀었을까? 왜 우리 민족의 영역을 더 확장하지 않고 좁디좁은 한반도로 내려왔을까? 아버지 광개토 대왕의 위업을 계승해 대륙 쪽으로 영토를 넓혔다면 얼마나 좋았을까? 이런 생각이 꼬리를 물었다. 책은 비옥한 한강 유역을 확보하기 위해서라고 설명했지만, 잘 이해가 되지는 않았다. 한반도보다 넓은 만주에서는 농사를 지을 수 없었나?

그렇게 수십 년간 원망을 안고 살다가 우연한 기회에 장수왕의 억울한 사정을 이해할 만한 계기가 찾아왔다. 대학원에서 기후환경학을 공부할 때였다. 당시 나는 지구 온난화나 저탄소 등 요즘 관심을 끄는 주제보다는 과거의 기후에 관심이 더 많았다. 그래서 그와 관련한 논문과 서적을 많이 찾아보았다. 그러다가 만난 것이 대만의 기후역사학자 류자오민이 쓴 『기후의 반격』이었다.

그에 따르면 중국은 위·촉·오가 다투던 삼국 시대부터 기온이 내려가기 시작해서 삼국을 통일한 진晉나라 이후 완연한 소빙기로 접어들었다. 이상 한파가 닥친 해가 26차례나 되고 한여름에 눈과 서리가 내려 농사를 망친 일이 허다했다. 336년부터 420년까지 약 80년 동안 홍수에 관한 기록은 없는 반면 한재旱災 기록은 30여 차례다. 그래서 류자오민은 "(이 시기는) 중국 역사상 한재가 가장 심각했던 시기"라고 꼽았다.

기후가 한랭해지면 서늘한 기후대에 살던 사람들이 더욱 절박한 처지에 놓인다. 사실상 선택지가 하나밖에 없다. 따뜻한 지역으로 이동하는 것이다. 그렇게 해서 중국에서는 만리장성 이북에 살던 오랑캐들이 대거 남하해 한족 왕조인 진晉을 멸망시키고, 이후 여러 나라를 세우고 무너뜨리기를 반복했다. 역사에서 5호 16국 시대(304년~439년)라고 부르는 시기다. 비슷한 때에 로마 제국도 변경 곳곳에서 밀려드는 게르만족의 침입과 약탈을 버텨내지 못하고 붕괴하기 시작했다. 5세기에 유라시아 대륙의 양쪽에서 비슷한 현상이 벌어졌던 것이다. 우연의 일치가 아니었다. 장수왕의 남하 정책도, 5호 16국 시대의 개막도, 로마 제국의 멸망(476년)도 기후가 연출한 역사의 한 장면이었던 것이다. 이처럼 역사는 기후, 환경, 세계정세 등과 밀접하게 맞물려 돌아간다. 어느 개인이나 정치 세력의 의지에 의해서 만들어질 수 있는 공간은 매우 좁다. 따라서 자국의 역사만 주목해서 바라보면 이러한 고리들을 놓치게 된다. 마치 내가 오랜 기간 장수왕을 야망과 패기가 없는 지도자로 오해했던 것처럼 말이다.

역사의 현장에 갖가지 변수가 개입하는 일은 장수왕의 사례만이 아니다. 고려가 멸망할 때 세계 제국을 건설했던 원(몽골)도 무너졌다. 토지 문제로 인해 고려가 혼란에 빠졌다는 사실은 알려져 있지만, 그 강력했던 원나라가 왜 무너졌는지는 잘 모른다. 두 나라의 멸망에 밀접한 관계가 있는데도 말이다. 임진왜란도 마찬가지다. 우리는 대체로 과거의 일본을 얕보는 경향이 있다. 그런데 조선이 '오랑캐'라며 무시했던, 조선이 아니었으면 도자기도 제대로 굽지 못했던 일본이 1592년 어떻게 수십만 대군을 이끌고 조선을 침공할 수 있었는지 그 배경에 대해서는 제대로 살피려 하지 않는다. 조선은 10만의 군사를 양성하는 것도 재정 부담 때문에 포기했는데, 일본은 원정군의 보급에 비용이 몇 배로 드는데도 어떻게 15만 명의 대군을 조선에 파병할 수 있었을까? 간단히 설명하자면 당시 일본의 갑작스러운 부상浮上은 대항해 시대와 세계 무역 체제의 개막과 밀접하게 연결되어 있다.

하지만 학교의 역사 시간에는 이런 의문에 답해주지 않는다. 그저 잔혹한 왜군이 조선을 침략해서 나라가 누란지위에 빠졌을 때 성웅 이순신이 나타나 나라를 구했다는 점만 반복한다. 대부분의 유튜브 채널, 영화, 드라마 역시 이순신과 그의 전술이 얼마나 탁월했는지만 강조한다. 우리 민족의 우수성에 집착해서 역사의 여러 가지를 살피지 않는다면, 임진왜란 당시 외부에 눈과 귀를 닫았던 선조, 조선 지도층과 지금 우리가 다를 게 무엇일까?

이 책은 한국사를 접하면서 느꼈던 이런 답답함을 풀어보고자 나름 고민하며 찾아보았던 자료들을 정리한 결과물이다. 한국사를 보다 큰 틀에서 입체적으로 바라볼 수 있는 숨은 '고리'들을 찾는 데 집중했다.

우리의 사서史書는 왜 단군의 고조선 건국 연도를 2333년으로 잡았을까? 중국의 전설적인 리더인 순 임금과 시기를 맞추려고 했다는데, 그렇다면 왜 그보다 앞선 요 임금이나 복희씨, 신농씨의 시대와 맞추지 않았을까? 고려는 어떻게 조선과 달리 실용적인 외교를 펼칠 수 있었을까? 그럼에도 왜 14세기의 위기를 넘지 못했을까? 성군이라는 세종은 왜 노비 문제만큼은 손대지 못했을까? 이런 의문 속에 숨어 있는 미싱 링크를 하나하나 찾으면서 그간 한국사에서 간과했던 기후와 지정학, 경제 상황 등이 밀접하게 연결되어 있다는 사실을 새삼 확인할 수 있었다.

서구나 중국, 일본의 역사학계에서는 역사와 기후, 지정학을 엮는 시도가 이미 활발하게 진행되었지만, 한국에서 이런 서술 방식은 아직 낯설다. 그러다 보니 학계에 몸담지도 않은 내가 이런 책을 낸다는 사실이 큰 부담으로 다가왔고, 지도도 없이 나침반만 들고 무모한 모험에 나서는 듯한 걱정에 빠지기도 했다. 그럼에도 나의 이야기에 귀기울여주고 기꺼이 지원해주신 페이지2북스 김선준 대표님과 이런저런 사정으로 늦어지는 작업을 끈기 있게 기다리며 끈질기게 재촉해주신 송병규 팀장님께 감사할 따름이다.

이 책의 내용들이 새로운 발견을 담은 것은 아니다. 물론 나의 '뇌피셜'로 꾸민 것도 아니다. 이미 학계에서 검증된 사실들에 기후와 환경, 경제, 지정학 등을 조금 첨가해 엮었을 뿐이다. 그럼에도 독자들에게는 '어, 이 사건을 이렇게 볼 수도 있구나!' 하는 관점을 제시할 수 있을 것이다. 무엇보다 '세계사의 틀'에서 한반도와 그 주변에서 일어난 사건들을 조망하는 데 조금이라도 도움을 줄 수 있었으면 좋겠다. 그렇게만 된다면 저자로서 더없이 보람을 느낄 것 같다.

차례

왜 우리 민족을 상징하는 동물은 곰이 아니라 호랑이가 되었는가?

: 단군 설화가 말해주는 역사적 사실들 ·· 16

고대 한반도의 중국, 낙랑군에 얽힌 역사의 진실

: 한사군이 우리 역사에 남긴 유산 ··38

변방의 약소국 신라가 급부상한 결정적 사건

: 한반도의 트로이 전쟁, 포상팔국의 난 ··68

1장

왜 우리 민족을 상징하는 동물은 곰이 아니라 호랑이가 되었는가?

단군 설화가 말해주는 역사적 사실들

"우리나라를 상징하는 동물은 어째서 곰이 아니라 호랑이가 되었나요?"

2021년 여름 어느 모임에 강연자로 나섰을 때 받은 질문이다. 도쿄 올림픽 때 우리나라 선수촌에 '범 내려온다'고 적힌 현수막이 내걸린 일이 화제가 되었던 무렵이고, 마침 단군 설화에 관해서 이야기하려던 참이기도 했다.

나는 그럴듯한 답을 알고 있다는 듯 여유로운 미소를 지은 채 머릿속으로는 재빨리 초중고와 대학의 역사 수업 시간을 더듬기 시작했다. 그렇게 2~3초 정도 어색한 침묵을 흘려보낸 뒤에 깨달은 바가 있었다. '아, 그때도 딱히 결론을 내리지 못하고 지나갔구나.' 하지만 눈을 반짝이는 청중들 앞에서 잘 모르겠다고 말할 수는 없어서 대충 얼버무렸다. 워낙 횡설수설한 탓에 당시에 무슨 말을 했는지 기억조차 나지 않는다.

한국사학계와 인류학계에서는 이에 대해서 여러 가지 설을 내놓았다. 시베리아를 비롯한 동북아시아에는 곰 숭배 신화가 널리 퍼져 있고, 충남 공주는 과거에 웅진(熊津·곰나루)이라고 불리기도 했다. 하지만 이러한 사실들은 질문한 이가 원하는 답에 배치되는 사례들이다. 강연을 끝낸 뒤에 같은 질문이 머릿속에 맴돌았다. '동굴 속에서 어렵게 삼칠일을 버티며 환웅과 결합하여 설화의 주인공이 된 곰은 어찌하여 우리 민족의 상징이 되지 못했을까?' 그날 이후 여러 논문과 서적을 뒤적였다.

단군 설화의 진짜 주인공은 환웅?

고기古記에 이르기를 옛날에 환인桓因의 서자 환웅桓雄이 있어서 자주 천하에 뜻을 두어 인간 세상을 구하기를 탐냈다. 아버지가 아들의 뜻을 알아 천부인天符印 3개를 주고, 가서 그곳을 다스리도록 하였다. 환웅은 무리 3,000명을 이끌고 태백산정太伯山頂의 신단수神壇樹 아래로 내려왔으니, 그곳을 신시神市라 부르고 이분을 환웅천왕桓雄天王이라고 부른다. 풍백風伯, 우사雨師, 운사雲師를 거느리고 곡식, 운명, 질병, 형벌, 선악 등을 주관하니, 무릇 인간의 360여 일들을 주관하여 세상에 있으며 다스리고 교화하였다.

_『삼국유사三國遺事』

단군 설화를 자세히 들여다보면 이상한 점이 한둘이 아니다. 모름지기 '단군' 설화인데도 단군보다는 환웅에 관한 이야기가 보다 구체적이고 분량도 훨씬 많다. 정작 주인공인 단군에 관해서는 '평양에 도읍하고 비로소 조선이라 하였다', '도읍을 백악산 아사달로 옮겼는데 1,500년 동안 나라를 다스렸다', '주周의 호왕虎王이 기자箕子를 조선에 봉하니 단군은 곧 장당경藏唐京으로 옮겼다가 뒤에 아사달에 돌아와 숨어 산신이 되었으니 1,908세까지 살았다' 정도로 진술하고 있을 뿐이다. 환웅에 비해서 드라마가 단조롭다. 최광식 고려대 한국사학과 명예 교수의 지적처럼 "단군 설화라기보다 환웅 설화"에 가까워 보인다.

이 설화의 실질적인 주인공인 천제의 아들 환웅은 어떤 존재였을까? 먼저 그가 풍백·우사·운사와 3,000명을 거느리고 지상에 내려왔다는 대목에 주목해보자. 한자에서 나타나듯이 풍백風伯은 바람, 우사雨師는 비, 운사雲師는 구름을 가리킨다. 농사를 짓는 데 필수적인 자연환경을 뜻한다. 환웅과 그의 무리가 농경 지식이 뛰어났음을 알 수 있다. 이는 단군 설화를 추적하는 중요한 연결 고리가 된다.

4.2ka 이벤트가 고대 세계를 붕괴시키다

과거의 지구 환경을 밝히려는 수많은 연구 데이터에 따르면 지구는 수십억 년에 걸쳐 냉탕과 온탕을 오가다가 1만 300년 전 오랜 빙하기에서 벗어나 현재와 같이 온난한 환경에 이르렀다. 덕분에 추위를 피해 동굴에서 지내던 인류의 활동 범위가 넓어졌고, 사냥과 농경을 익히는 가운데 문명은 새로운 단계로 진입했다. 이 시기를 홀로세*Holocene Epoch*라고 부르는데, 이때가 사실상 인류 역사가 시작되는 지점이다. 지금도 우리는 홀로세에 살고 있는 셈이다.

홀로세 기간에도 지구의 기온은 몇 차례 롤러코스트를 탔다. 하지만 이전의 빙하기처럼 북아메리카나 유럽이 얼음으로 뒤덮일 정도는 아니어서 삶의 반경을 넓히기 시작한 인류를 다시 동굴 안으로 들여보내지는 않았다. 이후 기후 환경이 급격히 변화한 몇 차례 시기가 있었는데, 이때마다 인류의 생활 패턴에 영향을 끼칠 수밖에 없었다. 우리가 지금 온난화에 민감하게 반응하는 것처럼 말이다. 특히 기후학자들이 주목하는 홀로세의 3차례 기후 변화, 8.2ka·4.2ka·2.4ka 이벤트는 인류 문명에 적잖은 흔적을 남겼다(참고로 'ka'는 라틴어 'killo annum'의 줄임말로, '천년'을 뜻한다. 그러니까 4.2ka는 4,200년 전을 가리킨다). 그리고 이 기후 변화에 가장 먼저 노출된 문명은 인류 역사에서 처음 농경을 시작한 메소포타미아(오늘날의 이라크 남동부)와 레반트(지중해 동안) 지역이었다.

메소포타미아에 최초로 제국을 건설한 이들은 아카드*Akkad*라고 불리는 세력이었다. 강력한 군사력을 앞세운 이들은 수메르

　　　　　　　　　　한국사는 없다

북쪽 도시 아카드를 중심으로 주변의 도시 국가들을 차례차례 정복해 사르곤 왕(재위 기원전 2334년경~기원전 2279년) 시대에는 페르시아만 일대에 인류 최초의 제국을 형성했다. 하지만 이 제국은 오래지 않아 급격하게 쇠퇴하며 역사의 뒤안길로 사라졌다(기원전 2334년경~기원전 2154년). 아카드 제국의 갑작스러운 퇴장은 역사학자들의 오랜 관심사였다. 그렇게 강력했던 제국이 왜 갑자기 사라졌을까?

당시 아카드인들은 알 수 없었지만, 이들은 기후 변화에 희생된 첫 번째 제국이었다. 서울대 지리학과 박정재 교수는 『기후의 힘』에서 이들을 강타했던 '범인'으로 4.2ka 이벤트를 지목했다. 4.2ka 이벤트는 홀로세에 일어난 가장 강력한 기후 변화였다.

기원전 2200년경 세계 곳곳에서는 기온이 하강하고 홍수가 일어나거나 가뭄이 잦아지는 기상 이변이 속출했는데, 이 일이 문명을 꽃피운 메소포타미아의 환경을 바꾸어놓았다. 기온이 지금보다 1~3도가량 높았던 6,000~8,000년 전 메소포타미아에는 적도 수렴대(적도 부근에 북동 무역풍과 남동 무역풍이 수렴하면서 생기는 저기압대)가 머무르면서 비를 제법 많이 뿌렸다. 덕분에 이 지역은 수목이 우거지고 비옥한 토양이 생성될 수 있었다. 그런데 지구의 기온이 낮아지자 적도 수렴대는 남쪽으로 이동했고, 이 지역은 점차 건조해지면서 지금 우리에게 익숙한 풍광으로 바뀌기 시작했다.

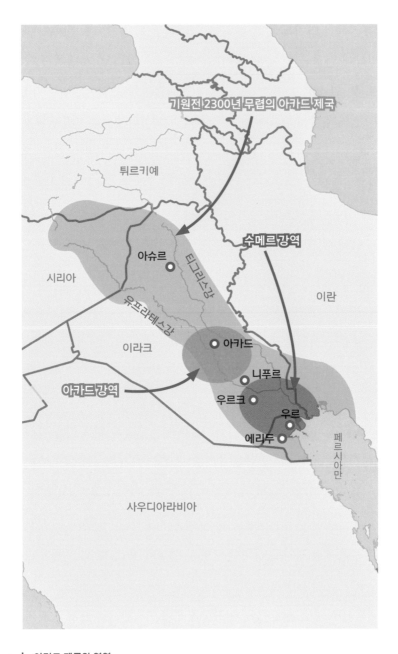

기원전 2300년 무렵의 아카드 제국

튀르키예

시리아

아슈르

티그리스강

유프라테스강

수메르강역

이란

이라크

아카드

아카드강역

니푸르

우르크

우르

에리두

페르시아만

사우디아라비아

| 아카드 제국의 영역

한국사는 없다

아카드 제국이 자리 잡은 메소포타미아 지역은 물을 끌어들이는 관개 농업을 바탕으로 인류 최초의 문명이 번성했던 곳이다. 그런 만큼 급격한 기후 변화가 가져온 건조화로 인해 치명타를 입었다. 농업이 쇠퇴하고 식량이 부족해지자 군대를 유지하기 어려워졌고 이는 제국의 붕괴로 이어졌다.

구약 성서에 등장하는 아브라함의 이동 경로도 당시 악화한 기후 사정을 반영하고 있다. 『창세기』에서 아브라함이 조상 대대로 살아온 메소포타미아 갈대아 우르(메소포타미아의 우르 지역으로 '갈대아'는 이 지역의 유목 민족 명칭이다)를 떠난 이유도 비를 좇은 것이다. 당시 이들은 농경과 유목을 병행했기 때문에 양 떼를 먹이는 풀과 경작에 필요한 물이 절실했다. 그래서 비가 잦은 땅을 찾아 가나안으로 갔다가 다시 이집트로 남하한 것이다. 당시 이집트에는 그렇게 아시아에서 흘러들어온 사람이 많았다.

하지만 이집트도 안전지대는 아니었다. 거대 피라미드를 세울 정도로 강력한 중앙 집권 시스템을 완성했던 이집트였지만, 고왕국 제6왕조(기원전 2345년~기원전 2181년)에 내부 권력 다툼과 4.2ka 이벤트가 겹치면서 급격히 흔들렸다. 나일강의 강수량이 감소하고 농업용수가 부족해지자 농민들은 낫 대신 칼을 들고 봉기해 왕조를 무너뜨렸다. 이후 이집트는 약 100년간 혼란에 빠져들었다. 인도의 고대 문명을 상징하는 모헨조다로와 하라파 같은 도시들이 모래 속에 파묻힌 시기도 역시 4.2ka 이벤트 무렵이다.

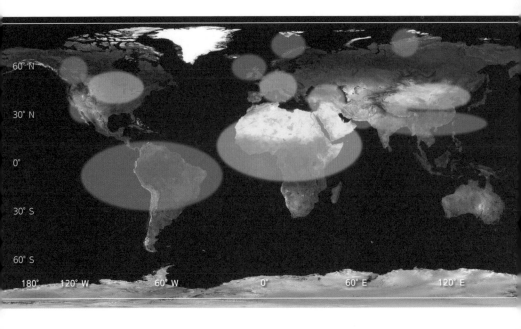

4.2ka 이벤트로 영향을 받은 지역 주황색으로 표시한 곳은 습하거나 잦은 홍수로 피해를 입은 지역이고, 연두색으로 표시한 곳은 가뭄의 영향을 받은 지역이다.

 단군왕검이 아사달에 도읍을 세운 시점도 바로 이 무렵이었다. 단군이 개국한 해는 중국의 요堯 임금이 왕위에 오른 때와 같은 기원전 2333년이라고 기록되어 있다. 학계에서는 단군에게 권위를 부여하기 위해 중국의 전설적 군주인 요 임금과 때를 맞춘 것이라고 본다. 하지만 중국 요 임금의 즉위와 단군의 고조선 개국이 공교롭게도 4.2ka 이벤트와 겹치는 것을 우연으로만 볼 수 있을까?

 요 임금 때 중국 역시 4.2ka 이벤트의 영향권에 있었다. 설화

한국사는 없다

에 따르면 요 임금은 "넘실거리는 홍수가 사방으로 해를 끼쳐 쓸어버릴 듯 산을 삼키고 구릉을 넘어 멀리멀리 하늘까지 닿으려 할 때에 아래 백성들이 탄식하니, 능한 이가 다스리게 하리라"고 탄식했다고 한다. 미증유의 대홍수가 중국을 할퀸 것이다. 그는 치수 사업을 위해 곤鯀을 발탁했지만 실패하자 그의 아들 우禹에게 사업을 이어가게 했다. 그렇게 치수 사업에 성공하면서 중원은 문명을 세우게 되었다. 그렇다면 4.2ka 이벤트는 한반도에서 어떻게 기억되었을까?

선진 농경 지식을 갖춘 환웅 세력이 가져온 변화

홀로세의 온난한 기후는 인류가 식량을 구하기 쉬운 환경을 만들어주었다. 물이 풍부한 강에는 물고기가 흔해지고, 비옥해진 숲에는 열매와 사냥하기 손쉬운 동물이 많아졌다. 덕분에 100명 정도 살던 마을은 사람이 모여들고 육아 환경이 좋아지면서 순식간에 400~500명의 인구를 갖출 만큼 규모가 커졌다. 하지만 인구가 늘어나면서 식량 압박이 시작되었다. 이를 해결하기 위해 인류가 선택한 것이 바로 농경이다. 농경은 제한된 면적에서 식량 생산을 극대화하기 때문에 늘어난 인구를 부양할 수 있게 해주었다.

20세기 후반 튀르키예에서 발굴된 차탈회위크 유적은 인류의 이런 과정을 잘 보여준다. 고고학자들은 이곳에 모여 살던 주민들이 처음에는 수렵과 채집, 목축으로 생계를 유지하다가 식량 문제에 맞닥뜨리자 원시 농업으로 식량을 보충했다는 사실을 확인했다. 학교에서는 '농업 시작→정착 생활'이라는 패턴으로 가르치고 있지만, 차탈회위크 유적을 발굴함으로써 고고학자들은 '정착 생활→농업 시작'이라는 새로운 주장에 귀를 기울이게 되었다.

비슷한 과정을 이어가던 동아시아는 4.2ka 이벤트라는 급격한 기후 변화로 인해 새로운 도전을 받게 되었다. 동아시아 지역에서 4.2ka 이벤트가 가장 기승을 부린 곳은 만주 남부와 한반도 북부였다. 이곳에 살던 사람들은 처음에 수렵과 채집 그리고 조와 기장을 재배하는 원시 농경을 통해 식량을 조달했다. 그런데 4.2ka 이벤트가 닥치면서 심각한 타격을 입게 된다. 이런 사실은 당시의 지층을 연구한 결과 한반도에서 참나무 수가 급격히 감소한 정황을 통해 확인되었다. 참나무 수가 줄어들면 도토리가 줄어들고, 이는 숲에 사는 야생 동물의 감소로 이어진다. 이러한 사실은 수렵과 채집만으로는 식량을 확보하기 힘든 환경으로 접어들었음을 의미한다. 고고학적 자료도 이를 뒷받침한다. 6,000년 전부터 증가하던 움집터가 이 시기에 한반도에서 급격하게 줄어들었다. 환경 변화를 견디지 못한 많은 이들이 터전을 버리고 떠날 수밖에 없었던 것이다.

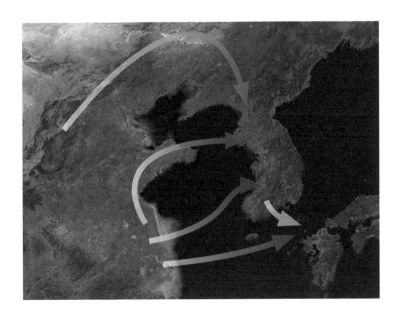

곰과 호랑이를 숭배하던 부족이 살던 땅에 환웅 세력이 들어
온 때가 이 무렵이다. 위에서 언급했듯이 이들은 농사에 필요한
지식을 알고 있었다. 어쩌면 이들 또한 메소포타미아의 아브라함
처럼 기후 변화 때문에 농사가 가능한 새로운 땅을 찾아 이동한
무리였을지 모른다. 참고로 한반도에서 가장 오래된 농경 유적은
황해도 봉산군 지탑리 유적과 평안남도 온천군 궁산리 유적인데,
학계에서는 선진 농경 기술이 중국 라오닝(요녕) 지방을 거쳐 육
로를 통해 한반도 북부로 도입된 뒤 한반도 전체로 퍼져 나간 것
으로 보고 있다.

예나 지금이나 먹거리를 해결해주는 정치가가 최고의 지도자로 추앙받는다. 선진적 농경 지식을 갖춘 환웅 세력은 척박해진 환경 속에서 식량 문제를 해결하여 지지를 얻고, 곧 지도자 그룹으로 떠올랐을 것이다. 환웅이 곡식·운명·질병·형벌·선악 등을 주관했다는 사실은 이들이 정치적 권력을 획득했음을 보여준다.

이와 관련해 얼마 전 경제학자들이 공동 연구로 발표한 국가의 기원 과정은 음미해봄직하다. 2022년 로버트 앨런, 리안더 헬드링, 마티아 베르타치니는 「The economic origins of government(국가의 경제적 기원)」라는 논문을 발표했다. 이에 따르면 기원전 2850년경 이후 유프라테스강과 티그리스강의 물줄기가 6차례 바뀌었는데, 강줄기에서 멀어진 지역은 사원, 시장 같은 공공건물의 건설 확률이 이전보다 14퍼센트 정도 더 높았으며, 운하가 건설될 확률도 12퍼센트 더 높았다고 한다. 학자들은 강에서 멀어지게 된 지역들이 수로 설치나 물 배분 문제 때문에 서로 힘을 합칠 수밖에 없었고, 이러한 결합이 최초의 국가 탄생으로 이어졌다고 결론지었다. 이런 대규모 공사를 가능케 하려면 노동력과 비용(세금)이 필요할 수밖에 없고, 이것을 분배하는 권력이 요구되기 때문이다. 쉽게 말해서 어떤 어려움이 닥치면 그것을 해결하는 힘을 필요로 하고, 이러한 힘에 의해 형성된 질서가 국가와 같은 거대 조직을 형성하는 동기가 되었다는 뜻이다. 환웅 세력이 권력을 잡은 것도 이와 같은 과정을 통해서였을 것이다.

또한 그들이 주도하는 새로운 농경과 정치로 인해 고조선 지역의 인류 공동체는 많은 변화를 겪게 되었고, 기존의 방식을 완전히 뜯어고쳐야 했을 것이다. 그렇지만 오랜 기간 몸에 밴 생활 방식을 바꾼다는 것은 결코 쉬운 일이 아니었다.

단군 설화는 한반도 지배 세력의 변화를 보여준다

호랑이와 곰이 있어서 같은 굴에 살았는데, 항상 신웅神雄에게 기도하기를, 변화하여 사람이 되기를 바라는 것이었다. 이때 신이 신령한 쑥 한 타래와 마늘 스무 개를 주면서 "너희가 이것을 먹으면서 백 일 동안 햇빛을 보지 않으면 사람의 모습을 얻을 것이다"라고 하였다.

단군 설화에서 이어지는 내용이다. 사람이 된다는 것은 문명화를 의미한다. 문명을 뜻하는 단어 civilization이 '농사를 짓는다'는 동사 cultivate에서 파생했다는 사실은 문명이 농경을 바탕으로 함을 보여준다.

수렵과 채집은 짧은 시간에 식량 문제를 해결해준다. 반면에 농경은 씨를 뿌리고 물을 주고 잡초를 제거하는 노동력과, 곡물이 성장하는 긴 시간을 필요로 한다. 수렵 채집민이 농민으로 전환하는 일은 100일 동안 햇빛을 보지 않고 쑥과 마늘만으로 연명하는 것만큼이나 힘겨운 과정이었을 것이다. 결국 호랑이로 상징되는 부족은 이 고된 과정을 버티지 못하고 튕겨 나갔다. 그리고 남은 곰 부족은 환웅 세력과 연대해 국가(고조선)를 건설했다. 환웅의 부인이 되었다는 '웅녀'는 곰 부족이 왕비를 배출하는 식으로 양측이 혼인 동맹을 맺었음을 암시한다. 『삼국지三國志』 위지 동이전魏志東夷傳에는 고구려에 연노부, 절노부, 순노부, 관노부, 계루부 등 5개 부족이 있었는데, 이 중 계루부는 왕을, 절노부는 왕비를 냈다고 기록되어 있다. 환웅-웅녀 측의 연대도 이와 비슷했을 것이다.

4.2ka 이벤트 이후 지구를 강타한 기후 변화는 2.8ka 이벤트였다. 2,800년 전에 일어난 이 대형 기후 변화는 이번에도 동아시아 지역을 찾아왔다. 이때 중국 랴오둥(요동) 지역에서 벼농사를 짓던 주민들이 기후 난민이 되어 한반도로 밀려 들어왔다. 이 무렵 한반도에서는 이미 농경이 활성화되어 있었다. 한정된 공간에서 농경지와 물을 확보해야 하는 농경 문화권은 기본적으로 배타적이다. 대규모 이주민이 유입되자 갈등이 일어나지 않을 수 없었다. 낯선 사람들, 환경 훼손, 식량 부족 등의 문제가 겹치면서 한반도는 큰 소용돌이에 빠져든다. 『삼국유사』에 나타난 단군 설화의 마지막 부분을 다시 보자.

평양에 도읍하고 비로소 조선이라 하였다. 또 도읍을 백악산 아사달에 옮겼는데 1,500년 동안 나라를 다스렸다. 주의 호왕이 기자를 조선에 봉하니

한국사는 없다

단군은 곧 장당경으로 옮겼다가 뒤에 아사달에 돌아와 숨어 산신이 되었으니 1,908세까지 살았다.

4.2ka와 2.8ka의 시간적 간격은 1,400여 년이다. 단군이 아사달(위치는 평양 부근의 백악산, 황해도 구월산, 중국 랴오닝성 차오양시 등이 거론된다)에 도읍해 나라를 다스렸다는 1,500년의 시간과 거의 일치한다. 또 중국 주나라 호왕(무왕)이 기자를 조선에 보내자 단군은 장당경(오늘날의 황해도와 중국 랴오닝성의 선양시라는 의견이 엇갈린다)으로 옮겨 갔다고 한다. 이러한 진술은 기자로 대표되는 중국계 이주민과 단군으로 대표되는 고조선 원주민 세력 사이에 충돌이 벌어졌고, 결국 단군 그룹이 패배하여 근거지를 옮겼다는 사실을 말해준다. 이후 단군(으로 상징되는 그룹)은 아사달로 복귀했으나 숨어 지내면서 산신이 되었다. 정치적 권력을 확보하는 데는 실패했음을 보여준다. 환웅 그룹이 선진적 농경 기술을 들고 오자 원주민 무리 가운데 호랑이 부족이 물러났던 역사가 기자 그룹과 단군 그룹 사이에서 재현된 것이다. 고대 한반도 역사는 이렇게 기후 변화가 가져온 충격을 극복하면서 시작되었다.

그래서 왜 호랑이가 우리 민족의 상징이 되었나?

원래의 질문으로 돌아가보자. 환웅 부족과 결합해 고조선을 건국했던 곰 부족은 어디로 간 것일까? 당시 이에 대한 많은 논문들을 뒤져보았지만, (지금까지도) 딱 이거다 싶은 답을 얻지는 못했다. 일부 학자들은 환웅이 하늘에서 내려왔다고 여겨졌기 때문에 이때부터 '하늘'을 기리는 제천 의식이 열렸으며, 이로 인해 곰을 숭배하는 토템 의식이 차츰 밀려났을 것으로 본다.

> 부여 사람들은 은나라 정월(음력 12월)이 되면 하늘에 제사를 드리는데, 온 나라 백성이 크게 모여서 며칠을 두고 마시고 먹으며 춤추며 노래 부르니, 그것을 곧 영고라 일컫는다.
>
> _『삼국지』위지 동이전

즉 곰 부족은 시간이 지나면서 환웅 세력에 자연스레 흡수되었을 거라고 보는 견해다. 두 개의 태양이 없듯, 일단 국가가 형성된 이후에는 통일성이 강조되면서 곰 부족의 정체성을 내세우기가 어려웠을 것이라는 이야기다. 실제로 곰에 대한 신앙이나 제사를 다룬 기록은 전해지는 것이 없다. 반면 같은 책에 '예濊족은 호랑이에 제사를 지냈다'는 기록이 있는데, 이는 고조선 건국 과정에서 이탈한 호랑이 부족이 끝까지 자기 정체성을 유지했음을 시사한다. 예는 대체로 만주 남쪽부터 함경도, 강원도 일대에 살았던 종족으로 알려져 있다. 『후한서後漢書』도 이들에 대해 '그 풍속은 산천을 존중하고 호랑이에게 제사 지내며 그것을 신으로 섬긴다'고 적었다.

고조선이 멸망한 뒤 곰 부족이 여기저기 흩어졌다는 주장도 있다. 신화학자인 서울대학교 조현설 교수는 "곰 부족은 고조선의 해체와 함께 흩어졌는데, 일부는 시베리아 등으로 이동"했다는 쪽이다. 시베리아에 사는 에벤키족(에벤크인)에 전해지는 암곰 설화는 암곰에게 납치되어 강제 결혼한 사냥꾼이 그 사이에서 낳은 자식을 두고 도망쳤다는 내용인데, 우리의 곰나루 설화와 유사하다며 이같이 주장한다.

같은 이유로 일본 시즈오카 대학교 김양기 교수는 『일본서기日本書紀』에 나오는 '구마나리'라는 지역이 백제의 '곰나루[熊津(웅진)]'에서 유래된 것이라며 고조선 멸망 뒤 백제로 내려온 곰 숭배 사상이 일본으로 건너갔다고 보고 있다.

백제의 옛 수도 공주(웅진)에는 한 어부가 암곰에게 잡혀간 뒤 부부가 되어 자식까지 두었다가 빠져나가자 암곰이 이를 비관해 자식들과 함께 금강에 빠져 죽었다는 설화가 남아 있다. 일부 세력(어부)이 연대했다가 이탈하고, 파워 게임에서 밀려난 곰 부족이 금강을 타고 어디론가 이동했음을 암시한다. 이때 이들이 금강을 타고 이동한 곳이 일본은 아니었을까? 일본에서는 곰을 '쿠마'라고 하는데 고구려를 뜻하는 '高麗(고려)'는 '고마'라고 읽는다. 한반도와 곰 사이의 특별한 커넥션이 고대부터 일본어에 반영된 것이 아닌가 싶기도 하다. 정확한 문헌이 남아 있지 않으니 이렇

충남 공주시 고마나루에 있는 곰 가족상(위)과 곰 사당(아래) 고마나루의 '고마'는 '곰'
이라는 뜻도 있지만, '넓다'라는 뜻도 있다. 금강의 강변에 자리 잡은 고마나루에는 이 지
역에 전해 내려온 암곰 설화를 기억하기 위한 여러 가지 시설이 있다. ⓒ한국관광공사

한국사는 없다

게 상상력만 자극하게 된다.

어쨌거나 호랑이가 지금처럼 우리 민족의 상징으로 강조된 것은 비교적 최근의 일이다. 조선 시대만 하더라도 호랑이는 '해로운 동물'로 인식되어 국가 차원에서 대대적인 소탕에 나섰다. 유교 국가에서는 인간을 해치는 맹수를 잡아들이는 것이 군주의 중요한 덕목으로 강조되었다. 조선 정부는 호랑이 사냥 전문 부대인 착호갑사捉虎甲士를 편성했는데, 조선의 정예 병력인 갑사甲士 중에서도 최정예로 꼽혔다.

『경국대전經國大典』에 따르면 착호갑사 440명을 포함해 전국 각 관청에 '호랑이 사냥꾼'을 두었는데, 총 1만 명에 달했다고 한다. 정약용도 『목민심서牧民心書』에서 백성을 괴롭히는 해독害毒으로 도적, 귀신붙이와 더불어 호랑이를 들었다. '호환虎患'이라는 말에서 알 수 있듯 맹수인 호랑이는 두려움의 대상이었다.

이런 취급을 받았던 호랑이가 한민족을 상징하게 된 때는 국권이 흔들리던 구한말부터다. 학계에서는, 호랑이가 일본에 대한 저항 정신과 조선을 상징하게 된 계기가 1908년 《소년少年》 창간호에 최남선이 그린 호랑이 형상의 한반도 그림부터라고 꼽는다. 이것은 일본 지리학자 고토 분지로가 1903년 한반도를 토끼 모양으로 형상화한 데 대한 반발이었다. 최남선은 1926년 동아일보에 '호랑이'라는 7편의 글을 연재하며 호랑이 관련 각종 이야기를 정리했다. 그러면서 "고조선 이전부터 호랑이가 민족의 토템

근역강산맹호기상도 일제 강점기 시절 일본을 대표하는 지리학자 고토 분지로는 한반도의 지질 구조를 발표하면서 한반도의 형세가 토끼 모양이라고 밝혔다. 이는 우리 민족의 나약함을 내세우려던 일제의 식민 정책과 맞아떨어졌다. 이에 최남선은 우리 땅과민족이 호랑이의 기상을 가진 점을 부각하기 위해 〈근역강산맹호기상도〉를 그렸다.

한국사는 없다

으로 숭배를 받아왔다"는 사실을 강조해 '조선의 표상'으로 규정했다. 고대 한반도의 기후 재난이 환웅이라는 존재를 소환한 것처럼, 구한말부터의 국권 침탈이라는 시대 상황이 호랑이를 소환한 것이다.

2장

고대 한반도의
중국, 낙랑군에 얽힌
역사의 진실

한사군이 우리 역사에 남긴 유산

2022년 겨울, 나는 제국의 변경에 있었다. 영국 북부의 하드리아누스 성벽이다. 브리튼섬을 동서로 가로지르는 이 유서 깊은 장벽長壁에 도착한 때는 크리스마스를 막 지난 12월 하순의 어느 날 오후였다. 오전만 해도 햇살이 반짝였지만, 역시 영국답게 차에서 내릴 때는 비바람이 몰아쳤다. 아주 춥지는 않으면서도 뼛속 깊이 한기가 느껴지는 영국 특유의 음습한 바람이었다. 우산이 없었기에 옷깃을 여미면서 성벽에 마련된 박물관으로 곧장 들어갔다. 그리고 몸을 녹일 요량으로 따뜻한 아메리카노를 주문하며 카페 점원에게 "로마군이 왜 여기서 멈췄는지 알겠다"고 짓궂은 표정으로 말하자, 점원은 무덤덤한 표정으로 "2파운드(커피값)"라고 답했다.

　　기원전 55년 카이사르의 군대가 브리타니아(영국의 로마식 명칭)

에 상륙한 이래 확장을 거듭하던 로마는 이곳에서 진군을 멈추었다. 나 같아도 저런 비바람을 맞으며 굳이 북쪽으로 전진할 필요를 느끼지는 않았을 것이다. 위로 더 가봐야 일 년 내내 날씨는 우중충하고 비바람 때문에 와인을 만들기도, 마실 여유도 갖기 어려웠을 테니 말이다(놀랍게도 지금보다 따뜻했던 당대에 영국 일부 지역에서는 포도를 재배해 와인을 만들어 마셨다). 그래서였는지 로마군은 이곳에서 문명과 야만을 나누는 장성을 쌓았다. 길이 118킬로미터의 이 성벽은 제국의 북쪽 국경이 되었다(로마군은 하드리아누스 성벽을 쌓고 20년 뒤 더 북쪽으로 진군해 안토니누스 성벽을 쌓았으나 곧 버려졌다). 그리고 하드리아누스 성벽은 브리튼섬의 문명이 잉글랜드와 스코틀랜드로 나뉘는 기준이 되었다.

비바람이 몰아치든 말든 박물관에 전시된 로마의 흔적들을 구경하는 데는 아무런 문제가 없었다. 전시 공간은 작았지만, 모자이크나 도자기 등 발굴된 유물이 제법 풍부했다. 이탈리아에서 수백 킬로미터나 떨어진 곳에서 로마를 만날 수 있다는 점도 놀라웠지만, 사실 내가 깊은 인상을 받은 일은 따로 있었다. 이를 대하는 영국인의 태도였다.

카이사르가 정복한 이후 영국은 400여 년간 로마 제국의 지배를 받았다. 어찌 보면 굴욕의 시간이었고 영국사의 암흑기라고 부를 수도 있을 것이다. 하지만 정작 영국인들은 그런 생각을 하지 않는 듯했다. 이곳을 주요 관광지로 잘 보존하며 알리고 있을

하드리아누스 성벽과 위치 2세기 로마인들에 의해 건설되었으며, 브리튼섬의 역사가
잉글랜드와 스코틀랜드로 각각 발전하는 계기가 되었다.

뿐 아니라 심지어 내가 찾아간 2022년은 영국 헤리티지 재단이 지정한 하드리아누스 성벽 방문의 해였으니 말이다.

사실 영국에서 로마 지배의 흔적을 찾기란 별로 어려운 일이 아니다. 수도 런던을 비롯해 윈체스터^{Winchester}, 콜체스터^{Colchester} 등 영국에서 역사가 오랜 도시에 있는 박물관을 찾아가면 된다. 그러면 그 지역에서 발굴한 로마 시대의 각종 유물을 소개하는 전시 공간을 만날 수 있다. 뿐만 아니라 로마 제국의 지도를 보여주면서 이 시기 브리튼섬이 로마까지 어떻게 교역망으로 연결되었고 각종 문물을 받아들였는지도 자세히 설명해준다. 말이 나온 김에 덧붙이자면 영국에는 윈체스터, 맨체스터, 체스터 등 이름에 체스터^{chester}가 들어가는 지명이 많은데, 이것은 라틴어로 요새를 뜻하는 카스트룸^{castrum}이 어원이다. 하긴 런던도 로마인들이 붙인 '론디니움^{Londinium}'이라는 명칭에서 유래했다.

영국 남부의 손꼽히는 관광 도시이자 정직한 지역명을 갖고 있는 바스^{Bath}는 로마 시대의 거대한 목욕탕이 아주 훌륭하게 보존되어 있다. 또 한때 아서왕의 카멜롯으로 여겨졌던 웨일스의 칼레온은 20세기 초 발굴 조사 결과 로마의 원형 경기장으로 확인되었다. 그러자 웨일스 사람들은 로마 군단 박물관$^{Roman\ Legionary}$ $^{Museum\ Caerleon}$을 짓고 이곳에서 발굴된 50만 점의 유물을 전시하는 중이다. 하드리아누스 성벽 북쪽인 스코틀랜드는 로마 속주에 편입되지 않은 '덕분'에 로마 유적이 거의 없는 편인데, 이곳 자치

한국사는 없다

정부는 로마군이 남기고 간 안토니우스 성벽을 유네스코 세계 문화유산 등재 후보로 신청했다. 이처럼 영국 이곳저곳이 로마의 흔적을 알리는 데 열심이다.

영국에서의 경험을 한참 소개한 이유가 있다. 한국사에서 유사한 사례를 살펴보려고 하기 때문이다.

한漢, 고조선을 치고 한사군을 설치하다

원봉元封 3년 여름, 니계상尼谿相 참參이 사람을 시켜 조선 왕 우거右渠를 죽이고 항복하여 왔으나, 왕검성王險城은 함락되지 않았다. 죽은 우거왕의 대신 성기成己가 또 한漢나라에 반反하여 다시 군사들을 공격했다. 좌장군은 우거의 아들 장長과 상相 노인路人의 아들 최最로 하여금 그 백성을 달래고 성기를 죽이도록 했다. 이로써 드디어 조선을 평정하고 진번眞番, 임둔臨屯, 낙랑樂浪, 현토玄菟의 사군四郡을 설치했다.

_『한서漢書』 조선전朝鮮傳

기원전 108년 한나라는 고조선을 무너뜨리고 네 개의 군(낙랑·현도·진번·임둔군)을 설치했다. 훗날 고구려 미천왕이 대방군과 낙랑군을 정복한 때가 313년이니 중국의 행정 기관이 무려 420년가량 한반도에 있었던 셈이다. 카이사르가 침공한 때로부터 로마군이 철수하기까지의 기간(기원전 55년~기원전 410년)과 얼추 비슷하다. 그런데 뚜렷하게 다른 점이 있다. 영국사에서의 로마와 달리 한사군漢四郡은 한반도 역사에서 사실상 공백으로 남아 있다는 것이다. 말 그대로 지워진 시간이다. 유적이나 유물이 없어서일까? 그렇지 않다. 낙랑군 지역에서 발견된 무덤만 해도 2,600여 기나 되며, 그곳에서 발굴된 유물의 양도 상당하다. 그런데 교과서에서는 한두 줄 정도로 짧게 언급하며 지나갈 뿐이다. 학계에서는 연구가 꽤 진행되었는데도 말이다. 왜 그럴까?

사실은 이 책을 읽는 모두가 그 이유를 대충 짐작하고 있을 것이다. 낙랑군을 비롯한 한사군이라는 존재가 민족의 자존심을 건드리는 주제이기 때문이다. 고구려, 백제, 신라가 출현하기 전 한반도에 중국의 식민지가 먼저 존재했다는 사실이 불편하게 느껴지는 것이다. 하지만 한사군, 특히 낙랑군은 한반도 고대사의 실체를 밝혀주는 가장 중요한 미싱 링크 중 하나다.

한 무제는 왜 고조선을 쳤나 1 : 디커플링

한사군은 한나라가 고조선을 침공한 결과물이다. 한사군의 성격을 제대로 파악하려면 먼저 한나라가 왜 고조선을 노렸는지를 살펴보아야 한다. 이들은 왜 장성(만리장성) 밖 땅에서 전쟁을 일으켰을까? 고조선은 한나라를 쳐들어간 적이 없고 위협이 된 적도 없었다. 그런데도 한나라가 고조선을 반드시 무너뜨리겠다고 결심한 이유를 사서는 이렇게 전한다.

> (위만의 손자) 우거왕 때에 이르러서는 유인해낸 한漢나라 망명자 수가 대
> 단히 많았으며, 천자에게 조견朝見치 않을 뿐만 아니라 진번眞番, 진국辰國이
> 천자를 알현謁見하고자 하는 것도 가로막고 통하지 못하게 하였다.
>
> _『한서』

즉 한나라가 고조선을 친 데는 두 가지 이유가 있었다. ①한
나라의 망명자들을 많이 받아들였다. ②주변 국가들의 조공을
중간에서 방해했다.

탈북자 사례에서 보듯이 망명자 문제는 외교적으로 아주 민
감한 이슈 중 하나다. 더구나 고대 사회에서는 '인구=국력'이었
다. 지금은 타국을 침략하더라도 주민들을 끌고 가는 일이 거의
없지만, 고대에는 사람이 가장 중요한 노획 물자였다. 백제를 무
너뜨린 당나라가 약 10만 명의 백제 사람을 중국으로 끌고 간 것
도 그래서였다. 사람이 빠져나가면 노동력도, 세금도 줄어든다.
특히 고조선으로 넘어간 한족은 대개 변방에 사는 주민이었다.
변방에 사는 주민이 줄어들면 그것은 국경의 치안 문제로 연결
된다. 특히 한나라는 이전 진秦나라 때보다도 국경 동향에 민감했
다고 한다. 이전 진나라가 천하를 통일하고도 지방 반란 세력에
의해 무너졌기 때문이다. 그래서 불법 월경 등 국경 치안만큼은

엄벌주의를 지향했던 진나라보다 엄격했던 것으로 알려져 있다. 따라서 한나라에서 망명자 문제에 민감하게 반응한 일이 수긍이 된다.

그런데 한나라 입장에서 더욱 신경이 쓰였던 사안은 ②였던 것 같다.

항해술이 발달하지 않았던 당시에는 바다로 나가면 배를 육지에 바짝 붙여서 이동해야 했다. 그래서 한강 이남의 소국^{小國}들이 한나라에 가려면 고조선의 영역(해역)을 거쳐 갈 수밖에 없었다. 물론 육지로 가도 마찬가지였다. 고조선은 이런 지리적 이점을 활용해 이익을 챙겼다. 처음에는 중계 무역을 통해 경제적 이익을 취하는 정도였겠지만, 국력이 커지면서 소국들과 한나라 사이의 외교 관계에도 개입했던 것 같다.

한나라 입장에서는 고조선의 이런 행위가 거슬렸다. 그들의 천하관^{天下觀}에 따르면 고조선은 중화의 울타리가 되어야 했다. 그런데 외부의 불온한 움직임을 막아주기는커녕 독자적인 세력을 구축하려 하니 좌시할 수 없었다. 사신을 보내 경고했지만, 고조선은 말을 듣지 않았다.

요즘 지정학에서 유행하는 '디커플링(decoupling·인접 국가나 세계 정세의 흐름에서 벗어나 독자적인 노선을 취하는 움직임)'이랄까. 고조선은 당시 중국이 추구하는 동아시아 질서에서 이탈하고 싶은 속내를 감추지 않았다. 만약 한나라의 요구에 따른다면 안전은 보장받더

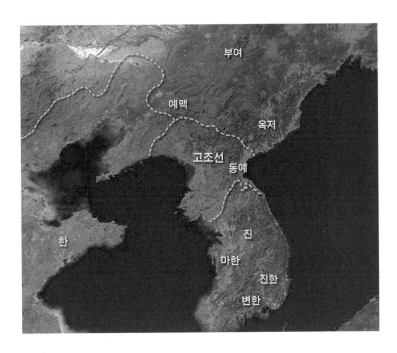

| 기원전 2세기경 한반도 일대의 국가들

라도 만주와 한반도 일대의 그저 그런 소국 중 하나가 될 뿐이었
다. 그리고 한나라의 수도 장안은 중국의 서쪽에 치우쳐 있었다.
설마 여기까지 전력을 다해 공격해올까? 중화의 모범생이 되어
안전을 보장받느냐, 동북아의 풍운아가 되어 독자 세력을 구축
할 것이냐. 고조선으로서는 아슬아슬한 도박을 걸어볼 만하다고
여겼을 것이다.

실제로 수도 장안에서 고조선까지는 꽤 멀었다. 또한 고조선
은 한나라를 위협할 만한 존재도 아니었다. 하지만 제국의 입장

에서 볼 때 이런 움직임을 내버려두면 비슷한 사례가 이어지고 변경이 소란해지면서 결국 제국의 질서가 무너진다. 한나라가 고조선을 제거해야 한다고 결심한 데에는 이런 이유가 있었다. 이보다 앞선 시대 페르시아 제국(아케메네스 왕조)이 아테네와 스파르타 같은 고대 그리스 도시 국가를 쳤던 이유도 마찬가지다. 제국의 입장에서는 당장에 위협이 되느냐, 되지 않느냐가 중요한 게 아니다.

한 무제는 왜 고조선을 쳤나 2 : 흉노를 고립시켜라

그런데 이때 한나라가 고조선을 친 데에는 조금 더 복잡한 사정이 있었다. 우리는 역사에서 어떤 사건이 벌어지면 당사국만의 사정을 생각하고는 한다. 예를 들어 살수 대첩은 수-고구려, 병자호란은 조선-청 같은 식이다. 그러나 이렇게 보는 것은 우물 안 개구리 같은 시야다. 역사적 사건은 다양한 변수, 특히 당대의 국제 정세를 입체적으로 비추어볼 때 본질에 가까이 다가설 수 있다. 한의 고조선 침공도 마찬가지다.

당시 한나라의 가장 중요한 안보 과제는 흉노(匈奴·중국 진한 시대에 몽골고원을 중심으로 활동한 기마 민족)였다. 흉노는 만리장성 건너편 세계를 지배하는 거대 세력이었다. 한나라를 건국한 유방도 천하통일 후 흉노를 치려다가 도리어 포위당해 구사일생으로 살아난 경험이 있다. 이후 한나라는 굴욕적인 화의를 맺고 매년 거액의 돈과 물자를 흉노에 바쳐야 했다. 즉 이때만 해도 동아시아는 중국 일극 체제가 아니라 중국, 흉노, 고조선 등 다양한 세력이 뒤얽힌 시대였다.

유방의 굴욕 이후 한나라는 외부 확장보다 내실을 다지는 데 주력했다. 준비를 마친 것은 7대 황제 무제(武帝·재위 기원전 141년~기원전 87년) 때였다. 그는 묘호의 무武라는 글자에 걸맞게 일생 내내 정력적인 대외 팽창을 꾀한 황제였다. 축적된 국력을 물려받은 그는 이제 흉노를 치고 중국 중심의 동아시아 체제로 재편할 때라고 판단했다.

하지만 흉노는 만만한 상대가 아니었다. 그래서 처음 무제의 구상은 중앙아시아에 있는 월지(月氏·중국 전국 시대부터 한대에 이르기까지 중앙아시아에 존속했던 튀르크 계열 민족의 국가)와 공동 작전을 펴는 것이었다. 양쪽에서 흉노를 협공하면 무찌를 수 있다고 생각했다. 그래서 무제는 장건을 사신으로 보냈지만, 월지는 공동 작전에 시큰둥했다. 이때 장건은 흉노에게 사로잡혀 갖은 고생 끝에 18년 후에 돌아왔다. 장건이 다녀온 길은 실크로드로 발전해 이후 한나라의 경제에 활력을 불어넣었지만, 정작 본래 임무는 달성하지 못한 셈이다. 그래도 역사는 무제의 손을 들어주었다. 한나라는 위청, 곽거병 같은 장수들의 맹활약으로 흉노를 물리치고 서역의 군사·경제적 요충지를 점령하는 데 성공했다. 하지만 흉노는 잠시 물러났을 뿐이었다. 한 무제는 제국의 안녕을 위해서는 이 불온하고 위험한 변수를 영구히 제거해야 한다고 판단했다. 이 구상에 고조선의 운명이 얽혀 들어갔다.

동으로 조선을 정벌하여 현도와 낙랑을 세웠다. 이로써 흉노의 왼팔을 끊었다. 서쪽으로 대완을 정벌하여 36국을 병합하고 오손(한나라 때 톈산산맥 북쪽에 살던 유목 민족)을 연결하고 돈황, 주천, 장액을 세웠다. 이로써 흉노의 오른쪽 어깨를 갈라놓았다.

_『한서』

한의 최대 영역과 고조선, 흉노, 오손의 위치 오손은 톈산산맥 북쪽을 거점으로 한 유목 민족이다.

한 무제가 가장 우려한 시나리오는 흉노가 고조선 같은 주변 국과 손을 잡고 한나라를 둘러싸는 것이었다. 이왕이면 보다 손쉬운 외교적 방법으로 풀고 싶었는지 한 무제는 일단 고조선에 사신을 파견했다. 신하국으로서의 의무를 다할 것을 다짐받기 위해서였다. 하지만 고조선 우거왕으로부터 만족스러운 답변을 얻지 못하자 한 무제는 신속하게 흉노의 '왼팔'을 끊었다. 즉 고조선 정벌과 한사군 설치는 동쪽에서 흉노를 견제하고 고립시키는 대전략의 일환으로 추진된 정책이었다. 한나라는 고조선 정벌 10년 뒤인 기원전 99년 흉노 원정을 재개했고 흉노를 완전히 제압하는 데 성공했다.

이상의 역사적 사실은 중요한 시사점을 안겨준다. 뒤에서 살펴보겠지만, 수나라와 당나라가 엄청난 국력 소모를 감수하면서 수차례 고구려를 침공한 배경도 이때와 별로 다르지 않았다. 대개 이런 과정이다. ①대륙에 통일 국가가 세워지고, ②내부 혼란을 정비하고 나면 ③이들의 시선은 자연스레 한반도로 향했다. 한반도가 중국 중심의 중화 체제를 보호하는 울타리가 되어주지 않는다면 그대로 내버려둘 수 없다는 것이 한 무제 이래 이어진 중국의 대한반도 인식이었다. 시진핑 시대가 공고해지면서 한중 양국 사이에 긴장이 고조되는 것이 과연 우연일까?

한사군은 어디에 있었나?

한나라가 고조선을 멸망시켰다는 것은 역사적 사실이다. 문제는 한사군의 위치다. 이 문제는 오래전부터 논란이 되었다. 한반도에 있었다, 아니다 만주에 있었다, 의견이 나뉘고 있다. 대개의 학자들은 한반도설을 지지하지만, 정식 학계 바깥에서 독자적으로 연구하는 재야 사학계의 학자들은 만주설을 지지한다. 이 문제가 뜨거운 감자가 될 수밖에 없는 이유는 민족의 자존심과 연결된다고 여기기 때문이다. 한사군이 한반도 바깥에 있어야 고조선의 중심은 만주가 되고, 우리 고대사의 영역도 확장된다고 보는 것이다. 한사군 연구가 일제 강점기에 시작되었다는 점 때문에 한반도설은 식민사학의 잔재라는 비판도 있다. 어쨌든 이런 공방이 계속되던 중 2000년대 중반 북한으로부터 놀라운 소식이 전해졌다.

2006년 북한의 한 학술지는 1990년 7월 평양시 락랑구역 정백동 364호 나무곽무덤(덧널무덤)에서 '낙랑군 초원 4년 현별호구부樂浪郡 初元四年 縣別戶口簿'라고 적힌 목간이 출토되었으며, 이를 해석한 결과 낙랑군의 전체 인구수 중 14퍼센트는 한인漢人이고, 나머지는 원 토착 주민으로 나타났다는 내용을 전했다(손영종, 「락랑군 남부 지역의 위치」, 《력사과학》 198호).

목간은 종이가 보급되기 전 각종 행정 기록을 남기는 데 주로 이용했던 도구다. 한나라는 매년 8월 전국의 군현에서 호구 조사

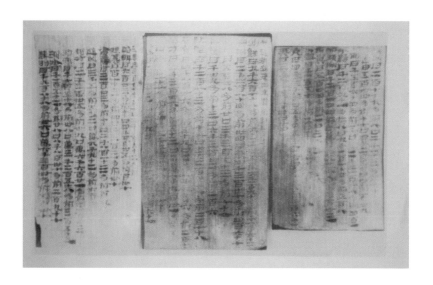

현 이름	호(戶)		인구	
	호수	증가(%)	인구수	증가(%)
조선	9,678	93 (0.96)	56,890	1,862 (3.27)
염한	2,284	23 (1.49)	14,347	467 (3.26)
증지	548	20 (3.65)	3,353	71 (2.12)
점제	1,039	13 (1.24)	6,332	206 (3.25)
사망	1,283	11 (0.90)	7,391	278 (3.76)
둔유	4,826	59 (1.22)	21,906	273 (1.25)
계	19,658	230 (1.17)	110,219	3,157 (2.86)

낙랑군 호적에 나타난 호구 조사 내용의 일부 윤용구, 〈새로 발견된 낙랑 목간 : 낙랑군 初元四年 현별호구부〉, 《한국고대사연구》 46, 한국고대사학회, 2007

를 실시해 중앙에 보고했는데, 조사 결과 이 목간은 기원전 45년 한나라 원제 시기에 집계된 낙랑군 25개 현의 호구 자료로 확인되었다.

　평양에서 한나라의 목간이 발견된 일은 두 가지 사실을 확인시켜주었다. 하나는 그 무렵 평양이, 즉 당시 낙랑군이 한나라 행정 구역의 일부였다는 것이고, 다른 하나는 낙랑군에서 한나라 본토와 마찬가지로 체계적인 인구 조사를 실시했다는 것이다. 인구를 파악하는 것은 세금 수취와 밀접한 연관을 갖는다. 다시 말해 이 자료는 낙랑군이 평양 일대에 실제로 존재했으며, 체계적인 행정이 이루어졌음을 입증하는 '스모킹 건'이다. 그동안 무덤이나 발굴품 등을 통해서 평양이 낙랑군의 중심이었을 것으로 추정해왔지만, 구체적인 문서를 통해 입증된 것은 처음이었다. 민족적 주체성을 강조하는 북한 학계를 통해서 발표되었다는 점은 역설적으로 이 자료의 신빙성에 힘을 더한다. 이로써 한사군 만주설은 힘을 잃게 되었다.

　목간에 따르면 초원 4년(기원전 45년) 낙랑군은 총 25개 현으로 구성되었다. 호수는 4만 3,845호. 전년도(기원전 46년)보다 584호가 증가했으며, 인구는 28만여 명(28,261명)으로 전년도보다 7,800여 명이 늘어난 것으로 집계되었다.

　기원전 45년이면 고조선이 멸망한(기원전 108년) 지 약 60년가량 지난 때다. 인구와 호수가 증가했다는 사실은 고조선이 붕괴

한국사는 없다

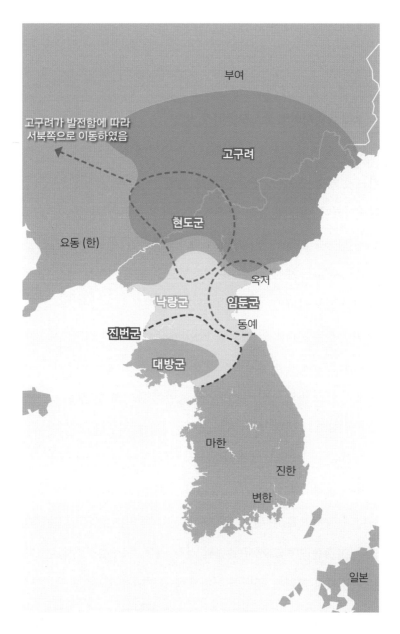

부여

고구려

고구려가 발전함에 따라
서북쪽으로 이동하였음

요동 (한)

현도군

옥저

낙랑군   임둔군

동예

진번군

대방군

마한

진한

변한

일본

한사군의 위치 낙랑군의 위치에 대해서는 만주설과 한반도설이 팽팽하게 맞섰으나, 평양에서 낙랑군 당시의 호적이 발견됨에 따라 한반도설이 힘을 얻게 되었다.

된 혼란을 딛고 낙랑 사회가 안정기에 접어들었음을 알려준다.

고대 동아시아의 코스모폴리스, 낙랑

전국 시대의 진秦나라는 새로운 점령지에 자국민들을 이주시
키는 정책을 펼쳤다. 해당 지역을 빨리 안정시키고 동화同化하기
위해서였다. 이와 관련해 중국 학계에서 주목하는 지역이 남군(南
郡·현재의 중국 후베이성 징저우시와 이창시 일대)이다. 진나라는 기원전
278년 초楚나라의 수도 영郢을 점령하고 이곳에 새로운 행정 구역
인 남군을 설치한 뒤 진나라 사람들과 관리들을 보냈다.

한나라는 진나라의 제도를 많이 계승했는데, 이런 점도 마찬
가지였다. 황제의 직할지이자 새로운 점령지가 된 낙랑군에는 군
인뿐 아니라 관료, 상인 등 많은 중국인이 들어와 살았다. 목간에
따르면 낙랑군 인구 중 한인은 14퍼센트를 차지했다.

덕분에 이 지역은 대륙의 선진 문물을 한반도의 어떤 지역보
다 빠르게 흡수했다. 목간이 발견된 정백동 364호 나무곽무덤에
서는 죽간竹簡으로 된 『논어論語』의 선진先進과 안연顏淵 편도 발견되
었다. 이것은 한반도에서 발견된 가장 이른 유교 경전 자료다. 이
유물은 이미 기원전 45년에 한반도에 유학이 유입되었음을 알려
준다. 이 무렵 평양에서는 어린 학생들이 학교에 나가 "공자 왈
맹자 왈" 하며 경전을 외는 풍경을 어렵지 않게 접할 수 있었을

것이다.

또 하나 주목되는 것은 무덤과 그 안에서 발견된 부장품이다. 이 무덤의 형식은 한나라 스타일과는 조금 달랐고, 무덤 안에서 나온 세형동검은 중국과는 구별되는 한반도 고유의 청동 검 양식이다. 그래서 고고학자들은 이 무덤의 주인이 중국인이 아니라 현지 출신이면서 지방 관리인 속리屬吏에 오른 인물이라고 추정했다. 무덤의 주인은 열심히 공부해서 실력을 쌓아 '현지인'이라는 한계를 극복하고 관료가 된 인물이었던 것 같다. 무덤에서 발견된 『논어論語』는 그런 그의 자부심을 보여주는 부장품이 아니었을까?

이와 관련해 1975년 옛 남군 지역에서 발견된 진나라 시대의 무덤을 참고해보는 것도 좋을 듯하다. 무덤의 주인은 희喜. 진나라의 관료였고 사법 분야를 맡기도 했다. 무덤에서는 『진율잡초秦律雜抄』, 『법률답문法律答問』 같은 법률서가 발견되었다. 그는 이 책을 임기 내내 끼고 살았을 것이다. 평양 정백동 364호 무덤의 주인도 마찬가지 아니었을까? 그는 아마도 어린 시절부터 『논어』를 밤낮으로 암송했으며, 그중에서도 선진과 안연 편을 가장 즐겨 읽었을 것이다.

이런 사실들은 낙랑군이 가진 독특한 개성을 보여준다. 1980~90년대 홍콩에 가본 적이 있다면 그 독특한 분위기를 기억할 것이다. 영국 총독이 다스리는 홍콩은 영국령으로서 주민들

| 1990년대 홍콩 거리의 풍경

은 영어로 말하고 영국식으로 교육 받았지만, 중국 사람들이 살고, 중국의 음식과 음악이 공유되는 공간이었다. 영국의 정치·경제 시스템과 중국의 문화가 뒤섞인 홍콩은 그들만의 독특한 문화를 향유하며 인근 아시아 국가에 많은 영향을 주었다. 이때의 홍콩이 영국이냐, 중국이냐 묻는다면 그건 누구도 간단히 말할수 없다. 굳이 말하자면 이때의 홍콩은 그저 홍콩이었다. 그리고그 모습은 이제 왕가위 감독의 〈중경삼림〉 같은 영화를 통해서나만날 수 있다.

당대의 낙랑군도 마찬가지였다. 낙랑군은 홍콩처럼 제국의 중

한국사는 없다

심부에서 멀리 떨어진 변경에 위치했고 주민도 토착민이 압도적으로 많았다. 또한 공식 언어로 중국어를 사용했겠지만, 토착민들끼리는 아마도 고조선 시대부터 사용한 말로 대화했을지도 모른다. 그리고 유학을 배우면서도 고조선 때부터 내려온 제천 행사 등을 소규모로 열었을 것이고, 고조선의 음식과 음악을 즐겼을 것이다. 어쩌면 한나라와 고조선의 스타일이 섞인 퓨전 형식으로 말이다. 세형동검과 『논어』가 함께 들어 있는 정백동 364호 나무곽무덤이 좋은 예다. 일부 토착민들은 한나라 세상이 된 것에 대해 반감을 느꼈겠지만, 반대로 정백동 364호의 주인처럼 새로운 질서에 적극 순응해 기회를 잡은 고조선 유민 출신들도 많았을 것이다. 400년은 결코 짧은 세월이 아니다.

중국에서 넘어와 정착한 한인들은 어땠을까? 평양에서 한나라의 수도 장안까지는 수천 리가 넘는다. 이들에게는 한나라가 아니라 낙랑군이 고향이었다. 이렇게 몇 세대가 지나면서 한나라도, 고조선도 아닌 낙랑군만의 독특한 정서와 문화가 형성되었고, '낙랑인'이라는 정체성이 더 강해지기 시작했다.

24~30년 낙랑군을 휩쓴 왕조王調의 반란은 이런 분위기를 잘 보여준다. 왕조는 낙랑 군수 유헌劉憲을 살해한 뒤 낙랑 태수를 자처한 인물이다. 사서는 왕조를 '토인土人'이라고 기록했는데, 학자들은 그를 토착화된 한인漢人 출신으로 본다. 낙랑군이 세워진 지 이미 한 세기가 지났다. 왕조 역시 자신을 중국인이 아닌, 낙랑인

으로 여겼을 것이다.

　로마화된 브리타니아에서도 비슷한 흐름이 있었다. 브리튼섬에 정착한 로마군은 세월이 흐름에 따라 이곳 주민들과 어울려 살면서 현지 여성과 결혼했다. 그렇게 수백 년이 지나자 점차 정체성이 모호해졌다. 383년 이들은 군단장 마그누스 막시무스를 로마 황제로 내세우고 브리타니아에서 철수해 갈리아(지금의 프랑스)로 진군했다. 로마 입장에서는 반란이었지만, 브리타니아 로마군은 더 이상 이탈리아 본토를 '조국'이라고 생각하지 않았을 것이다.

　중국 왕조의 잦은 교체도 낙랑군의 독립화 현상을 부채질했다. 기원전 108년에 낙랑군이 세워진 뒤 중국 왕조는 전한-신-후한-위-진으로 무려 다섯 차례나 바뀌었다. 본토의 중앙 정부가 혼란스러우니 변방의 낙랑군이 제대로 관리되었을 리가 만무했다. 그러면서 낙랑군의 처지도 갈수록 어려워졌다. 진晉나라 역사서 『진서晉書』에는 한때 25개 현을 거느렸던 낙랑군이 6개 현으로 줄어들었고, 인구도 3,700명에 불과한 것으로 기록되어 있다. 진나라가 낙랑군 남부 일대를 떼어내 대방군으로 분리한 탓도 있었지만, 이 무렵 강성해진 북방의 고구려에 의해 영토를 많이 빼앗겼기 때문이다. 백제와 고구려가 성장하던 3세기 이후 낙랑군은 더 이상 한반도에서 군사·경제적으로 압도적 위치에 있지 못한 채 그저 명맥만 유지하는 정도였다. 그리고 313년 미천왕의 고구려군은 낙랑군의 400년 역사를 종식시켰다.

낙랑군의 유산

낙랑군 400년 역사가 한반도에 남긴 영향은 컸다. 고조선은 8조법으로 다스렸다고 알려져 있는데, 낙랑군 시기에는 법 조항이 무려 60조목으로 늘어났다. 한나라의 행정 체계에 편입되면서 화폐 경제를 도입하는 등 사회 구조가 한층 복잡해졌기 때문이다. 이 시기 낙랑군은 한반도 다른 지역과 비교했을 때 가장 문명이 앞선 지역이었다. 그래서 낙랑군은 한반도 각국에 선진 문명을 보급하는 전달자 역할을 했다.

이와 관련해 『삼국지』 위지동이전에 흥미로운 기록이 있다. 진한辰韓에 살던 염사치廉斯鑡라는 인물의 이야기다. 낙랑군에서의 삶을 선망하던 그는 귀화하러 가던 중 호래戶來라는 이름의 한인을 만났다. 호래는 3년 전 벌목을 하려고 진한에 왔다가 붙잡혀 노예가 된 1,500명의 중국인 중 한 명이었다. 염사치는 호래를 탈출시켜 낙랑군으로 함께 가서 이 사실을 알렸다. 그리고 낙랑군의 위임을 받아 진한과 협상을 벌였다. 그는 '사로잡힌 중국인 포로들을 돌려주지 않으면 낙랑군이 쳐들어올 것'이라고 협박했고, 노예로 붙잡힌 중국인뿐 아니라 진한 사람 1만 5,000명, 포布 5,000필을 받아서 낙랑군으로 돌아갔다. 그 대가로 그는 관직과 토지를 받았으며 후손들도 부역을 면제받았다. 염사치는 지금 기준으로 보면 명백한 '민족 반역자'인데, 물론 이때는 그런 개념 자체가 희미했을 것이다. 어쨌든 당시 한반도에서 낙랑군의 위상을 알려주는 하나의 사례라 할 수 있다.

한편으로 낙랑군은 한반도에서 강력한 중앙 집권 국가가 출현하는 것을 가로막는 거대한 벽이기도 했다. 한반도에서 고구려, 백제, 신라가 본격적으로 중앙 집권의 틀을 갖추고 성장한 시기는 대략 4세기부터인데, 이것은 고구려가 4세기 초반(313년) 낙랑군을 무너뜨린 일과 무관치 않다. 낙랑군이라는 거대한 나무가 잘려 나가면서 한반도 왕조들은 비로소 성장할 공간을 확보했다.

한나라는 중원 주변의 유목 부족이 독자적인 세력으로 성장하지 못하도록 때로는 군사력으로, 때로는 외교력을 통해 철저히 막으려 했는데 낙랑군도 그랬다. 한반도 각지의 군장들은 낙랑군에 조공을 바쳤고, 답례로 관직과 함께 인수(印綬·관직을 나타내는 끈), 의복, 철제 무기 등 중국제 물건을 받았다. 군장들은 이를 통해 정치적 권위를 확보했다. 이때 이들이 받은 중국제 물건들은 지금도 삼한 시대 무덤에서 발견되고는 한다. 흥미로운 점은 이런 물품들이 당시 낙랑군에서 가까웠던 백제(서울·경기) 지역에서는 거의 발견되지 않고, 멀리 떨어진 경상도나 전라도 지역에서 많이 발견된다는 것이다. 여기에는 고도의 정치적 계산이 숨어 있다. 멀리 떨어진 약소 세력을 키워 가까이 있는 강한 세력을 견제하는 중국 특유의 '갈라치기 외교', 즉 이이제이以夷制夷 방식을 쓴 것이다.

그래서 고구려가 낙랑군을 무너뜨리자, 가장 이익을 본 나라는 백제였다. 더 이상 낙랑군의 견제를 받지 않게 된 이유도 있었지만, 낙랑군의 고급 인력들을 흡수할 수 있었기 때문이다. 낙랑군은 당시 한반도에서 문명도가 가장 높은 지역이었다. 하지만 어디까지나 '한반도'에서였다. 낙랑군에서는 A급 인재라고 해도 중국에서는 대우를 받기가 어려웠다. 그리고 거리도 멀었다. 그래서 이들은 중국행보다는 대개 백제행을 택했다. 일부는 고구려로 발길을 돌렸을 것이다.

백제는 낙랑군에서 온 인재들에게 유학과 외교 분야를 맡겼다. 예를 들어 왕王씨를 쓰는 인물들은 이때 낙랑군에서 백제로 간 그룹으로 보는데, 일본에 유학을 전달했다는 왕인도 낙랑계로 꼽힌다. 왕인과 아직기 같은 학자들은 다시 일본으로 건너가 『논어』와 『천자문千字文』을 전했고, 이를 통해 동아시아의 한자 문화권이 완성되었다. 물론 언젠가는 한반도와 일본 모두 한자 문화권에 들어갔겠지만, 낙랑군이라는 존재로 인해 그 시기가 훨씬 앞당겨진 것이다.

낙랑군은 우리 민족의 부끄러운 역사일까?

2015년 동북아역사재단이 지원을 중단하면서 미국 하버드 대학교의 한국 고대사*EKP, Early Korea Project* 사업 역시 중단되었다. 낙랑군이 평양에 있었다는 내용이 문제가 되었다. 이 무렵 동북아역사재단의 지원 아래 2008년부터 추진된 '동북아 역사 지도 편찬 사업'도 폐기되었다. 느닷없이 부실 사업으로 낙인찍혔다. 여기서 제작한 지도에도 낙랑군이 평양에 표기되어 있었다. 당시 정부 측에서는 이런저런 이유를 댔지만 낙랑군을 한반도 안에 표시한 것이 문제가 되었다는 이야기가 널리 퍼졌다. 낙랑군 한반도설을 인정하는 것은 중국의 동북 공정에 동의하는 것이며, 식민사학의 잔재라는 재야 사학자들의 주장에 정치인들이 호응했다는 것이다.

당시 심재훈 단국대 교수는 경향신문과 인터뷰를 하면서 "낙랑군을 통해 중국의 선진 문화가 수입되어 삼한과 일본으로 퍼져 나가는 과정이 당시 역사의 전체적인 모양새"라며 "그렇게 우리 역사에 자신이 없는가?"라고 지적했다. 그러면서 이렇게 덧붙였다. "무조건 땅이 크고, 역사가 오래고, 사상 처음이 우리여야만 만족하는 심리야말로 우리 역사를 부끄럽게 여기는 데서 나오는 자격지심에 지나지 않는다."

다시 영국 이야기다. 영국은 영화 〈킹스 스피치〉나 〈덩케르크〉를 통해 히틀러가 영국을 정복할 수 없었다는 사실을 은연중 강조한다. 그랬다. 그보다 1세기 앞서 유럽 대륙을 정복했던 나폴레옹도 영국 땅은 밟지 못했다. 누구도 정복할 수 없는 땅이었다. 하지만 기간을 더 넓게 잡아 보면 정반대다. 중세까지만 해도 영국은 유럽의 '동네북'이나 다름없었다. 위에서 언급했던 로마 이후에도 앵글로·색슨족, 데인족, 노르만족 등 외부에서 들어온 세력에게 지속적으로 점령되었다.

노르만 왕조를 개창한 '정복왕' 윌리엄은 프랑스에 있던 노르망디 공국의 지도자였다. 그는 1066년 잉글랜드를 침공해 브리튼섬의 지배자가 되었다. 하지만 영국인들은 그를 왕실 족보의 맨 꼭대기에 올려놓는다. 심지어 그는 영어가 아닌 프랑스어로 말했고, 사실상 프랑스인이나 다름없었는데도 말이다. 당시 영국에는 프랑스 문화가 대거 수용되었는데, 지금 사용하는 영어 단어 상당수가 이때 프랑스어의 영향을 받았다. 하지만 영국은 이를 부끄러워하지도 않고 감추지도 않는다.

영국 북부 도시 요크의 박물관은 중세에 덴마크 등에서 바이킹이 침공해 잉글랜드 북부를 어떻게 다스렸는지를 자세히 설명하고 있다. 이를 보면서 영국이 덴마크보다 덜 위대한 나라라고 생각하는 사람은 없다. 당시의 영국과 지금의 영국을 연결해서 평가하지 않기 때문이다.

마찬가지로 한반도에 과거 중국의 군현이 설치되었다고 해도 지금의 대한민국 위상과는 관계가 없다. 고조선은 고조선이고,

대한민국은 대한민국일 뿐이다. 설령 한반도 일부가 과거에 중국 영토였다면 또 어떤가? 약소했던 한반도 세력이 어떻게 그러한 상황을 극복하고 고구려나 백제 같은 국가로 성장시켰는지를 배우면 된다. 역사는 그런 것을 위해 존재하는 학문이다.

중국은 동북 공정을 통해 고구려를 자국 역사로 편입시키려고 시도하고 있다. 이에 맞서는 일은 꼭 필요하다. 하지만 그 일을 명분 삼아 고대사를 과도하게 치장하는 것은 해결책이 될 수 없을 것이다. 한국인은 잘되면 먼저 조상 묘부터 그럴듯하게 꾸미고 족보도 손을 본다는 말이 있다. 과거를 화려하게 꾸미려 한다는 것이다. 그러나 역사의 중요한 가치는 과거에 벌어진 일들을 살펴보면서 실수를 반복하지 않도록 미래를 대비하는 것이지, 과거에 취해 진실을 왜곡하는 것이 아니다.

낙랑군의 존재를 외면하면 도리어 고구려의 빛나는 역사가 빛을 잃게 된다. 한반도에서 낙랑군을 축출하는 것은 결코 만만한 사업이 아니었다. 선진 문물과 비옥한 토지를 확보한 낙랑군은 오랜 기간 한반도에서 가장 강력한 세력이었다. 이곳을 탐낸 고구려는 이미 3대 대무신왕을 시작으로 몇 번이나 공략하려 했지만, 15대 미천왕 때에서야 낙랑군을 정복할 수 있었다. 미천왕은 낙랑군과 그 아래 있던 대방군까지 정복하면서 중국 세력을 한반도에서 완전히 축출했다. 이후 원나라 때 일부를 제외하면 중국은 한반도에 영토를 확보하지 못했다. 그러니 고구려의 낙랑군 정복은 한국사의 기념비적인 사건이라 할 수 있다. 낙랑군이 사라진 뒤 비로소 한반도에는 더 발달된 정치 체제가 출현했지만, 역설적으로 이들이 낙랑군을 통해 그런 단계까지 성장할 수 있었던 것도 사실이다.

하드리아누스 성벽에서 돌아와서 나는 며칠 뒤 영국 동남부에 있는 콜체스터에 갔다. 이곳은 로마인들이 건설한 주요 도시 중 하나다. 콜체스터의 박물관은 로마 유적이 풍부한 곳으로 꼽힌다. 동전, 도자기, 유리 제품, 모자이크, 묘지석, 암포라(와인을 저장하고 운반하는 데 사용하는 토기) 등등이 잔뜩 있었다. 흥미로운 건 그 옆에 적힌 설명문이었다.

'로마와의 교류는 브리튼섬의 토착 엘리트들이 세상을 보는 시각을 변화시켰다.'

3장

변방의 약소국
신라가 급부상한
결정적 사건

한반도의 트로이 전쟁, 포상팔국의 난

언젠가는 실크로드를 여행하겠다고 마음먹은 계기는 어렸을 때 매주 금요일 밤 KBS2에서 방영하던 일본 NHK의 다큐멘터리 〈실크로드〉를 보면서였다. 과거 조상처럼 여전히 초원에 텐트를 치고 양을 방목하며 살아가는 사람들의 모습과, 사막 한구석에 휑하니 버려진 옛 도시들의 쓸쓸한 풍광이 마음을 사로잡았다. 대학생이 되면 내 눈으로 꼭 보고 오겠다고 결심했다. 하지만 막상 대학생이 되자 돈이 없었고, 회사원이 되었을 때는 시간이 없었다. 그러다가 2015년 5월, 입사 이후 처음으로 2주간 휴가를 얻었고, 나는 조금도 망설이지 않고 실크로드를 택했다.

여행의 하이라이트는 꿈에 그리던 둔황 석굴을 보러 갔을 때였다. 이곳에는 막고굴을 비롯한 600여 개의 동굴 안에 수많은 불상과 불교 관련 벽화들이 남아 있다. 대부분 당나라 때 만들어진 것들이다. 들뜬 나를 본 매표소 직원은 어디서 왔냐고 묻더니 한국어 통역을 붙여줄 수 있다고 했다. 잠시 뒤 만난 통역은 20대 초반의 중국 여성이었다. 그녀는 "둔황 출신인데, 학교에서 한국어를 배웠고, 베이징이나 상하이에는 아직 가본 적이 없으며, 한국인을 실제로 만난 건 처음"이라며 반가워했다. 억센 북한 악센트가 섞인 것으로 보아 조선족에게서 한국어를 배운 듯했다.

그녀는 성실하게 석굴 이곳저곳을 안내해주었고, 우리는 때때로 농담을 주고받으며 즐거운 오후를 보냈다. 관광을 거의 마칠 무렵 그녀는 얼마 전 친구와 다투었다며 이야기를 하나 해주었다. 둘 다 한국 드라마에 푹 빠져 있는데, 그녀가 "서울 남자들은 참 잘생기고 매너도 좋을 것"이라고 말을 꺼낸 것이 발단이었다. 그녀의 친구는 "저건 드라마라서 그렇지. 서울 남자들도 별 차이 없다"며 면박을 주었다고 했다. 이 때문에 옥신각신한 모양이었다. 이야기를 마친 그녀는 나와 일행에게 "그런데 두 분은 한국 어디서 오셨어요?"라고 물었다. 순간 움찔한 나는 그녀가 눈꺼풀을 껌벅이는 찰나 동안 머리를 굴려 대답했다.

"청주에서 왔어요. 서울에서 남쪽으로 두 시간 정도 차를 타고 가면 나오는 조그만 도시예요."

"아, 서울에서 오셨으면 실제로 어떤지 물어보고 싶었는데……."

그날 내가 본 둔황은 궁벽한 시골이었다. 어쩌면 그녀는 베이징이나 상하이는커녕 둔황 바깥으로 한 번도 나가본 적이 없는지도 몰랐다. 그 외딴 곳에서 가끔씩 찾아오는 도시의 관광객을 통해 세상 소식을 들으며 평생 살아간다는 건 어떤 삶일까 잠시 상상해보았다. 그러다가 실크로드가 흥했던 2,000년 전에는 둔황이야말로 번영하는 국제도시였고, 그녀가 그토록 동경하는 서울은 한낱 변방에 불과했다는 사실이 떠올랐다. 만약 2,000년 전이었다면 우리의 처지는 정반대였을 것이다. 내가 둔황에서의 삶을 물어보면서 그녀를 부러워했으리라. 둔황의 여성들은 모두 화려하고 예쁘냐 아니냐를 놓고 친구와 다투었을지도 모른다.

길의 성쇠는 역사에 커다란 변화를 가져오는 가장 주요한 요소였다. 지중해 귀퉁이에서 이류 국가 취급을 받던 포르투갈은 아프리카를 돌아 인도로 향하는 바닷길을 발견하면서 일약 강국으로 올라섰다. 반대로 한때 유럽과 아시아를 잇는 중계 무역으로 큰 번영을 누렸지만 바닷길이 새로운 무역 항로로 떠오르면서 육로가 쇠락하자 예전의 힘을 잃고 평범한 땅으로 전락한 도시도 적지 않다. 실크로드가 퇴색한 현재 중앙아시아 국가들에서 볼 수 있는 풍경이다.

그런데 이와 비슷한 역사적 상황이 고대 한반도에서도 일어났다. 그리고 이 일은 삼국의 흥망을 결정짓는 요인 중 하나가 되었다.

삼국 시대의 '1번 국도' 서남해 연안해로

고대 아테네의 영역을 보면 영토가 해안선을 따라서 형성되어 있는 것을 확인할 수 있다. 어떻게 나라를 유지했을까 싶지만 그 비밀은 길에 있다. 고대에는 해로가 육로보다 빠르고 안전했기 때문에 오히려 내륙 깊숙이 영토를 확장하기가 어려웠다. 내륙으로 영토를 확장하려면 길을 새로 내야 하는 등의 인프라 구축에 비용이 몇 배로 들었다. 고대 아테네처럼 해안선을 따라서 길게 늘어선 지역을 연결하는 편이 체제를 유지하는 데 훨씬 편리했다.

고대 한반도에서도 같은 이유로 많은 물자가 유통되는 '1번 국도'는 육지가 아닌 바다에 있었다. 낙랑군에서 일본까지 가는 경로였다. 『삼국지』 위지 동이전에는 이렇게 소개되어 있다.

| **고대 그리스 문명의 최대 영역** 그리스의 식민지가 해안선을 따라 이어져 있다.

(낙랑)군郡에서 왜倭까지 가는 경로는 다음과 같다. 군에서 해안을 따라가다가 한韓을 거쳐 남쪽으로 가다가 동쪽으로 돌리면 그 북안北岸인 구야한국狗邪韓國에 도착하는데 7,000리다. 여기서 비로소 바다를 건너 1,000여 리를 가면 대마국對馬國에 도착한다.

여기서 한韓은 마한(충남+전라)을, 구야한국은 금관가야(김해)를 가리킨다. 이 길을 통해 낙랑군, 삼한, 일본에서 사람과 물자가 오갔다. 이 길은 동아시아의 활발한 교역로 중 하나였다. 그런데 당시 항해술로 낙랑군에서 일본까지 한 번에 간다는 것은 어려운 일이었다. 그래서 낙랑군에서 출발한 배는 충남, 전남, 경남 일대 해안에 있는 도시들을 경유하면서 갈 수밖에 없었다. 마치 과거 서울에서 부산까지 갈 때 경부 고속 도로 휴게소들을 거치듯이 말이다. 이 바닷길을 편의상 '서남해 연안해로'라고 부르자.

다른 길과 비교해 압도적인 물동량이 오간 덕분에 서남해 연안해로와 연결된 지역은 번영을 누렸다. 숙박업, 운송업, 유흥업은 물론이고 어쩌면 원시적인 금융업까지 발달했을지도 모른다. 과장이 아니다. 낙동강 하구에 있는 김해를 비롯해 해남, 고흥, 사천, 창원 등 서남해 연안해로의 도시들에서는 화천(貨泉·중국 신나라 때 짧은 기간 사용된 화폐)이나 오수전(五銖錢·중국 한나라 때 유통된 화폐) 같은 중국 화폐가 나왔으니 말이다. 특히 거문도에서는 오수전이 980점이나 발견되었다. 마치 지중해 교역으로 부를 쌓은 그

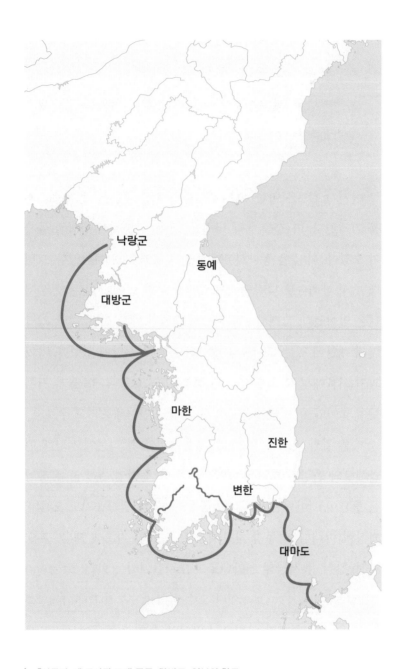

| 『삼국지』에 묘사된 고대 중국-한반도-일본의 항로

한국사는 없다

리스 도시 국가들처럼 한반도 남해안의 도시들도 이 바닷길을 젖줄 삼아 발전했던 것이다.

그런데 고대 세계에서 무역항으로서 발달하려면 특정 세력에 속하지 않는 편이 유리했다. 그래야 여러 나라가 안심하고 거래할 수 있기 때문이다. 일종의 중립적 자유 무역 지대인 것이다. 고대 그리스 도시 국가들이나 무역과 상업이 발달했던 이탈리아의 도시 공화국들이 그랬듯이 훗날 가야라고 불린 이 지역에서도 정치적 통합이 어려웠던 이유다. 덧붙이자면 한때 가야는 6개의 소국으로 구성된 연맹체라고 알려졌지만, 최근 연구에 따르면 최소 10개 지역이 있었으며, 군소 세력까지 따지면 훨씬 많았다고 한다. 이들은 제각각 적당한 세력을 유지한 채 서남해 연안해로의 무역로에서 나오는 이익을 빨아들였다.

낙랑군 소멸로 막혀버린 무역로

서남해 연안해로가 발전할 수 있었던 첫 번째 전제 조건은 무엇이었을까? 그것은 앞 장에서 다룬 낙랑군과 대방군의 존재였다. 한 무제가 고조선을 무너뜨리고 한사군을 설치한 이래 낙랑군과 대방군에는 이익을 찾아 유입된 중국 상인들이 많았다. 이들은 특히 철에 관심이 많았다. 한 무제는 고조선, 흉노, 서역의 여러 세력을 상대로 활발한 정복 활동을 벌인 군주였다. 전쟁에

함창(고령가야)
개령(감로국)
경북

성주(성산가야)

전북

거창(거열국)   고령(대가야국)

임실(상기문 2)   합천(다라국)   창녕(비자발국)
번암(상기문 1)   함양(졸마국)   초계(산반하국)   밀양(미리미동국)
부림(사이기국)   영산(탁기탄국)   삼랑진(마차해)
경남

남원(하기문)   단성(걸손국)   의령(임례국)   함안(안라국)   칠원(칠포국)
김해(가락국)

진주(자타국)   마산(골포국)   창원(탁순국)   동래(독로국)
전남   사천(사물국)   진해   사하(다다라)
웅천
하동(대사)   고성(고차국)
광양(무루)   거제도(사도도)
순천(사타)

여수(상다리)

돌산(하다리)

┃ 후기 가야의 영역 김태식 저 「임나일본부설과 가야사」에서 인용함

한국사는 없다

는 무기가 필요하고, 그 재료인 철 수요가 크게 증가할 수밖에 없었다.

최근 우크라이나 전쟁으로 방위 산업이 특수를 누렸는데 탄환이나 전차를 수출하는 한국 기업의 주식이 크게 오르기도 했다. 저때도 사정은 다르지 않았다. 중국 상인들은 전략 물자인 철을 확보하는 것이 무엇보다 중요했고, 철은 특수를 누렸다. 『삼국지』 위지 동이전에 따르면 중국 상인들이 변한(가야)에 와서 철을 사갔고, 이곳에서 철은 화폐로서 인정받았다고 한다. 울산 등 철산지에서 제련 과정을 거친 철은 금관가야를 거쳐 낙랑·대방군과 왜로 수출되었다. 금관가야는 철을 생산하지는 않았으나 무역 중계지로서 톡톡히 재미를 볼 수 있었다. 서남해 연안해로의 요충지에 있었던 덕분이다.

그런데 4세기 초 고구려에 의해 낙랑군과 대방군이 축출되면서(313년) 이 상업망이 붕괴했다. 한 무제가 한사군을 설치한 때가 기원전 108년이니 거의 400년 동안 지속된 경제 질서가 무너진 것이다. 결정적 타격을 입은 곳은 중국(한사군)-마한-가야-왜로 이어지는 무역로 덕분에 짭짤한 특수를 누리던 서남해안의 소국들이었다. 낙랑군이 점령되었다는 사실은 이들에게 청천벽력 같은 소식이었을 것이다. 고구려는 군사 강국이기는 했지만, 중국에서 문물이 직수입되는 낙랑군을 대체할 만큼 경제·문화 강국은 아니었다. 한사군이 퇴장한 평안도와 황해도 일대를 고구려가

| 경남 사천의 늑도 유적지에서 발굴된 반량전과 오수전 ⓒ국가유산포털

장악하자 동아시아에서 가장 번영했던 상업망은 꽁꽁 얼어붙게 되었다.

　이는 고고학적 유물로도 증명된다. 당시 서남해 연안해로에 속한 해남 군곡리 유적이나 경남 사천 앞 늑도 유적에서는 한 무제 5년에 주조된 반량전을 비롯한 화천, 철기류, 낙랑 토기, 야오이 토기 등 중국과 일본의 다양한 유물이 발견되었다. 그런데 낙랑군이 소멸된 4세기 이후의 유적에서는 이런 유물이 더 이상 발견되지 않았다. 이 지역의 상업이 낙랑군의 존속 기간과 운명을 같이했음을 보여준다. 매일같이 드나들던 무역선과 뱃사람들, 항구에 쌓여 있던 교역품은 과거의 풍광이 되었고, 이 지역의 경제도 점차 쇠락해갔을 것이다. 마치 10여 년 전 내가 찾아갔던 둔황처럼 말이다.

동아시아의 보석, 금관가야

코로나19 사태 초반 요식업체들이 눈물을 흘릴 때 배달이 가능한 음식점들은 오히려 매출이 늘었다는 기사를 보았다. 혹독한 침체기 속에서도 예외는 있는 법. 금관가야가 그랬다. 금관가야는 원래 서남해 연안해로의 네트워크에서 가장 꿀을 빨았던 곳이다.

지도만 봐도 한눈에 드러난다. 금관가야는 낙랑군에서 출발한 중국 상인들과 일본에서 건너온 일본 상인들 그리고 한반도의 토착 세력이 딱 만나는 교차점에 있었다. 수로왕이 인도에서 온 허황옥과 결혼했다는 설화도 그만큼 국제 교역이 활발했던 이곳의 분위기를 반영하는 것일지도 모른다. 지리적 이점 덕분에 금관가야는 서남해 연안해로가 막혀도 다른 루트가 있었다. 연해주-고구려-동해안-신라-가야-왜를 잇는 동남해 연안해로였다. 이 길을 따라 거래되는 교역품들은 중국과 연결된 서남해 연안해로와 비교하면 질이나 양에서 수준이 낮았다. 하지만 이전의 무역로가 막힌 상황에서 대안은 이 길뿐이었고, 동남해 연안해로를 붙잡은 덕분에 금관가야는 중계지로서의 가치를 잃지 않

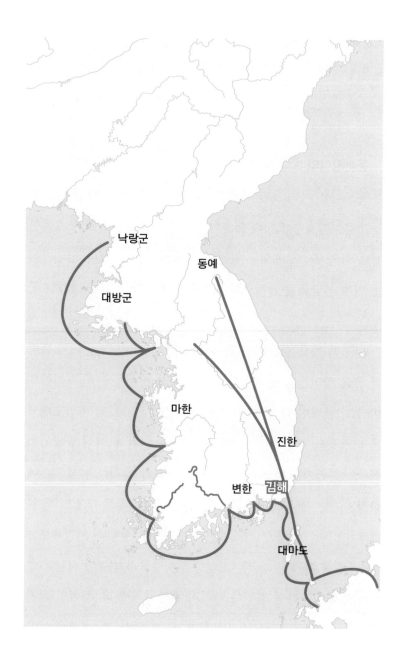

| 2개의 무역로가 교차하는 금관가야(김해)

한국사는 없다

고 번영을 이어갈 수 있었다. 이 시기, 그러니까 낙랑군이 소멸된 4세기 이후 만들어진 김해나 일본의 고분에서는 이 길을 통해 들어온 것으로 여겨지는 북방계 유물이 많이 발견되고 있다. 연해주에서 시작된 온돌 역시 이 루트를 통해 한반도로 전달되었다고 한다.

이렇게 낙랑군의 퇴장은 교역로의 성쇠와 함께 도시의 운명을 바꾸어버렸다. 서남해 연안해로가 막혀버리니 전남과 경남의 해안 도시들이 개점휴업 상태가 된 반면 동남해 연안해로 네트워크를 구성하는 도시들은 재미를 보게 된 것이다. 덕분에 이 길의 중간 지점에 있던 신라가 괄목성장하게 되었다. 신라는 본래 사로국이라 불리는 작은 나라였다. 고구려나 백제에 비해서 발달이 한참이나 늦었다. 하지만 동남해 연안해로의 특수는 신라가 삼국의 한 축으로 성장하는 사다리가 되어주었다.

동아시아의 트로이 전쟁, 포상팔국의 난

호메로스가 쓴 『일리아드*Iliad*』는 고대 그리스 연합군과 트로이의 전쟁을 다룬 작품이다. 트로이의 왕자 파리스가 스파르타의 왕비 헬레네를 데려가면서 시작된 이 전쟁은 무려 10년이나 이어졌다. 어렸을 때는 아킬레우스, 헥토르 같은 영웅들이 싸우고 트로이가 무너지는 장면을 보면서 '대체 여자 하나 때문에 저게

뭐람?' 하며 안타까워했지만, 이 전쟁의 실제 목적이 경제에 있었다는 사실을 나중에 알게 되었다.

트로이는 에게해와 흑해를 연결하는 무역 거점으로서 많은 이익을 누리는 도시였다. 트로이를 정복하고 이 일대의 무역로를 차지하려는 그리스의 경제적 욕망이 전쟁의 실제 이유였다. 이런 그리스 연합군에 맞서 10년이나 버텼다는 사실은 트로이가 얼마나 번영했는지를 말해준다. 그리고 그리스는 트로이와의 전쟁에 승리함으로써 해상권을 장악하고 지중해뿐 아니라 흑해까지 세력을 확장하여 전성기를 누리게 되었다. 모두가 탐을 냈던 헬레네의 아름다움도 실은 트로이의 경제적 풍요를 가리킨 것이었을지도 모른다.

4세기 서남해 연안해로에서도 비슷한 일이 벌어졌다. 역사서에 '포상팔국浦上八國의 난'으로 기록된 사건이다. 내용은 짧지만

| 트로이 위치

『삼국사기三國史記』(신라본기 내해이사금 14년조, 열전 물계자조), 『삼국유사』(피은 물계자조) 등에 3차례나 중복해서 기록한 것을 보면 당시 사회에 큰 파장을 일으킨 사건임이 분명하다.

가을 7월 포상浦上의 8국이 모의하여 가라(加羅·금관가야)를 침략했다. 가라 왕자가 와서 도와줄 것을 요청하였다. (내해)왕이 태자 우로于老와 이벌찬 이음利音에게 명하여 6부의 병사들을 거느리고 가서 구원하게 했다. 8국의 장군들을 쳐서 죽이고, 사로잡아간 포로 6,000명을 빼앗아 돌려보냈다.

_『삼국사기』 신라본기新羅本紀 2, 내해이사금 14년 가을 7월

3년 후 골포, 칠포, 고사포의 세 나라 사람들이 와서 갈화(竭火·지금의 울산)를 공격했다. 왕이 군사를 거느리고 가서 구하고, 세 나라의 군사를 패배시켰다.

_『삼국사기』 열전 물계자전·『삼국유사』 피은 물계자전

『삼국사기』에는 포상팔국의 난이 3세기 초(209년)에 일어난 일이라고 기록되었지만, 많은 학자들은 100년 뒤인 4세기의 사건으로 보고 있다. 3세기에 벌어졌다고 보기에는 당시의 정치적 환경과 맞아떨어지지 않기 때문이다. 고대 역사서에서 이런 사례는 종종 발견된다. 고구려·백제·신라는 건국하고 몇 백 년이 지난 뒤에야 역사서를 만들었다. 그러다 보니 이전에 구전으로 전해지던 사건들을 글로 옮기는 과정에서 서로 다른 시기에 일어난 일

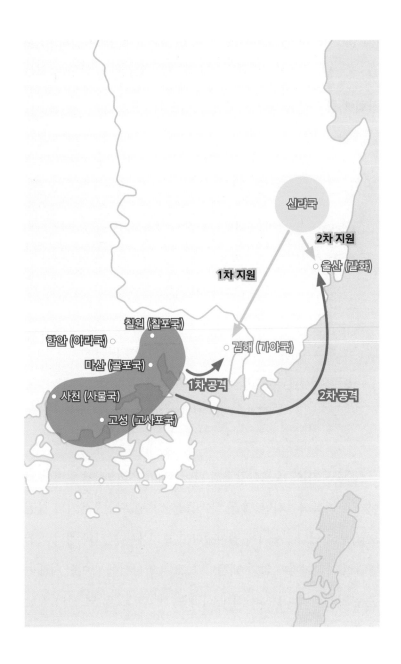

신라국

2차 지원

1차 지원

울산 (갈화)

칠원 (칠포국)

함안 (아라국)

마산 (골포국)

사천 (사물국)

고성 (고사포국)

김해 (가야국)

1차공격

2차공격

│ 포상팔국 위치와 길하성 전투 현황도 김태식 저 「임나일본부설과 가야사」에서 인용함

한국사는 없다

이 한 시기로 합쳐진다든지 하는 시간적 오류가 일어나는 것은 불가피했다. 또 정치적 목적에 따라 의도적으로 시간을 뒤바꾸는 경우도 있었다. 고구려와 백제가 멸망한 뒤 만들어진 『일본서기』의 경우는 2갑자설(2갑자는 1갑자가 두 번 바뀌는 기간으로 120년을 의미한다. 일본 역사의 우월성을 내세우기 위해 어떤 사건이 실제로 발생한 시기보다 120년 정도 빨리 일어난 것처럼 기록했다는 주장이다)이라고 해서 실제 역사와 120년가량 차이가 나는 경우가 있다.

그렇다면 금관가야를 친 포상의 8국은 어디일까? 『삼국지』에 따르면 한강 이남에는 마한, 진한, 변한이라는 거대 연맹체 아래에 79개국이 있었다고 한다. 포상 8국도 그중 일부일 것이다. 이 중 골포국(마산), 칠포국(함안), 고차국(고성), 사물국(사천) 등은 위치가 확인되었다. 모두 바다를 접하거나 가까운 도시들이다. 포상浦上이라는 단어 자체가 해안가에 있다는 사실을 가리킨다. 일부 학자는 보라국(나주)도 참전했다고 주장한다. 그렇다면 포상팔국의 난은 경남부터 전남에 이르는 해안 도시들이 참전했던 작은 국제전이었던 셈이다.

당시 시대적 상황을 보자. 낙랑군이 주도하던 해상 교역 시스템이 무너지면서 서남해 연안 도시들은 큰 위기에 빠졌다. 하지만 금관가야는 동남해 연안해로에 집중하면서 이 위기에서 빠져나올 수 있었다. 이런 금관가야를 바라보는 다른 도시들의 감정은 어땠을까? 처음에는 부러움과 시기가 뒤섞였을 것이고 자국의 경제난이 악화할수록 약탈의 유혹을 느꼈을 것이다. 그러다가 서남해 연안해로 네트워크의 주요 도시들이 연합해 금관가야를 약탈하고 무역로를 빼앗기로 한 것이 포상팔국의 난의 실체인 것 같다. 마치 그리스 연합군이 트로이로 쳐들어갔던 것처럼 말이다.

초기에는 계획대로 되는 듯했다. 하지만 금관가야의 SOS를 받은 신라가 원군을 보내면서 전황이 역전되었다. 『삼국사기』는 '6부의 병사들을 거느리고 갔다'고 전한다. 당시 신라는 아직 중앙 집권 체제가 자리 잡지 못한 6부의 연합체였다. 그런데 6부의 군사를 모두 출전시켰다는 것을 보면 신라도 전력을 다했다는 이야기가 된다. 굳이 이웃나라를 구하는데 그렇게까지 할 필요가 있었을까 싶겠지만, 요즘 대만 해협을 놓고 중국과 미국, 일본 사이에서 고조되는 긴장을 보면 이해가 되는 측면도 있다. 태평양 전쟁 패전 후 '전쟁 불가'를 유지했던 일본이 대만의 사태가 급변할 때는 자동 개입하겠다고 공언한 상태다. 일본이 이렇게 강경하게 나오는 데는 이유가 있다. 중동과 동남아시아에서 원유나 각종 원료를 싣고 오는 일본의 입장에서는 대만 해협이 막히기라도 하면 국가 존립이 위험해지고 중국 손아귀에 들어갈지도 모른다고 보기 때문이다. 일본보다 위기의식이 덜하지만, 사실 한국도 같은 처지다.

자, 이제 포상팔국의 난을 바라보는 신라의 입장을 상상해보

한국사는 없다

자. 신라는 낙랑군이 주도하는 교역 시스템에서 떨어진 변방의 소국에 불과했다. 마치 유동 인구 많은 대로변의 프랜차이즈 카페를 부럽게 바라보는 골목길의 작은 카페 주인 같은 심정이었을 것이다. 그러다가 서남해 연안해로가 막히고 동남해 연안해로가 활성화되었다. 보수 공사로 대로가 차단되면서 사람들이 골목길로 다니기 시작한 것이다.

오랜 기간 고립되어 있던 신라는 뜻하지 않게 찾아온 이 기회를 살려 영남의 패권 국가로 성장하기 시작했다. 그런데 이 네트워크를 유지하는 데 가장 중요한 파트너인 금관가야가 위기에 빠졌다. 신라 입장에서 그냥 보고만 있을 수 있을까? 그동안 이 교역로를 지탱해왔던 금관가야가 무너진다면 신라에도 먹구름이 낄 수밖에 없다. 6부의 병사가 모두 움직인 것이 당연하다. 그러니 대만 해협에 위기가 닥치면 일본이 움직이는 시나리오도 결코 소설 같은 이야기는 아니다. 역사를 움직이는 틀은 예나 지금이나 다를 게 없다.

이렇게 신라가 개입하면서 전황이 바뀌었고, 포상 8국은 포위를 풀어 철수했다. 이 가운데 3개국은 3년 뒤 갈화성(울산)을 공격했다. 울산은 신라의 수도 서라벌에서 바다로 나가는 관문이었다. 따라서 울산이 막히면 신라의 바닷길이 막힌다. 포상 3개국이 신라에 먼저 타격을 입혀야겠다고 판단한 것인지, 아니면 신라의 해상로를 봉쇄하고 고립무원이 된 금관가야를 공격할 구상이었는지는 알 수 없다. 하지만 계획이 무엇이었든 간에 이번에도 승리한 쪽은 신라였다.

뒤바뀐 신라와 금관가야의 지위

『삼국사기』는 삼국 시대 초기에 신라보다 금관가야의 국력이 우위에 있었다는 사실을 알려준다. 102년 음즙벌국(경북 안강)과 실직곡국(삼척)은 국경을 획정하는 문제로 갈등을 빚다가 사로국(신라의 전신)에 중재를 요청했다. 사로국이 이들보다 강국이었기 때문일 것이다. 그런데 사로국은 이 과제를 다시 금관가야의 수로왕에게 넘겨 중재 역할을 맡겼다. 사로국 입장에서는 음즙벌국과 실직곡국의 문제를 떠안기 버거웠던 모양이다. 어쨌든 이러한 상황은 당시 금관가야의 권위가 신라보다 우위에 있었음을 보여준다. 석탈해 설화도 이런 관계를 뒷받침한다. 『삼국유사』에 따르면 석탈해는 원래 금관가야로 가서 왕위를 빼앗으려다가 수로왕에게 패배해 신라로 도망쳤다. 그는 결국 신라의 왕이 되었다. 야심만만했던 그가 뜻을 펼치기에는 신라보다 금관가야가 버거웠다는 점을 보여준다. 포상 8국은 그런 금관가야를 함락 직전까지 몰고 갈 정도로 그 세력이 만만치 않았다. 그런데 이들을 상대로 연승을 거둔 것을 보면 이 시기 신라가 상당한 수준의 국력을 갖추고 있었음을 알 수 있다. 벼랑 끝으로 몰렸던 금관가야는 신라의 지원으로 겨우 위기를 넘겼다. 102년 음즙벌국과 실직곡국의 국경 문제를 다룰 때의 신라가 아니었던 것이다.

또 하나, 이에 대한 대가였는지는 몰라도 금관가야는 얼마 후 왕자를 신라에 볼모로 보냈다. 하지만 신라는 금관가야에 볼모를 보내지 않았다. 국제 관계에서 통상적으로 볼모를 보내는 쪽이 을(乙)이라는 점을 감안하면 이때를 기점으로 양측의 관계가 신라의 우위로 바뀐 것이 확실하다.

지정학적으로 신라는 금관가야보다 세력을 확장하기에 좋았다. 금관가야는 주변에 아라가야와 대가야 등 만만찮은 경쟁자들이 있었다. 서남해 연안해로를 통해 부를 쌓은 세력도 많았다. 어느 한 세력이 일방적으로 치고 나가기가 어려운 조건이었다. 하지만 신라가 자리 잡은 영남 내륙에는 그 정도로 위협적인 라이벌이 없었다. 덕분에 신라는 동남해 연안해로의 이점을 살려 경북 일대를 단기간에 통합할 수 있었다. 그리고 얼마 뒤에는 부산, 양산 등 낙동강 하류까지 세력을 확장해 일본과의 교역망도 열었다. 금관가야는 그동안 누리던 일본과의 단독 교역권을 신라와 나누게 된 것이다. 그리고 100여 년 뒤 신라에게 정복되었다.

만약 금관가야가 8개국에게 포위되었을 때, 신라가 원군 파견을 망설였다면 역사는 어떻게 달라졌을까? 역사에서 가정은 필요 없다고 하지만 가정을 해봄으로써 당시의 판단에 대한 가치를 매겨볼 수는 있다. 국제 교역항으로서 수백 년간 발전해온 금관가야가 무너졌다면 교역 파트너였던 신라 역시 그 충격을 단기간에 회복하기는 어려웠을 것이다. 더구나 8개나 되는 도시 국가들이 이곳을 공동 관리한다는 것도 어불성설이다. 그만큼 신라의 전격적인 참전은 국가의 운명을 살린 적확한 판단이라고 해도 과언이 아닐 것이다.

8국의 공격을 막아냈지만 금관가야도 마냥 좋았던 것은 아니다. 결과적으로 신라라는 잠재적 라이벌을 더 키우는 상황으로 바뀌었을 뿐이다. 일본과 직교역을 시작한 신라는 국력을 더욱 키워 금관가야마저 흡수함으로써 삼국 통일의 기반을 마련할 수 있었다.

교과서에서는 국가의 홍성을 주로 중앙 집권화의 성공, 귀족 등 기득권 세력 억제, 종교를 통한 국론 통일 등으로 설명하고는 한다. 하지만 이렇게 설명하는 것은 너무나 정치적 시각에서만 역사를 바라보는 것 아닐까? 사실 이 조건대로라면 지금 세계에서 가장 홍성해야 할 나라는 사우디아라비아를 비롯한 몇몇 이슬람 국가들일지도 모른다. 하지만 이런 국가들이 가장 홍성한다고 보기도 어렵거니와 지금 중동의 몇몇 국가들이 부상한 것은 저 세 가지 조건을 충족해서가 아니라 '검은 황금'으로 불리는 석유가 가져다준 부가 원천이라는 사실은 누구나 알고 있다.

가야의 영화, 신라의 부상 그리고 신라와 가야의 국력 역전은 국제 유통망의 변화에서 수반되었다. 길이 어느 쪽으로 바뀌느냐에 따라 이들 국가의 운명도 이리저리 흔들렸다. 그리고 그 역사적 분기점에서 적극적으로 행동에 나섰던 신라는 한반도 트로이 전쟁에서 승리할 수 있었고, 나아가 삼국 시대 최후의 승자가 될 수 있었다. 그것은 길의 변천 그리고 기회를 제대로 이용할 줄 알았던 신라 지도부의 판단력이 만든 결과였다.

4장

장수왕은 왜
광활한 만주를
포기하고
남쪽으로 향했는가?

군사 강국 고구려의 외교력

예전부터 사극 드라마를 보면서 이상하다고 생각했던 것이 한 가지 있다. 고구려의 전성기라는 장수왕 시대를 드라마로 한 번도 볼 수가 없다는 점이다. 주몽, 근초고왕, 수로왕, 광개토 대왕, 선덕 여왕, 무열왕, 김유신, 계백, 연개소문 등등 삼국 시대를 수놓은 주요 지도자는 한 번쯤 다루었는데, 유독 장수왕에 대해서는 야박하다.

그렇다고 장수왕이 어디 하나 빠지냐 하면 그런 것도 아니다. 아버지 광개토 대왕이 급사하자 18세에 왕위에 오른 그는 무려 79년이나 고구려를 다스리면서 많은 업적을 남겼다. 라이벌이었던 백제의 수도 한성을 처음으로 함락했고, 한강 유역을 차지했으며, 고구려 역사에서 가장 넓은 강역을 완성했다. 그런데도 그는 왜 사극에서는 걸맞은 대우를 받지 못하는 것일까? 마음속으

로만 생각하다가 어느 날인가 자료를 한번 뒤져본 적이 있다. 그
랬더니 고개가 끄덕여졌다.

42년(454년) 7월 신라의 북쪽 변경을 공격하다

43년(455년) 송에 사신을 파견하다.

50년(462년) 3월 북위에 사신을 파견하다

51년(463년) 송이 장수왕을 책립하다

53년(465년) 2월 북위에 사신을 파견하다

54년(466년) 3월 북위의 혼인 요청을 거절하다

55년(467년) 2월 북위에 사신을 파견하다

56년(468년) 2월 신라의 실직주성을 빼앗다

56년(468년) 4월 북위에 사신을 파견하다

57년(469년) 2월 북위에 사신을 파견하다

57년 8월 백제가 남쪽 변경을 침공하다

58년(470년) 2월 북위에 사신을 파견하다

59년(471년) 백성 노구 등이 북위에 투항하다

60년(472년) 2월 북위에 사신을 파견하다

60년 7월 북위에 사신을 파견하다

61년(473년) 2월 북위에 사신을 파견하다

61년 8월 북위에 사신을 파견하다

62년(474년) 3월 북위에 사신을 파견하다

한국사는 없다

62년 7월 북위에 사신을 보내다

62년 7월 송에 사신을 보내다

63년(475년) 2월 북위에 사신을 파견하다

63년 8월 북위에 사신을 파견하다

63년 9월 백제 도성을 함락시키다

64년(476년) 2월 북위에 사신을 파견하다

64년 7월 북위에 사신을 파견하다

64년 9월 북위에 사신을 파견하다

65년(477년) 2월 북위에 사신을 파견하다

65년 9월 북위에 사신을 파견하다

66년(478년) 송에 사신을 파견하다

66년 백제의 연신이 투항하다

67년(479년) 3월 북위에 사신을 파견하다

67년 9월 북위에 사신을 파견하다

68년(480년) 4월 남제가 장수왕을 책립하다

68년 4월 남제에 보냈던 사절이 북위에게 붙잡히다

69년(481년) 남제에 사신을 파견하다

72년(484년) 10월 북위에 사신을 파견하다

73년(485년) 5월 북위에 사신을 파견하다

73년 10월 북위에 사신을 파견하다

74년(486년) 4월 북위에 사신을 파견하다

75년(487년) 5월 북위에 사신을 파견하다

76년(488년) 2월 북위에 사신을 파견하다

76년 4월 북위에 사신을 파견하다

76년 윤 8월 북위에 사신을 파견하다

77년(489년) 2월 북위에 사신을 파견하다

77년 6월 북위에 사신을 파견하다

77년 9월 신라의 호산성을 함락시키다

77년 10월 북위에 사신을 파견하다

78년(490년) 7월 북위에 사신을 파견하다

78년 9월 북위에 사신을 파견하다

79년(491년) 5월 북위에 사신을 파견하다

79년 9월 북위에 사신을 파견하다

79년 12월 장수왕이 사망하다

『삼국사기』에 기록된 그의 치세 기간(79년) 중 후반기만 옮긴 것이다. 긴 통치 기간 동안 사신만 파견한 게 아닐까 하는 생각마저 들 정도다. 확실히 '노잼'이다. 이래서는 어디 사극 한 편 만들 수 있겠는가. 매회 사신만 나올 텐데 말이다.

그런데 실상은 이 지루하기 짝이 없는 지점에 바로 동북아시아의 강자로 호령했던 고구려의 참모습이 숨어 있다면 어떨까?

'노잼' 장수왕의 시대

장수왕이 고구려를 다스린 5세기는 국제 정치의 거대한 전환기였다. 여러 나라가 어지럽게 난립하며 혼란스러웠던 중국은 5호 16국 시대를 마무리하고 남북조 시대로 전환했다. 북쪽에는 선비족의 북위北魏가 들어섰고, 남쪽에는 송宋-제齊-양梁-진陳의 한족 왕조가 이어졌다. 중국에 여러 나라가 난립해 자기들끼리 물어뜯을 때가 좋은 고구려의 입장에서는 남북조 시대의 개막이 반가운 전개는 아니었다.

한반도 상황도 새로운 국면에 진입했다. 만주로 확장하던 고구려는 시선을 남으로 돌렸고, 숙적 백제와 한강 유역을 놓고 경쟁을 본격화했다. 또한 고구려의 보호국 신세였던 신라는 독립화를 꾀하고 있었다. 고구려로서는 한정된 국력을 배분해야 할 곳이 너무 많아졌다. 전보다 한층 복잡한 고차 방정식이 요구되는 상황이었다.

그런데 여기서 한 가지 짚고 넘어갈 것이 있다. 장수왕은 왜 하필 남쪽으로 내려왔을까? 우리가 그의 시대에서 아쉬워하는 일 중 하나가 왜 드넓은 만주를 택하지 않고 한반도로 내려왔냐는 것이다. 그런데 기후학자들이 내놓은 연구 결과들을 보면 이때 장수왕의 남하는 '선택'이 아니라 '필수'였던 것으로 보인다.

4세기부터 유라시아 북반구에는 긴 한랭기가 도래했다. 일본 교토 부립대학교의 오카모토 다카시 교수에 따르면 "원래 식물

게르만족의 대이동(위)과 중국 5호의 이동(아래) 게르만족의 이동은 중앙아시아의 훈족이 북유럽으로 침입한 여파가 컸지만, 한랭해진 기후 때문이기도 했다. 중국 5호(다섯 오랑캐)의 남하 역시 같은 이유였다.

한국사는 없다

들이 풍부한 곳이라면 환경이 약간 나빠지더라도 그 영향이 작을 수 있다. 하지만 식물이 풍부하지 않은 곳의 환경이 악화하면 그곳에서 살던 동물들은 그야말로 생존의 위기에 빠진다. 즉 따뜻한 곳이 추워지는 것보다 추운 곳이 더 추워지는 것이 더 영향을 크게 받는다. 다시 말해 한랭화로 인해 남부 농경 지역보다 북부의 유목 지역에 더 큰 피해가 갔다는 것"이라고 설명한다. 그래서 유목민들은 생존을 위해 초원을 찾아 남쪽으로 이동하게 되었다. 이것이 4~5세기 유럽을 중심으로 각지에서 대혼란을 일으킨 민족 대이동이다.

이 민족 대이동의 직격탄을 맞은 나라가 로마 제국이었다. 제국을 지탱해준 온난한 기후, 로마 최적기*Roman Climate Optimum*가 지나고 한랭화가 시작되자 말이나 소에게 먹일 풀이 부족해진(그리고 훈족의 침입에 밀린) 게르만족이 대대적으로 남쪽으로 이동했다. 4세기 '게르만족의 대이동'으로 불리는 이 여파로 인해 서로마 제국이 멸망했다.

동아시아에서도 비슷한 상황이 펼쳐졌다. 280년 위·촉·오 삼국으로 나뉘었던 중국이 진晉나라에 의해 통일되었지만, 얼마 가지 않아 남하하는 유목 민족에 밀리면서 수도 장안이 함락되었고(316년), 이후 중원은 흉노·강·저·선비·갈 등 유목 민족들의 무대로 바뀌었다. 이 시기를 5호 16국 시대라고 하는데 5호는 화북을 지배한 5개의 유목 민족(오랑캐)을, 16국은 이때 세워진 왕조가

서량
북량
한
흉노
선비
북연
전량
호하
북위
전연
후량
전조
갈
후연
남량
후조
남연
서진
저
전진
후진
성한
동진

5호 16국과 동진 선비, 흉노, 강, 갈, 저는 유목 민족의 이름이고, 같은 색깔로 표시하여 화살표로 연결한 네모 속의 나라는 그 민족이 세운 나라다. 북서 지역의 서량과 전량, 북동 지역의 북연은 한족 계열의 민족이 세운 나라다. 선비족이 세운 북위가 화북 지역을 통일하면서 5호 16국 시대가 저물고, 남쪽의 한족 왕조와 함께 남북조 시대가 열린다. 화북 지역에서 뚜렷한 강자가 없던 5호 16국 시기는 고구려에게 좋은 기회였다.

한국사는 없다

무려 16개나 되는 데서 유래했다. 그러니 얼마나 혼란했는지 알 수 있다.

Go South

'혜제 원강 7년(297년) 여름 6월, 진주秦州·옹주雍州에 서리가 내려 농작물이 죽었다.'

'혜제 광희 원년(306년) 8월 갑신일, 장안과 낙양에 눈이 내렸다.'

'목제 영화 2년(346년) 8월 기방冀方에 많은 눈이 내려 사람과 말이 대부분 얼어 죽었다.'

삼국을 통일한 진晉은 중국 역사상 추위로 고생했던 왕조 중 하나였다. 여름에 눈이 오고 서리가 내린 해가 6차례, 겨울에 폭설과 이상 한파가 닥친 해가 26차례였다. 중원을 유목 민족에게 내준 뒤 따뜻한 양쯔강 유역으로 내려간 동진東晉도 이상 기후를 피하지 못했다. 성제 함강 2년(336년)부터 동진이 멸망한 420년까지 100년 남짓 동안 한재寒災가 30여 차례나 기록되었다. 이러한 한랭기는 수나라 초기까지 이어졌다.

중국의 역대 기후를 분석한 대만의 기상·역사학자 류자오민은 이 시기 연평균 기온이 현재보다 섭씨 1도 정도 낮을 것으로 추정했다. 또 중국 역사상 추위로 인한 재난이 가장 심각했던 시대도 이때라고 보았다. 이런 환경에서는 농사가 어려울 수밖에 없다. 북위(北魏·386년~534년) 말엽에 나온 농업 안내서 『제민요술^齊民要術』을 보면 황허 유역에서 쌀농사를 거의 짓지 않는다고 나올 정도다. 기온이 내려가 벼를 재배하기 어려워져서다.

상황이 이렇다 보니 농업 민족인 한족으로서는 꼭 유목 민족의 남하가 아니더라도 농사를 지을 수 있는 땅을 찾아 강남으로 이동하는 편이 나았다. 19세기 미국 서부에서 금광이 발견되자 "Go, West!"를 외치며 다들 서부로 몰려갔던 것처럼 이때는 'Go, South'의 시대였다. 한족의 대규모 이주가 진행되면서 이전까지 낙후 지대였던 강남(양쯔강 이남)에 대대적인 개발 붐이 일었다. 이런 과정을 거쳐 강남은 중국 역사에서 곡창 기지로서 역할을 톡톡히 하게 되었다. 대륙을 통일한 수나라가 대운하를 건설한 것도 강남의 풍부한 식량과 물자를 화북으로 옮기려 했기 때문이다. 일종의 국토 균형 개발을 위한 사업이었던 셈이다.

한랭기와 고구려의 남하

5호 16국 시대를 만든 한랭 기후는 한반도와 만주에서도 역사를 조율했다. 한때 고구려보다 강력했던 부여가 이 시기에 멸망한 것도 기후 환경과 무관하지 않다. 1~3세기 전성기를 누린 부여는 고구려 동천왕(재위 227년~248년) 때만 해도 8만여 호에 달하는 인구를 과시하며 3만 호에 불과한 고구려를 압도했다. 그러나 4세기 들어 차츰 주변 유목 민족의 침략을 받으며 쇠퇴하다가 5세기 말 고구려에 스스로 투항해 복속되었다. 역사서에는 한때 고구려의 강력한 라이벌이던 부여의 쇠퇴 요인이나 과정이 명료하게 나타나지 않는다. 하지만 부여가 고구려의 북쪽인 지금의 지린성 북부와 러시아 아무르주에 걸쳐 있었다는 사실을 감안하면 단서를 찾을 수 있다. 바로 기후다. 부여의 전성기(1~3세기)는 '로마 최적기'라는 따스한 기후 속에 로마 제국이 영국 북부까지 국경을 확장·유지했던 기간과 같다. 하지만 4세기 들어 한랭화가 시작되면서 부여가 자리 잡은 만주 북부에서는 농업도, 유목도 어려워졌다. 국가를 유지할 수 있는 식량을 생산하고 세금을 거두는 것도 쉽지 않았을 것이다.

고구려 장수왕이 드넓은 만주를 놔두고 남쪽으로 향할 수밖에 없었던 이유다. 지금에야 만주 땅이 아깝게 생각되어도 한랭화가 절정에 달했던 5세기에는 농사가 어려운 거대한 황무지일 뿐이었다. 더구나 광개토 대왕 때 팽창 정책으로 국경이 확장되면서 고구려에는 이를 유지하기 위한 병력도 늘어났고 군량 문제가 적잖게 부담이 되었을 것이다. 그렇다고 강력한 북위를 공격해 중원으로 진출하는 것은 어려우니 고구려는 비옥한 한강 유역으로 고개를 돌릴 수밖에 없었다.

하지만 한강에는 백제가 있었다. 흔히 고구려가 백제보다 압도적으로 강력했을 것으로 생각하는데, 백제는 그리 만만한 나라가 아니었다. 백제는 한반도에서 계란 노른자 같은 한강 유역을 차지해 농업 생산력에서 경쟁자들에 우위에 있었다. 그리고 한사군이 무너졌을 때 낙랑군과 대방군에서 고급 인재들이 들어오면서 인재풀도 좋았다. '인적 자원+농업 생산력=국력'이다. 백제가 4세기 근초고왕 때 평양성으로 진격해 고구려의 고국원왕을 전사시키는 대승을 거둔 것도 국력이 반영된 결과였다. 확실히 4세기까지 한반도의 주인공은 고구려가 아닌 백제였다. 그래서 패권국가를 꿈꾸는 고구려의 입장에서 백제는 반드시 뛰어넘어야 하는 상대였다.

고구려가 얼마나 백제를 의식했는지는 광개토 대왕비에 고스란히 드러난다. 유독 백제에 대해서만 '백잔百殘'이라고 낮추어 부른 것이다. '잔인하다, 흉악하다'는 의미의 '잔殘'이라는 글자를 사용한 이유는 백제를 정식 국가로 인정하지 않겠다는 의지를 담고 있다. 과거 우리가 북한을 '북괴'라고 부른 것과 비슷하다. 그런데 남북한 체제 경쟁이 끝난 지금은 북괴라고 부르지 않듯이 만약 백제가 정말로 무시해도 되는 존재라면 이런 명칭을 사용하지는 않았을 것이다. 첨언하자면 중국에서도 왕망이 전한을 무너뜨리고 신나라를 세웠을 때, 고구려에 대해서 '하구려下句麗'라고 비하하는 명칭을 썼다. 당시 고구려가 신나라의 흉노 정벌에 협조하지 않아서였는데, 이들이 고구려를 얼마나 미워했는지를 엿볼 수 있다.

한국사는 없다

일본 작가 시오노 나나미는 『로마인 이야기』에서 '증오는 자기와 대등하거나 아니면 자기보다 우위에 있는 사람에게 품는 감정'이라고 이야기한 적이 있는데, 맞는 말이다. 광개토 대왕비에 '백잔'이라고 적은 것은 역설적으로 백제에 대한 경계를 풀지 않은 심리를 보여준다. 한강 유역을 확보하고 있는 백제는 언제 다시 국력을 회복하고 올라올지 모르는 위험 요소였던 것이다.

고구려를 봉쇄하라 : 백제판 '쿼드'

아베 신조 전 일본 총리의 회고록에는 그가 재임 기간 동안 '쿼드(Quad·Quadrilateral security dialogue·일본-미국-호주-인도를 연결하는 비공식 안보 체제)'를 완성하기 위해 얼마나 공을 들였는지 나온다. 오바마 대통령 시절 미국의 시큰둥한 반응에도 불구하고 아베 전 총리는 쿼드 완성을 외교 목표로 삼았다. 중국의 패권을 견제하려면 일본-미국-호주-인도 등 4개국이 연대해 중국의 진출을 봉쇄해야 한다고 판단한 것이다. 그것만이 일본의 살길이라고 보았다. 안보를 위협하는 상대가 패권국으로 발돋움한다면, 그리고 그런 상황을 혼자 힘으로 제어할 수 없다면 국제 연대로 맞서는 수밖에 없다.

4세기 말 백제도 비슷한 고민을 했다. 광개토 대왕 시기를 거치며 고구려와 백제의 국력 차는 점점 벌어졌다. 급기야 396년에는 수도 한성을 포위한 광개토 대왕에게 백기를 들었다. 백제 아신왕은 동생과 대신 10여 명을 인질로 보내면서 "영원한 노예가 되겠다"고 맹세했다. 더 이상 고구려에 일 대 일로 맞서는 것은 중과부적이라고 판단한 백제는 '쿼드'를 구상했다. 중국(송)-백제-신라-왜를 묶는 대對고구려 포위망이다.

먼저 아신왕은 태자(후일 전지왕)를 왜에 보내 적극적인 관계 개선에 나섰다(397년). 이것이 『삼국사기』에 처음으로 나타난 백제와 왜의 공식 외교 기록이다. 요즘 한국이 가요나 드라마 같은 K-컬처로 일본의 마음을 녹였다면 이때는 신학문인 유학儒學이 있었다. 선진 문물을 요청한 왜에 백제는 403년 아직기를, 404년 왕인을 보냈다.

그다음은 중국 남조인 송나라(420년~479년). 훗날 5대 10국을 통일한 조광윤의 송나라(960년~1279년)와 구분하기 위해 유송劉宋이라고 부르기도 한다. 황해도와 한강 일대를 고구려에게 빼앗긴 백제 입장에서 북위와 접촉하기란 어려웠다. 그래서 백제는 남조에 공을 들였다. 이 당시 유송은 한반도 쪽으로 불쑥 튀어나온 산둥반도를 차지하고 있어 제한적이나마 뱃길로 교류를 할 수 있었다. 백제는 420년(장수왕 8년) 개국한 송에 60년 동안 약 18회 사신을 보내는 등 우호 관계를 다졌다. 그리고 433년에는 고구려의 간섭에 염증을 느낀 신라까지 끌어들였다(나제 동맹). '쿼드' 완성에 바짝 다가섰다.

한국사는 없다

고구려의 '쿼드' 무력화

고구려는 과거 동천왕 때 위나라의 침입으로 수도 환도성이 함락된 아픈 역사가 있다. 위나라의 군사력도 문제였지만, 고구려의 북방에서 위나라를 도운 부여의 움직임이 결정타가 되었다. 그랬기에 고구려는 백제가 포위망을 구축하려는 시도를 가만히 보고 있을 수 없었다. 장수왕의 가장 중요한 목표는 백제의 '쿼드' 무력화에 맞추어졌다.

고구려는 일단 유송 측에 손을 썼다. 『송서宋書』에는 '(439년) 태조가 북위를 토벌하고자 고연에게 말을 바치라 조서를 내리자, 800필을 바쳤다'는 기록이 나온다. 고연은 장수왕이다. 유송은 유목 민족인 선비족이 세운 북위를 상대하려면 기마병이 절실했다. 말은 북위에 맞서기 위한 주요 전략 물자였다. 하지만 말은 북방 초원의 동물이라서 유송이 차지한 강남에서는 좋은 말을 구할 수 없었다. 그래서 유송은 고구려를 통해 말을 확보하려고 한 것이다. 요즘으로 치면 전차 수입이라고 할까.

말이 별것 아니라고 생각할지 모르는데 그렇지 않다. 한 무제가 서역 진출에 욕심을 낸 이유 중 하나가 '한혈마'라고 불리는 말을 확보하기 위해서라는 말이 있듯이, 좋은 말을 구하는 일은 그리 간단치 않았다. 나중의 일이지만, 원나라가 고려를 부마국으로 삼고 중요하게 관리한 것도 제주도에 설치한 목장이었다. 원나라를 중원에서 쫓아낸 명나라도 조선에 말을 요구했다. 고구려가 유송에 말 800필을 보낸 것은 대단한 성의였다. 고구려는 유송에 사신을 20여 차례나 보냈다. 백제보다 많은 횟수다. 이 무렵 고구려는 경기도와 황해도를 장악하고 있었기 때문에 지리적으로 중국과의 접근성이 좋았다. 백제의 '쿼드'를 무력화하려면 백제와 송 사이의 바닷길을 차단하는 것이 무엇보다 중요했다. 427년 장수왕이 내륙인 국내성에서 바다와 연결된 평양성으로 수도를 옮긴 이유도 이런 배경과 무관치 않았다. 평양은 대동강을 통해 서해로 나가기 좋다. 삼국 시대에는 중국과 연결된 서해를 장악해야 패권을 가져올 수 있었다.

장수왕의 전략은 성공적이었다. 백제의 외교 사절은 중국에 도착하기 전 바다에서 번번이 고구려에 의해 차단되었다.

사신을 송에 보내어 조공하려 했으나 고구려가 길을 막아 이르지 못하고 돌아왔다.

_『삼국사기』 백제본기 문주왕 2년 3월

내법좌평 사약사를 남제(송나라가 멸망한 뒤 남조에 들어선 왕조)에 보내어 조공하려 했으나 사약사가 서해에서 고구려군을 만나 가지 못하였다.

_『삼국사기』 백제본기 동성왕 6년 7월

한국사는 없다

개로왕의 과감한 도박

469년 산둥반도가 유송에서 북위로 넘어갔다. 한반도 쪽으로 툭 튀어나온 지형 덕분에 산둥반도는 한반도 왕조들이 뱃길로 중국에 갈 때 가장 쉽게 도착할 수 있는 곳이었다. 경기도를 잃은 백제가 유송과 교류할 수 있었던 것도 그나마 산둥반도가 있었기 때문이다. 그런데 이제 그나마 우호적이던 유송과의 뱃길이 막힌 것이다. 그러니 백제는 '쿼드' 구성원을 유송에서 북위로 바꿀 수밖에 없었다. 한편으로 백제는 이런 상황이 또 다른 기회가 될 수 있다고 여겼다. 사실 국경이 떨어져 있는 유송은 고구려와 갈등할 요인이 적었다. 하지만 고구려와 국경을 맞대고 있는 북위라면 충돌할 만한 여지가 있었다. 472년 개로왕은 북위에 고구려 침공을 권하는 밀서를 보냈다.

'지금 연(장수왕)의 죄로 나라는 어육魚肉이 되었고, 대신들과 권세 있는 귀족들의 살육이 그치지 않으며, 죄악이 쌓이고 넘쳐서 백성들은 허물어져 흩어지고 있으니, 이야말로 그들이 멸망할 시기요, 폐하께서 손을 쓰실 때입니다.'

그러면서 '고구려가 남쪽으로는 유씨(劉氏·유송)와 통하고, 북쪽으로는 유연과 맹약을 맺어 입술과 이빨처럼 서로 의지하여 폐하의 정책에 배반을 꾀하고 있다'며 이간책을 시도했다. 장수왕이 유송에 군마 800필을 보낸 것도 사실이고, 북위 입장에서 국경을 맞댄 고구려는 껄끄러운 이웃인 것도 틀림없었다. 백제의 제안은 귀를 기울일 만했다.

그런데 여기서 반전이 일어난다. 북위가 백제의 밀서 내용을 고구려에 고스란히 알려준 것이다. 백제 입장에서는 외교 참사였다. 왜 이런 예상 밖 전개가 벌어졌을까? 앞에서 본 '재미없는' 장수왕의 재위 기간 동안 고구려는 거의 매년 북위에 사신을 보냈다. 반면 같은 기간 백제가 중국에 사신을 보낸 것은 고작 3회에 불과하다.

> 비유왕 3년(429년) 송나라에 사신을 보내 조공하다.
> 비유왕 14년(440년) 10월 송나라에 사신을 보내 조공하다.
> 개로왕 18년(472년) 북위에 사신을 보내 표문을 전하다.

고구려에 의해 해로를 차단당한 것도 이유가 되었겠지만, 결과적으로 백제가 북위에 사신을 보낸 횟수는 고구려가 사신을 보낸 것에 비하면 10분의 1도 안 된다. 이래서는 외교전에서 도저히 이길 수가 없다. 심지어 개로왕이 북위에 고구려를 치라고 권유했던 472년에도 고구려는 북위에 2차례나 사신을 보냈다. 아마도 고구려는 백제의 움직임을 손바닥에 올려다 놓고 지켜보았을 것이다. 상대의 다음 수가 무엇인지를 알고 두는 바둑만큼 쉬운 대국도 없다. 개로왕이 프로 2단이라면 장수왕은 알파고였다. 이제 장수왕이 움직일 차례였다.

장수왕, 움직이다

광개토 대왕 이래 고구려의 군사 기지였던 아차산성은 지금도 서울 광장동 아차산에 남아 있다. 이곳에 마련된 고구려정이라는 정자에 오르니 제2 롯데월드를 비롯해 잠실 일대가 한눈에 들어왔다. 고구려가 왜 이곳에 기지를 세웠는지 비로소 납득이 되었다. 고구려군은 여기서 육안만으로도 풍납 토성의 움직임을 파악할 수 있었을 것이다. 즉 아차산성은 백제를 감시하는 고구려의 CCTV였다. 반대로 백제 입장에서는 왕성 바로 위에서 고구려에게 실시간 감시를 당하는 셈이었다. 이런 상황을 타개하지 않고서는 도저히 국력의 열세를 뒤집을 수가 없다는 생각이 들었을 것이다. 개로왕이 북위에 서신을 보내 고구려를 공격하라는 외교적 도박을 감행한 것도 이해가 된다. 물론 북위의 배신(?)으로 실패로 돌아갔지만 말이다.

북위가 백제의 국서를 보여준 일은 고구려에게 두 가지 측면에서 의미가 있었다. 하나는 백제의 '불순한' 움직임을 파악할 수 있었던 점이다. 알고 있으면 대비가 가능하다. 또 다른 하나는 북위가 백제의 고구려 포위망에 함께할 생각이 없으며, 당분간 고구려를 공격할 계획도 없다는 점을 넌지시 알려준 것이다. 만약 북위가 고구려를 공격할 의사가 있었다면 백제의 밀서 내용을 알려주겠는가? 대신 백제와 비밀리에 공동 전선을 짰을 것이다.

덕분에 장수왕은 북쪽에 대한 염려를 내려놓고 전력을 남쪽

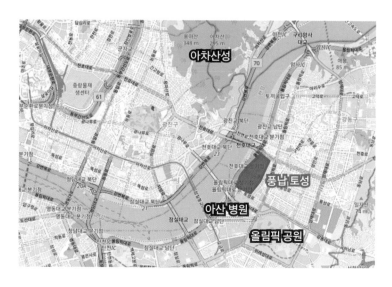

| 아차산성과 백제의 도성으로 추정되는 풍납 토성의 위치

에 집중할 수 있었다. 다시 말해 백제 토벌과 한강 유역 확보에 주력군을 동원할 수 있게 된 것이다. 하지만 장수왕은 신중한 전략가였다. 돌다리를 하나하나 두드리고 움직이는 스타일인 그는 당장 움직이기보다는 3년간 군사력을 키우는 한편, 승려 도림을 백제로 보내 내정을 정탐하고 궁과 왕릉을 확장하는 무리한 토목 공사를 유도해 여론을 악화시키는 등 백제 내부를 흔들었다.

475년 겨울, 고구려 부대가 한강을 건넜다. 3만 명의 군사가 왕성(풍납 토성)을 점령하는 데 걸린 시간은 불과 일주일이었다. 기록이 맞다면 온조왕이 백제를 건국한 뒤 수도가 함락된 것은 이때가 처음이다. 건국한 지 400여 년 만의 일이었다. 생포된 개로

한국사는 없다

왕은 아차산성까지 끌려가 비참하게 처형되었다. 기록에 의하면 고구려 장수들은 그를 아차산성까지 끌고 가 얼굴에 침을 뱉고는 참수했다. 삼국 시대 역사를 통틀어 한 나라의 국왕이 이 정도까지 굴욕적인 최후를 맞이한 경우는 개로왕뿐이다. 그만큼 고구려를 자극한 탓이었을까.

수나라의 통일, 고구려의 위기

589년 수나라가 중국을 통일했다. 중국이 하나의 통일 왕조로 합쳐진 것은 진晉나라 이후 거의 300년 만이었다. 이 사건은 고구려가 특수를 누리던 국제 환경이 사라졌다는 사실을 의미했다. 한 무제가 고조선을 친 일에서도 알 수 있듯, 중국에 강력한 통일 왕조가 들어서면 그 창끝은 동쪽을 향했다. 중원의 안전을 위해 주변을 통제 가능한 질서로 끌어들여야 했기 때문이다.

충돌을 피하려면 신라처럼 중국의 세계 전략 안에 들어가는 방법이 있다. 하지만 고구려는 그럴 생각이 없었다. 대신 고구려는 주변 세력을 활용해 중국을 흔들고 자국의 독립성을 유지하기로 했다. 과연 외교 강국다운 발상이었다. 순순히 굴복하지 않는 고구려를 수나라는 면밀히 주시했다. 이렇게 풍선처럼 팽팽하게 부풀어 오르던 두 세력 간의 긴장이 '펑' 하고 터진 때가 607년이다.

우리는 별로 주목하지 않지만, 이 해에는 흥미로운 사건이 연이어 벌어졌다. 먼저 오노노 이모코가 이끄는 일본의 사절단이 수나라를 방문했다. 이때 일본 스이코 천황이 보낸 '해 뜨는 곳의 천자가 해 지는 곳의 천자에게 편지를 보낸다[日出處天子, 書日沒處天子致(일출처천자, 서일몰처천자치)]'는 국서의 내용은 두고두고 화제가 되었다. 도발로 느껴질 만한 내용이었다. 수 양제는 어이가 없었다. 천자는 중국의 황제 한 명뿐이다. 그런데 동쪽 섬나라의 우두머리 주제에 천자를 자처하다니! 그것만으로도 불쾌한데, 심지어 중국을 해 지는 곳이라고 표현했다. 하지만 수 양제는 분노하지 않았다. 굳이 상대할 가치를 느끼지 못했을 것이다. 그래서 "저런 예의도 모르는 오랑캐는 다시 들이지 말라"고만 했다.

그런데 이듬해인 608년 3월 수 양제는 별다른 이유를 밝히지 않은 채 일본의 사절단을 접견했다. 뿐만 아니라 4월에는 수 양제가 일본으로 사절단을 파견했다. 중국의 공식 사절단이 일본에 도착한 일은 역사상 처음이었다. 여성인 스이코 천황으로서는 어마어마한 외교적 선물을 받은 셈이었다. 그렇다면 수 양제는 왜 당초 생각을 바꾸어 일본을 환대했을까? 일본이 천자 운운하는 태도를 바꾼 것일까? 그랬다면 역사서에 기록이 남았을 터인데 그런 내용은 찾아볼 수가 없다. 그래서 수 양제가 태도를 바꾼 이유는 아직 명쾌하지 않다.

이 의문을 풀 열쇠는 고구려에 있다. 607년 6월 북쪽 변경 일

한국사는 없다

대를 순행하던 수 양제는 동돌궐의 지도자 계민가한('가한'은 칸의 음역으로, 몽골·튀르키예·위구르족의 군주를 뜻한다)을 만나러 갔다가 그곳에 고구려 사신이 와 있다는 사실을 알게 되었다. 수 양제는 순간 정신이 번쩍 들었다. 고구려와 동돌궐 같은 북방 세력이 손을 잡는다면 수나라 입장에서는 악몽이 된다. 일찍이 한 무제가 흉노의 '왼팔(고조선)'을 끊어놓았던 것도 그런 위험 때문이었다. 심지어 고구려는 고조선보다 강했고 더 '반항적'이었다. 놓아두면 화근이 될 게 분명했다.

즉 수 양제가 일본으로 사신단을 보낸 것은 일본을 바라보고 한 행동이 아니었다. 다분히 고구려를 의식한 견제구였다. 고구려와 적대적인 백제와 신라는 물론 일본까지 포함하는 대고구려 포위망을 만들려는 의도가 깊숙하게 작용했다. 수나라가 국력을 소진해가며 3차례나 고구려 원정을 벌인 데도 이런 원초적 불안감이 있었다. 그 결과는 좋지 못했다. 무리한 원정에 반발한 반란이 이어졌고 결국 수나라는 무너졌다. 그 자리를 대신한 것은 당나라였다.

고구려 외교의 마지막 불꽃

645년 3월 말 당의 태종은 군사를 일으켜 고구려로 진격했다. 속전속결이었다. 불과 한 달 반 만에 개모성, 백암성, 요동성 등 고구려의 주요 거점을 차례로 함락했고, 남은 목표는 전략적 요충지인 안시성뿐이었다. 이곳이 떨어지면 평양까지는 쾌속 진격이 가능했다.

그래서 연개소문은 북부 욕살(고구려의 지방 장관) 고연수와 고혜진에게 15만 군사를 맡겨 안시성 구원에 나서게 했지만 6월 23일 안시성 40리 앞 주필산 인근에서 대패했다. 이 패배는 단순한 패배 이상이었다. 당시 고구려의 인구 규모를 감안할 때 15만 명이라는 병력은 평양성 수비군을 제외한 거의 전 병력이나 다름없었다. 고구려가 제아무리 군사 강국이라도 더 이상의 군사를 동원하기는 어려운 상황. 누가 봐도 고구려는 풍전등화의 상태였고 안시성은 고립무원에 빠진 셈이었다.

그런데 이때 뜻밖의 일이 벌어진다. 주필산 전투에서 대승을 거두고 안시성을 포위한 당나라 군대가 약 40여 일간 공격하지 않은 것이다. 승기를 잡은 당나라는 왜 공격을 멈추었을까? 『삼국사기』에는 기록되지 않았지만, 송나라 때 사마광이 집필한 역사서 『자치통감資治通鑑』에는 주필산 전투 직후 있었던 고구려 측 움직임 하나가 기록되어 있다. '당 태종이 주필진에서 고구려 중앙군을 대파했다. 이에 막리지(연개소문)는 말갈인 사절을 설연타에 몰래 파견했다.' 이것이 안시성 전투의 향방을 가른 결정적 한수가 되었다.

이 무렵 몽골고원에는 설연타薛延陀라는 세력이 자리 잡고 있

한국사는 없다

었다. 강대국은 아니지만, 당나라 변방을 괴롭힐 정도의 힘은 갖추고 있었다. 다시 『자치통감』의 기록을 보자. '연개소문이 보낸 말갈 사절은 거대한 이익[厚利(후리)]을 조건으로 진주가한에게 당을 공격하라고 제안했다.'

설연타의 지도자인 진주가한은 당 태종에게 악연이 있었다. 당 태종은 그에게 공주를 시집보내기로 약속했다가 지키지 않았다. 고구려는 '혼인 사기'를 당한 진주가한을 부추겼다. '당나라 주력군은 안시성에 와 있으니 지금 당나라를 치면 이길 수 있다'는 말은 그럴듯하게 들렸을 것이다. 연개소문이 보낸 말갈 사절의 수완이 좋았는지 설연타는 7월 중순경 당나라 북쪽 국경을 전격 침공했다.

이렇게 되니 당나라 군대는 졸지에 두 개의 전선 사이에서 샌드위치가 되어버렸다. 이제는 당 태종의 마음이 급해졌다. 황급히 병력을 보내 설연타의 군대를 막게 했다. 당 태종이 안시성을 눈앞에 두고도 40여 일간 움직이지 않은, 아니 움직일 수 없었던 이유다. 덕분에 안시성은 40일이라는 소중한 시간을 벌었다.

설연타의 기습을 격퇴한 당 태종은 안시성을 다시 공격했지만 이번에는 안시성의 필사적인 방어에 막혔다. 9월 18일, 당 태종은 결국 말머리를 돌렸다. 양력으로는 10월말이니 만주는 초겨울로 접어들 때였다. 공격 측에게 극히 불리한 상황이었다. 무엇보다도 긴 보급선 때문에 군량 문제가 간단치 않아서 장기간의 공격을 지속할 수 없었다. 당 태종으로서는 주필산 전투에서 승리한 뒤 안시성에 전력을 쏟지 못한 것이 두고두고 아쉬웠을 것이다. 그리고 당 태종은 그토록 염원하던 고구려 정벌을 이루지 못한 채 눈을 감았다.

영화나 드라마, 만화에서 고구려를 다루는 방식은 언제나 강력한 군사력과 스펙터클한 전투 장면을 앞세우는 것이다. 아니면 〈태왕사신기〉처럼 온갖 판타지가 겹쳐진 광개토 대왕의 신화적 활약상을 강조한다. 하지만 고구려는 군사 강국이기에 앞서 외교 강국이었다. '고구려=군사 강국'을 떠올리지만 실은 고구려의 흥망은 돌궐, 설연타, 철륵 같은 북방 세력을 다루고 중국 왕조를 상대하는 외교술에 달려 있었다고 해도 과언이 아니다. 고구려는 백제를 고립시키기 위해 수도를 이전해가면서 해상로를 틀어막았고, 거의 매년 중국에 사신을 보냈다. 그렇게 얻은 정보를 활용해 자신들에게 유리하게 국제 정치의 판을 짰다. 중국 왕조의 갖은 위협 속에서도 700년간 만주에서 존속했던 고구려의 저력은 바로 이런 점이었다.

안시성 공략에 실패한 당 태종은 고구려 정벌을 위해서는 초원 세력부터 제압해 고구려를 고립시켜야 한다는 점을 절감했다. 이듬해(646년) 당 태종은 설연타를 직접 공격해 완전히 제압했고, 몽골고원 인근에 있던 여러 유목 민족들도 모두 당나라에 귀속시켰다. 이제 고구려가 중국 왕조를 흔들 만한 외교 옵션은 거의 사라진 셈이었다.

아프라시압 벽화가 말해주는 것

사마르칸트 아프라시압*Afrasiab* 궁전에는 길이가 무려 44미터에 달하는 벽화가 있다. 이 그림이 한국에서도 유명해진 이유는 벽화에 등장하는 인물들 때문이다. 7세기 중반(650년~655년) 그려진 것으로 추정되는 이 벽화 속에는 각국에서 찾아온 사신들이 그려져 있는데 그 한 귀퉁이에 조우관(鳥羽冠·새의 깃으로 장식한 모자)을 쓰고 환두대도(環頭大刀·둥근 고리가 달린 큰 칼)를 차고 있는 두 명의 남성이 있다. 전형적인 고구려의 패션 스타일이다.

그런데 여기서 궁금증이 일어난다. 사마르칸트에서 고구려의 수도 평양성은 무려 4,500킬로미터 이상 떨어져 있다. 지금도 쉽사리 이동할 만한 거리가 아니다. 7세기 중반 고구려 사신은 대체 왜 그렇게 먼 곳까지 찾아간 것일까?

아프라시압 궁전이 발굴된 사마르칸트는 7세기에 번영했던 오아시스 실크로드의 중심지였다. 고구려의 수도 평양성에서 한참이나 떨어진 이곳은 당시 고구려의 세계관에서 세계의 끝이나 다름없었다. 벽화에 그려진 고구려 사신은 당시 새로운 동맹 세력을 찾으려 했던 고구려의 어려운 처지를 보여주는 것이 아닐까? 어쩌면 설연타가 당나라에 무너지자 위기를 느낀 연개소문

평양성과 아프라시압 궁전 위치. 그리고 아프라시압 궁전 벽화에 보이는 고구려 사절단 벽화의 오른쪽 끝에 있는 두 사람은 조우관을 쓰고 환두대도를 찬 모습이 영락없이 고구려인이다.

한국사는 없다

이 보낸 사신이었을지도 모른다. 하지만 고구려 사신들은 별다른 소득을 거두지는 못했을 것이다. 이곳에 자리 잡은 소그드족은 실크로드의 발달로 성장한 상인 세력이었다. 돈은 많았지만 설연타처럼 당나라를 위협할 만큼의 군사력은 없었다.

고구려 왕실은 668년 나당 연합군이 쳐들어오자 평양성에서 고립된 채 최후를 맞이했다. 외교의 공간을 상실한 고구려는 더 이상 고구려가 아니었다. 이것이야말로 고구려가 우리에게 남긴 가장 중요한 메시지일지도 모른다.

5장

우리 땅에 남은 일본식 무덤과 중국의 풍습에 숨겨진 고대의 미스터리

우리 땅에 새겨진 불편한 흔적들은 무엇을
이야기하는가?

461년 10월의 어느 날, 일본으로 향하는 배 안은 긴장감이 가득했다. 산통이 시작된 여성은 고통을 견디느라 입술을 잘끈 깨물었지만, 입 밖으로 새어 나오는 신음은 어쩔 수 없었다. 그녀를 비롯해 주위를 둘러싼 이들 모두 값진 장신구와 비단옷을 걸치고 있어 지체 높은 신분임을 한눈에 알아볼 수 있었다. 그도 그럴 것이 이들의 행선지는 일본 유라쿠 천황이 거주하는 황궁이었다.

여성의 출산을 예감한 듯 의술을 아는 남성은 능숙하게 산모의 맥을 짚으며 옆에서 지켜보고 있는 남성에게 귓속말을 했다. 이윽고 고개를 끄덕인 남성은 시종을 시켜 배를 인근 섬에 임시 정박하도록 했다.

한밤에 상륙한 이들은 제대로 된 거처를 마련할 틈도 없었다. 산모의 고통스러운 신음이 몇 차례 이어진 뒤 새 생명의 울음소리가 사방을 가득 메웠다. 아이의 성별을 확인한 여성, 그러니까 백제 개로왕의 부인은 가벼운 한숨을 쉬었다. 사내아이였다. 섬에서 태어났다고 해서 '도주島主'라는 이름으로 불렸다.

막장 드라마 같은 무령왕의 출생 설화

2015년 일본 후쿠오카에서 자동차로 한 시간 정도 떨어진 가라쓰를 일부러 찾아간 것은 이 설화 같은 이야기의 무대를 직접 눈으로 확인하고 싶어서였다. 처음 위의 이야기를 접했을 때는 너무 황당해서 100퍼센트 꾸며낸 픽션이라고 생각했다. 『일본서기』에 기록된 내용은 다음과 같다.

461년 10월 백제 개로왕이 동생 곤지를 왜로 파견했다. 고구려의 위협이 고조되자 군사 원조를 얻고자 했던 것으로 보인다. 그런데 이때 곤지는 형에게 엉뚱한 조건을 걸었다. 형수를 자신에게 달라고 요청한 것이다. 개로왕의 부인과 곤지가 오랜 연인 사이였던 것인지, 아니면 곤지의 일방적인 짝사랑이었는지는 알수 없지만, 어느 쪽이든 파격적인 요구였다. 게다가 개로왕의 부인은 임신한 상태였다. 더 놀라운 일은 개로왕이 이를 수락했다는 것이다.

혹자는 이 시대의 개방적인 성性 문화를 언급하지만, 아무리 그래도 왕이 부인을 넘겨준다는 것은 왕의 권위와 관련되기 때문에 가벼이 넘길 일이 아니다. 그만큼 고구려의 위협이 심각했기 때문에 개로왕으로서는 '울며 겨자 먹기'로 받아들일 수밖에 없었던 것이 아닐까? 단, 개로왕도 조건을 달았다. 사내아이가 태어나면 왕위를 이어받아야 하니 백제로 돌려보내야 한다는 것이었다.

그렇게 곤지와 만삭이 된 개로왕의 부인은 일본으로 떠났다. 그런데 마치 사극의 한 장면처럼 배 위에서 개로왕의 부인은 진통이 시작되었다. 일설에 의하면 비바람이 몰아치는 밤, 이들은 가라쓰 인근 가카라시마라는 섬에 내려 무사히 해산했다. 그리고 곤지는 약속대로 형수, 아니 새 아내의 아들이자 조카인 아이를 백제로 보냈다. 그 아이가 바로 백제의 25대 왕인 무령왕이다.

〈펜트하우스〉도 울고 갈 막장 드라마 수준에 개연성이라고는 찾아보기 어려운 전개여서 한국 학자들이 코웃음을 친 것은 당연했다. 백제를 폄하하기 위해 말도 안 되는 이야기를 만들어냈다고 본 것이다. 『일본서기』는 신뢰할 수 없다는 비난도 이어졌다. 이 막장 설화는 그렇게 외면받으며 묻히는 듯했다.

그·런·데 1971년 충남 공주에서 무령왕릉이 발견되면서 반전이 일어났다. 무덤에서 발견된 묘지석은 왕의 이름이 '사마斯麻'이고 사망 당시 나이가 62세라고 처음으로 확인해주었다. 무령왕이 523년에 사망했기 때문에 묘지석의 나이 62를 빼면 461년에 태어난 것이 된다. 학자들은 충격을 받았다. 『일본서기』에 기록된 막장 스토리의 시기도 유라쿠 5년으로, 461년이기 때문이다. 그간 소설로 치부했던 『일본서기』의 내용과 묘지석의 기록이 일치한 것이다.

무령왕의 이름이 '사마'라는 사실도 이때 처음 밝혀졌다. 『삼국사기』나 『삼국유사』에는 기록되지 않은 정보였다. 『일본서기』에 따르면 아이는 '도주島主'라고 불렸는데, 일본어로 섬[島]은 '시마'다. 묘지석의 이름 '사마'와 발음이 비슷하다. 무령왕이 섬에서 태어났다는 『일본서기』의 기록을 뒷받침하는 것으로 볼 수 있다. 게다가 무덤에서 발견된 관의 재료가 일본 규슈의 금송金松이었다는 점 역시 일본과의 커넥션을 뒷받침하는 강력한 증거였다. 즉 『일본서기』에 적힌 무령왕에 대한 기록을 무령왕릉이 입증한 셈이 되었다.

이때부터 『일본서기』에 대한 국내의 시선은 달라졌다. 특히 『일본서기』가 백제 관련 기록에 관련해서는 『백제기百濟記』, 『백제본기百濟本記』, 『백제신찬百濟新撰』 등 지금은 전해지지 않는 백제 역사서를 인용했다고 스스로 밝히고 있기 때문에 적어도 백제와 관련해서는 신뢰할 내용이 적지 않다는 쪽에 무게가 실리기 시작했다. 『일본서기』가 720년에 편찬된 만큼 『삼국사기』(1145년)보다 상대적으로 생생한 기억을 담고 있다는 점도 무시하기만은 어려운 이유 중 하나다.

무령왕 탄생 표지판 일본 가카라시마의 해안 동굴에 위치하고 있다. 아래의 사진은 표지판이 있는 동굴에서 바라본 바다 풍경이다. [출처] 일본 사가현 관광 홈페이지

왜倭는 약한 후진국이었나?

한반도가 삼국 시대였던 당시 일본에 대해서 국가의 틀도 제대로 갖추기 못한 '후진국'이라는 인식이 강하지만, 당시 기록에 남겨진 일본, 즉 왜倭는 그렇게 하찮은 존재가 아니다. 『삼국사기』를 보자.

> 첨해왕 7년(253년) 왜국 사신 갈나고가 방문하자 우로가 대접을 맡았다. 사신을 희롱하여 말하기를 "조만간에 너희 왕을 소금 만드는 노예로 만들고 왕비를 밥 짓는 여자로 삼겠다"고 하였다. 왜왕이 이 말을 듣고 노하여 장군 우도주군于道朱君을 보내 우리를 치니, 대왕이 우유촌(于柚村·현재의 울진)으로 피난했다. 우로가 아뢰었다. "지금의 환란은 제가 말을 삼가지 않은 데서 비롯된 것이니 제가 책임을 지겠습니다." (…) 왜군이 우로를 붙잡아 장작더미 위에 얹어놓고 불태워 죽인 다음 가버렸다.
>
> _『삼국사기』 열전列傳 석우로

우로는 신라의 로열패밀리에서도 최상층 인사였다. 석씨 왕실의 시조 석탈해의 후손인 그는 신라 10대 왕 내해 이사금의 아들이자 11대 왕 조분 이사금의 사위였다. 실력도 받쳐주었다. 감문국(甘文國·지금의 김천으로 삼한 시대부터 이어진 작은 나라였다)을 정벌하고 고구려의 침략을 격퇴하며 명성을 얻었다. 그런 석우로는 왜국 사신에게 실언 한 번 했다가 비참한 최후를 맞았다. 왜가 국가의 틀도 제대로 갖추지 못한 세력이거나 후진국이라면 신라가 이렇게까지 저자세로 대응했을까? 왜왕이 군대를 보내자 신라 왕이 바로 울진으로 피신했다는 점도 마찬가지다.

이로부터 200년이 지난 5세기에도 신라는 내물 이사금의 셋째 아들 미사흔을 왜에 볼모로 보냈다. 하지만 왜가 신라에 볼모를 보낸 기록은 없다. 국제 관계에서 자신보다 약한 나라에 일방적으로 볼모를 보내는 경우란 없다. 왜군에 의해 수도 금성이 포위되었다는 기록도 여러 차례 등장한다.

> 왜인이 와서 금성을 에워싸고 5일 동안 풀지 않았다. 장수와 병사들이 모두 나가 싸우기를 청하였지만, 왕이 "지금 적들은 배를 버리고 (육지) 깊숙이 들어와 사지에 있으니 그 칼날을 당할 수 없다"고 말하고 성문을 닫았다.
>
> _『삼국사기』 신라본기 내물 이사금 38년(393년) 5월

> 왜병들이 금성을 열흘 동안 에워싸고 있다가 식량이 다 떨어져 되돌아갔다.
>
> _『삼국사기』 신라본기 눌지 마립간 28년(444년) 4월

즉 일본 측 기록이 아닌 『삼국사기』 등 우리 측 기록을 봐도 5세기까지 일본이 신라보다 약했다고 상정하기란 무리라는 이야기다.

한편 고구려, 신라와 충돌한 왜였지만 유독 백제와는 좋은 파

트너십을 유지했다. 왜는 백제로부터 유학과 불교를 유입하는 문화 교류뿐 아니라 군사 협력도 상당한 수준으로 진행했다. 404년 백제는 왜의 군사력을 이용해 옛 대방군(황해도) 지역을 침공하는가 하면 400년에는 왜가 백제로부터 무기와 식량을 지원받아 신라를 침공했다. 이때 광개토 대왕이 5만 명의 원군을 급파해 절체절명의 위기에 처한 신라를 구한 것은 잘 알려진 이야기다.

수수께끼의 고분

전남 광주 월계동의 고분을 찾아간 2023년 8월 중순은 아스팔트에서 계란이 익을 정도로 태양이 이글거렸다. 이곳에는 5세기 중반부터 6세기 초반에 조성된 것으로 추정되는 2기의 무덤이 있다. 1,500년 전 무덤이라……. 입구로 들어서며 눈에 들어온 무덤의 독특한 모양을 보면서 묘한 흥분을 느꼈다.

아파트 단지와 고층 상가로 가득 찬 광주 월계동은 20년 전만해도 논밭으로 뒤덮인 도시 변두리였다. 하지만 외국인 노동자가 대거 유입되면서 인구가 큰 폭으로 늘어났다. 거리에는 외국인 노동자를 대상으로 하는 상담소나 가게 등이 자주 눈에 띄었다. 1,500년 전에도 이 지역은 분위기가 비슷했을지 모른다. 그 열쇠가 바로 내가 찾아간 고분들이다.

월계동 고분은 우리가 통상 알고 있는 고분과는 다르게 생겼

한국사는 없다

다. 앞은 네모지고 뒤는 둥그런 모양이다. 위에서 보면 마치 열쇠 구멍을 연상케 하는 특유의 형상을 하고 있는데, 일본에서 전방후원분前方後圓墳이라고 부르는 양식이다. 일본에는 이런 양식으로 지어진 무덤이 수백여 기 남아 있다. 가장 유명한 오사카의 다이센[大仙陵(대선릉)] 고분은 직경이 840미터에 달해 세계에서 가장 거대한 무덤으로 꼽히기도 한다. 일본 역사학자들은 이 무덤이 조성된 시기를 '고분 시대(4~6세기)'라고 부른다.

어쩌면 광주 월계동 고분의 주인이 일본인이었을지 모른다. 흥미로운 점은 전방후원분이 광주뿐 아니라 나주, 함평 등 영산강을 중심으로 전남 곳곳에서 발견되었다는 사실이다. 그리고 이 고분들의 주인이 한국인인지 일본인인지는 여전히 논쟁 중이다.

대학 시절 이와 관련된 '카더라~' 괴담이 떠돌았다. 전남에서 전방후원분이 발견되자 이를 조사하던 연구팀이 그냥 덮어버렸다는 이야기였다. 행여나 무덤의 주인공이 일본인으로 드러날 바에는 차라리 발굴하지 않는 편이 낫다고 보고 그랬다는 것이다. 몇 가지 살이 붙여지긴 했지만, 한국에서 발견된 일부 전방후원분의 연구 결과가 오랫동안 공개되지 않았던 것은 사실이다. 또 어떤 학자들은 '장고분'이라는 새로운 이름을 만들어 붙였다. 일본에서 만들어진 전방후원분이라는 명칭을 쓰지 않겠다는 것인데, 무덤 주인이 일본인이 될 가능성을 원천 봉쇄하겠다는 의지가 느껴진다. 한때 광주 월계동 고분이 일본 전방후원분의 원조

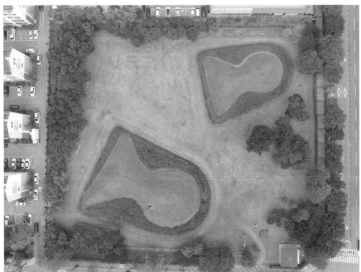

ⓒ최현배

| 오사카의 다이센 고분(위)과 전남 광주 월계동의 전방후원분(아래)

한국사는 없다

일 수도 있다는 기대감도 있었다. 하지만 월계동 고분의 조성 시기가 빨라야 5세기 중반, 그러니까 일본보다 100년 이상 뒤처진다는 점이 확인되자 이런 가설은 빛을 잃었다.

J-무덤에 꽂힌 전남?

이후 제기된 주장은 '유행설'이다. 일본과 자주 교류하던 전남 영산강 유역의 지방 세력이 일본 전방후원분을 모방해 무덤을 조성했다는 것이다. 즉 무덤은 일본 양식이지만 무덤 주인은 한국인이라는 이야기다. 그럴 듯하지만 이 주장에도 약점이 있다. 고고학에서 무덤은 가장 보수적인 양식으로 꼽힌다. 여간해서는 잘 바꾸지 않는다는 뜻이다. 그것은 지금 우리나라의 산 곳곳에서 볼 수 있는 무덤만 봐도 알 수 있다. 주거 문화가 서구화되어 우리나라 사람 대부분이 아파트나 현대식 주택에 살고 있지만, 무덤 형태만큼은 여전히 500년 전 조선인들과 다르지 않다.

백제 건국 세력이 고구려에서 내려왔다고 보는 이유 중 하나도 『삼국사기』에 그렇다고 적혀 있기 때문만은 아니다. 온조 일행이 고구려에서 내려왔다는 설화에 숨을 불어 넣어준 물증은 서울 잠실에서 발견된 백제 초기 고분들이다. 이 고분들은 고구려 수도 국내성 일대에서 발견된 고분과 같은 양식(적석총)으로 지어졌다. 이렇듯 무덤 양식은 무덤 주인의 뿌리를 추적할 수 있

고구려의 옛 영토인 중국 지린성에 있는 적석총(위)과 서울 잠실의 백제 고분인 적석총 (아래)

한국사는 없다

는 가장 중요한 근거로 인정된다. 그런데 전남의 전방후원분에 대해서만 이런 관계를 싹 무시한다면 아무래도 '사실'보다는 '신념'이 더 작용했다는 의구심이 들지 않을 수 없다.

그리고 이 무렵 왜와 교류했던 지역은 전남뿐이 아니다. 비슷한 시기에 경남도 왜와 활발하게 교류했다. 그렇지만 경남에서는 이렇게 많은 전방후원분이 발견되지 않았다. 유독 전남에 살던 사람들만 'J-무덤'에 꽂혔다는 것인가?

지일파 국왕의 시대

무령왕, 그러니까 사마가 태어날 무렵 백제는 건국 이래 최대 위기를 맞았다. 국가의 기반이 되었던 한강 유역을 고구려에 빼앗겼고 국왕은 수시로 교체되었다. 고구려에 의해 중국으로 가는 바닷길이 막히는 바람에 외교적으로도 위축되었다. 혼돈을 추스르고 국력을 회복하려면 한강 유역을 대신할 땅을 확보해야 했다. 또한 그것은 한강 유역만큼 농업 생산성을 갖춘 땅이어야 했다. 당시 그런 조건에 부합하면서 백제가 현실적으로 노릴 수 있는 곳이 지금의 전남 지역이었다.

여기서 잠깐, 전남은 원래 백제 땅이 아니었느냐는 의문이 있을 수도 있다. 교과서에도 4세기 근초고왕 때의 전남을 백제 영역으로 표시하고 있지 않은가. 하지만 근래 연구들은 전남이 꽤 오랫동안 백제에 복속되지 않고 '마한'이라는 정치적 독립체를 유지했다는 쪽에 힘을 싣고 있다. 근초고왕 때 일시적으로 정복하기는 했으나, 이곳을 백제 영역으로 완전히 흡수하거나 통치하지는 못했다는 것이다. 백제가 한성을 내주기 전까지는 고구려와 경기도, 황해도에서 피 터지게 싸웠던 만큼 이 지역에 신경 쓸 여력이 없었을지도 모른다.

하지만 한성을 내준 뒤 백제 수도가 웅진(공주)과 사비(부여)로 내려오면서 전남 지역은 과거와는 비교할 수 없을 만큼 백제에게 중요한 땅이 되었다. 하지만 북방에서는 고구려의 위협이 계속되고 있었기에 군사력을 섣불리 남부로 돌리기도 쉽지 않았을 것이다. 백제로서는 일본의 지원이 그 어느 때보다도 필요한 시점이었다.

무령왕은 이런 배경에 의해 선택된 군주였다. 일본에서 태어나 일본과 강한 커넥션을 가진 무령왕이 다스리던 백제에는 일본 출신 인사들이 들어와서 활동할 여건이 충분했다. 실제로 왜계 관료가 백제 조정에서 활동한 기록도 있다. 일본 조정에도 백제 출신 관료들이 적지 않았다. 이들은 서로 각국 조정에서 '친백제' '친왜' 여론을 형성하며 가교 역할을 했을 것이다.

무령왕에 앞서 왕위에 오른 동성왕도 마찬가지다. 『삼국사기』는 동성왕이 곤지(개로왕의 아내를 요구했던 동생)의 아들이며 이름이 모대였다고 말한다. 『일본서기』는 더 구체적이다. '모대는 곤지의

한국사는 없다

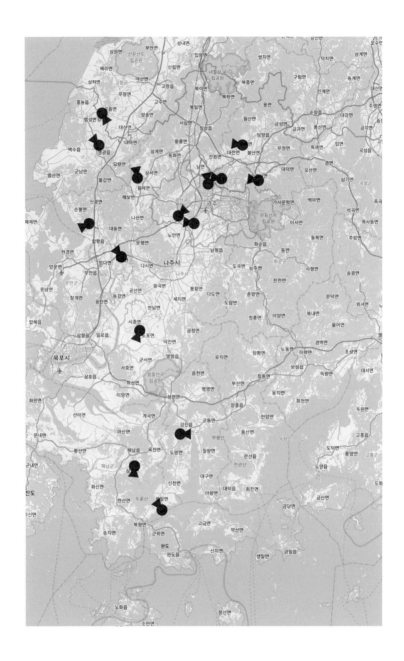

| **영산강 유역의 전방후원분 분포 상황** 전남대 임영진 교수 저 「한국의 장고분」 참조

다섯 아들 중 둘째로 일본에서 자랐으며, 백제로 갈 때는 일본 병사 500명의 호위를 받았다'고 전한다. 461년 일본으로 갔던 곤지는 백제로 귀국할 때까지 약 15년간 일본에 머무르며 많은 인적 네트워크를 다졌다. 고구려의 위협과 내부 혼란이라는 이중고에 놓인 백제가 일본과의 군사 협력을 강화하기 위해 '지일파' 모대를 왕으로 추대했을 것이라는 추정은 그리 어색하지 않다.

광주 월계동을 비롯해 전남 일대에서 발견되는 전방후원분이 조성된 시기는 무령왕이 전남 개발에 박차를 가하던 때와 거의 일치한다. 당시 전남은 백제가 국력을 집중해 개발에 나선 '혁신 지구'였다. 군사·경제적 기득권을 가진 지방 세력을 억누르려면 군인과 상인들이 많이 필요했을 것이다. 이곳에서 발견된 전방후원분은 백제 왕실의 요청으로 와서 활동했던 일본 군인이나 상인들의 무덤이 아닐까? 여러 사정으로 바다를 건너 백제에 정착했지만, 그들은 죽을 때만큼은 고향 사람들과 같은 스타일의 무덤에 묻히고 싶었을 것이다. 고대인들에게 무덤은 사후 세계의 집이었으니 말이다.

경주에서 발견된 시신들

2021년 9월 7일 문화재청은 경주 월성 서쪽 성문이 있던 터에서 인신 공희人身供犧로 추정되는 여성 시신 1구를 발굴했다고 밝했다. 인신 공희는 인간을 제사의 희생물로 바치는 일이다. 여성은 135센티미터의 키에 체격이 왜소한 20대로 확인되었다.

그런데 시신이 발굴된 곳은 2017년에도 50대 남녀 시신이 나왔던 장소다. 독극물이나 두부 손상 등 살해한 흔적이 없는 데다 인근에서 제사에 사용된 것으로 보이는 동물 뼈와 제기祭器 등이 발견되면서 사실상 인신 공희로 결론이 났다. 그리고 4년 만에 인신 공희로 희생된 여성 시신이 추가로 발견된 것이다. 약 10미터 떨어진 곳에서 1985년과 1990년에 인골 20여 구가 발견되어 수습한 적이 있었다. 다만 이때는 인신 공희 가능성을 아예 생각하지도 않아 제대로 조사하지 않았다고 한다.

인신 공희 중 가장 많이 알려진 사례는 순장이다. 왕이나 귀족 등 유력 인사가 사망하면 그를 따르던 사람들을 함께 매장하는 풍습이다. 고구려, 백제에서도 순장 풍습이 있었지만, 순장의 흔적은 신라와 가야가 있었던 영남 지역에서 집중적으로, 그리고 대규모로 발견되고 있다. 예를 들어 경북 고령 지산동 44호분의 경우에는 피장자 1명을 위해 40명이 순장된 것으로 확인되었다. 또 2007년 경남 창녕 송현동 15호분에서 발굴된 순장 유골 중에는 16~17세 정도의 소녀가 섞여 있어 연구자들의 안타까움을 자아내기도 했다. 신라는 6세기 초까지 순장을 행했다고 전해진다. '지증왕 3년(502년) 봄 2월에 영을 내려 순장殉葬을 금하게 하였다. 이전에는 국왕國王이 죽으면 남녀 다섯 명씩 순장하였는데, 이때

에 이르러 금하게 한 것이다.'(『삼국사기』 신라본기)

그런데 경주에서 발견된 시신이 특이했던 것은 무덤이 아니라 성벽 아래에서 발견되었다는 점이다. 학자들에 따르면, 성벽을 올리며 인신 공희를 행한 풍습은 중국 룽산[龍山(용산)] 시대(기원전 3000년~기원전 2000년)에 크게 유행했으며, 상나라(기원전 1600년경~기원전 1046년) 때도 유지되었다고 한다. 성이 튼튼하게 지어지고 자신들을 방어해주기를 기원하면서 인간을 제물로 바치고 그 위에 성벽을 쌓아 올렸다는 것이다. 그런데 이때부터 1,000년 이상이나 지난 시점에서 신라 경주 한복판에서 이런 의례가 행해진 배경이 무엇이었을까?

신라에 온 진秦나라 사람들

어쩌면 사서에서 힌트를 얻을 수 있을지도 모른다. 진晋나라 때 진수가 쓴 역사서 『삼국지』에는 진시황을 피해 한반도로 들어와 영남 지역에 정착한 정치 난민들에 대해 기록되어 있다. 만리장성 축성 같은 대규모 토목 공사가 벌어지자 고역에서 벗어나려고 했던 중국인 수만 명이 자유를 찾아 한반도로 건너왔다는 것이다.

진한의 노인들이 대대로 전하며 말하기를 '우리는 옛날의 망명인으로 진秦

한국사는 없다

나라의 고역苦役을 피하여 한국韓國으로 왔다. 마한馬韓이 그들의 동쪽 지역을 분할해 우리에게 주었다'고 했다.

_『삼국지』한전韓傳

단순히 꾸며냈다고 보기에는 흥미로운 내용이 적지 않다. '진한의 말은 마한과 달라서 나라[國]를 방邦이라 하고, 활[弓(궁)]을 호弧라 하고, 도적[賊(적)]을 구寇라고 한다. 서로 부르는 것을 모두 도徒라 하여 진秦나라 사람들과 흡사하니 (…) 지금도 진한辰韓을 진한秦韓이라고 부르는 사람들이 있다.'(『삼국지』한전)

과거 왕조 시대에는 피휘避諱라는 개념이 있었다. 백성이 황제나 왕의 이름에 사용한 글자를 쓸 수 없도록 한 것이다. 예를 들어 고려 시대에는 세울 건建을 쓸 수 없어 설 립立으로 대체했다. 태조 왕건의 이름인 건建을 피하기 위해서였다. 북한은 지금도 '일성'이나 '정은'이라는 이름을 쓸 수 없다고 한다.

중국에서는 진나라 때까지만 해도 나라를 의미하는 한자로 방邦을 썼다. 하지만 유방劉邦이 한漢나라를 건국하면서 그 글자를 쓸 수 없어 방邦 대신 국國을 쓰게 되었다. 그런데 진한에서는 여전히 방邦을 썼다고 하니 언어학적으로 따져보면 이들은 한나라 건국 이전에 들어온 진나라 유민일 가능성을 무시하기 어렵다. 『삼국사기』에도 '중국 사람 중 진나라의 난리를 견디지 못하고 동쪽으로 온 자가 많았는데, 마한의 동쪽에 많이 살면서 진한과 섞여 살았다'라고 기록되어 있다.

신라와 가야에서 오랫동안 순장 같은 인신 공희가 이어져 왔던 이유는 이들이 옛 중국의 풍습을 유지한 것과 관련이 있지 않을까? 영남 지역은 소백산맥으로 막혀 당시 최선진 지역이었던 낙랑군과는 가장 멀리 떨어져 있었다. 인근 지역과의 교류도 활발하지 않았다. 황해·경기·충청·호남 지역이 당시 '1번 국도'인 서남해 연안해로로 이어져 문물 교류가 활발하게 이어진 반면 영남은 오랜 기간 고립되었고, 그런 이유로 신라는 삼국 중 발달이 가장 더뎠다.

지리적으로 주변과의 왕래가 막혀 옛 풍습을 오랫동안 고수하는 사례는 세계 곳곳에서 드물지 않다. 스페인에서 독자적 문화를 유지한 것으로 잘 알려진 바스크 지역이 그렇고, 일처다부제가 오랫동안 유지되었던 티베트 같은 곳도 그렇다. 이런 요인이 아니라면 유독 영남 지역에서 순장이 오랫동안 이어진 이유를 설명하기 어렵다. 아마도 그들은 자신들의 조상이 먼 나라에서 왔다는 이야기를 구전을 통해 전해 들으며 늘 해오던 대로 인신 공희를 이어갔을 것이다. 정작 중국에서는 이런 풍습이 오래전에 사라졌다는 사실을 모른 채 말이다.

고대 한반도에는 다양한 사람들이 드나들었다. 이들은 토착민들과 때로는 갈등하고 때로는 협력하며 다양한 문화를 만들어나갔다. 이런 과정이 한반도의 역사 속에 스며들며 켜켜이 쌓이면서 '한국인'을 형성해갔을 것이다. 전라도에서 발견되는 전방후원분이나 경상도에서 발견되는 인신 공희의 유골들이 바로 그런 증거다.

세계 역사에서 단일 민족을 유지하며 무엇인가를 이루었다는 사실은 태평양의 섬나라처럼 고립적인 환경에서나 가능한 이야기 아닐까?

6장

한반도의 합스부르크 왕가, 고려 왕실의 지배 전략

장사꾼의 마인드로 국제 정세를 살피다

20년 전 『고려사高麗史』, 『조선왕조실록朝鮮王朝實錄』 같은 옛 사료를 함께 읽어나가는 수업을 한 적이 있었다. 당시 『고려사』의 아래 대목을 읽었을 때의 상황은 지금도 잊히지가 않는다.

> 태조(太祖·왕건)가 수군장군으로 나주에 출진하여 목포에 정박하였다. (태조가) 강가를 바라보았더니 오색五色의 구름 같은 기운이 서려 있었다. (그곳에) 이르니 왕후가 빨래를 하고 있었는데, 태조가 불러 사랑하였다. (왕후의 집안이) 한미하므로 임신시키지 않고자 하여 잠자리에 깐 돗자리에 (정액을) 뿌렸으나, 왕후가 바로 이를 (자신의 질 안에) 넣어 결국 임신하고 아들을 낳으니 이가 바로 혜종惠宗이다.
>
> _『고려사』 열전列傳 장화 왕후 오씨

한 여학생이 이 대목을 읽은 순간 강의실의 공기가 얼어붙었다. 다들 어떤 반응을 보여야 할지 몰라 머뭇거리는데, 정년을 앞둔 노교수님께서는 짐짓 아무렇지도 않은 표정으로 이렇게 말했다. "여러분, 옛 사료를 열심히 읽으면 이렇게 재미있는 게 많이 나와요. 그러니까 시간 날 때마다 사료를 부지런히 읽으세요." 좋은 타이밍에 멋진 센스였다. 덕분에 모두 웃어넘길 수 있었다.

그런데 지나고 보니 교수님의 얘기는 절반만 맞았다. 확실히 사료에는 재미있는 이야기들이 꽤 많았지만, 이만큼 엽기적이고 흥미로운 이야기는 이후 접하지 못했다.

자극적인 야설 같은 이야기로 시작한 이유가 있다. 왕건과 장화 왕후가 보낸 이 기묘한 하룻밤의 로맨스에는 고려라는 나라를 이해할 수 있는 여러 가지 코드가 함축되어 있기 때문이다.

무역상 집안

짧은 후삼국 시대의 혼란을 종식한 주인공은 후발 주자인 고려였다. 시조 왕건의 집안은 대대로 예성강 유역에서 무역업으로 부를 축적해 세력을 쌓았다고 전해진다. 왕건과 그의 부친 용건이 찾아갔을 때 궁예가 크게 기뻐하면서 대우한 것으로 보면 왕건 집안이 상당 수준의 경제력과 군사력을 보유했음을 짐작케 한다.

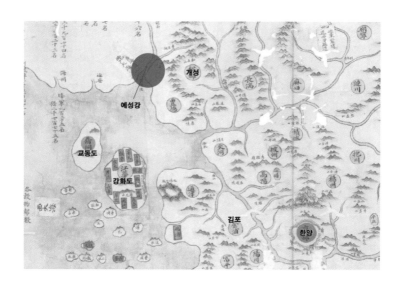

왕건 집안의 세력권 1750년대 초에 만들어진 해동지도海東地圖에 나타난 예성강 일대의 모습. 파란색으로 동그라미를 친 지역이 왕건 가문의 세력권으로 추정된다. 이곳에 고려 시대의 국제 무역항인 벽란도가 자리 잡고 있었다.

왕건 집안의 내력은 정확히 알려진 것이 없다. 하지만 왕건부터 그의 조부까지 걸친 3대 이름이 작제건作帝建, 용건龍建, 왕건王建으로 '건建'자 돌림을 썼다는 사실에서 실제로 성을 밝히기 어렵거나 아예 성이 없었음을 추측할 수 있다. 그의 집안이 신라 진골은 아니라도 최소 6두품 가문이었다면, 예컨대 경주 최씨나 경주 이씨 또는 월성 석씨(석탈해의 후손) 정도만 되었어도 건建으로 통치지는 않았을 것이다.

『고려사』에 따르면 왕건 가문의 시조는 호경虎景이다. 그는 '성골장군'이라고 자칭하며 백두산 일대를 떠돌다가 개성에 정착해 호랑이를 때려잡았다고 한다. 호랑이를 잡았다는 이야기는 딱히 내세울 만한 게 없어서 꾸며냈을 가능성이 높다. 기껏해야 이곳 저곳 떠돌며 힘 좀 쓰는 낭인 정도였을 것이다.

그래서 이 가문의 실질적인 출발점으로 삼는 이는 왕건의 조부 작제건이다. 그는 송악을 방문한 당나라 태자와 고려 여인의 하룻밤 불장난의 결과로 태어났다고 한다. 물론 이것도 허구이겠지만, 할 말이 궁했던 작제건의 모친이 그렇게 둘러댔을지도 모른다. "실은 너의 아버지는…… P 그룹의 회장님이시란다"처럼 말이다. 작제건이 아버지를 찾겠다며 당나라 상선에 탔다가 풍랑을 만났는데 서해 용왕의 부탁을 들어준 대가로 용왕의 딸과 각종 보물, 돼지 등을 얻어 돌아오게 되었다는 것이 왕건 가문이 내세우는 집안의 내력이다. 집안 내력이 워낙 별것 없다 보니 온갖 양념을 곁들인 판타지를 꾸며냈음을 알 수 있다. 그렇더라도 여기에는 흥미로운 코드가 하나 숨어 있다.

작제건이 중국과 연결 고리가 있었고, 바다를 통해 부와 명예를 얻어왔다는 점이다. 즉 해상 무역으로 자수성가했음을 의미한다. 1980~90년대만 해도 재벌들은 현대 종합 상사나 대우 종합 상사 같은 종합 무역 상사를 두고 있었다. 예나 지금이나 해상 무역은 큰돈을 벌 수 있는 산업이었다. 그래서 혹자는 당나라의 태자라는 작제건의 부친도 실제로는 중국 무역상이었을 것으로 추정한다. 사실 당나라 태자가 송악까지 왜 오겠는가? 어쨌든 여기

한국사는 없다

서 왕건 가문의 내력을 꼬치꼬치 캐물을 필요는 없을 것 같다. 고려 사회가 개방적이고 국제적이었으며 대외 무역을 장려한 데에는 국제 무역상의 피를 가진 왕건 가문의 내력이 영향을 주었다는 것 정도로 이해하고 넘어가자.

왕건은 왜 나주로 갔을까?

궁예의 부하 장수였던 왕건이 '차세대 스타'로 이름을 알리게 된 계기는 903년의 나주 공략이다. 그런데 교과서에 나온 후삼국 지도를 보면서 왕건이 굳이 태봉(후고구려가 911년부터 918년까지 쓴 국호)에서 한참 떨어진 나주 지역을 공략한 이유가 잘 이해되지 않았다. 처음에는 인천 상륙 작전처럼 후방에 상륙한 뒤 위아래 양면에서 후백제를 공격하려는 것인가 했는데, 그렇지도 않았다. 나주를 점령하긴 했지만 더 이상 북쪽으로 진격하지는 않은 것이다. 그럼 대체 왜 나주를 점령했을까? 땅을 넓히려고?

이에 대한 힌트는 1976년 전남 신안 앞바다에서 발굴된 무역선이 쥐고 있다. 조사 결과 이 배는 2만 점의 도자기, 동전 20여 톤 등을 싣고 중국에서 일본으로 가던 중에 난파를 당한 송나라 상선으로 확인되었다. 앞에서도 살펴보았지만, 전남 일대는 고대부터 중국-한반도-일본을 잇는 주요 해상 물류의 거점이었다. 따라서 이곳은 한반도에서 물자와 돈이 가장 많이 오가는 지역

거란(요)

여진

서경(평양)

송악(개성)

후고구려

동해

서해(황해)

완산주(전주)

고창(안동)

왕건의 진로

신라

후백제

공산(대구) 금성(경주)

무진주(광주)

나주

탐라

일본

| 후삼국 상황과 왕건이 점령한 나주 일대

한국사는 없다

이기도 했다.

왕건이 나주를 친 것은 이런 배경 때문이었다. 후백제의 돈줄을 차단하고자 한 것이다. 당시 후삼국 중에서는 후백제의 국력이 가장 앞서 있었다. 그도 그럴 것이 이들은 한반도에서 가장 부유한 지역을 쥐고 있었다. 후백제가 이곳을 장악하고 있는 한 고려는 국력의 열세를 만회할 길이 없다고 봐도 과언이 아니다. 왕건은 무역상 출신답게 나주의 가치를 정확히 꿰뚫고 있었다. 하지만 뱃길로 어렵게 한반도 남쪽까지 간 데는 또 다른 목적도 있었다.

남북조 시대 이후 중국은 강남 개발을 착실히 진행했다. 그 결과 강남은 경제적으로 중원을 뛰어넘을 만큼 부유한 지역이 되었다. 이러한 사실은 중국사 연표만 봐도 눈치 챌 수 있다. 한漢족의 강남 이주가 본격화한 5호 16국 시대에 드넓은 강남 지역에는 단 1개의 왕조만 들어섰다. 하지만 개발이 진행되면서 여러 왕조가 난립하기 시작했다. 한반도의 후삼국 시대에 이르러 여러 개의 국가가 들어서 있었다는 사실은 이 지역이 그만큼 풍요로워졌다는 이야기다. 세금을 거둘 수 없는 곳에 어떻게 나라를 세우겠는가.

한반도의 신생국이었던 후백제와 고려(태봉)는 경쟁 중이었다. 유력자들을 우리 편으로 끌어들이려면 '천명'이 자신에게 있음을 보여주어야 했다. 그것을 보여주는 가장 좋은 방법은 외교 의례다. 대한민국 대통령들이 왜 그렇게 순방을 많이 가고 당선된 직후에 미국 대통령을 만나고 싶어 하겠는가. 외교적 행위를 통해 정통성을 확보하고자 하는 의례다. 이때도 마찬가지였다. 그래서 후삼국 지도자들은 뱃길을 통해 강남의 왕조들과 국교를 맺고 싶어 했다. 중국 왕조들로부터 정통성을 인정받으면 명분 싸움에서 앞설 수 있기 때문이다. 물론 덤으로 교역을 통해 경제적 이득도 챙길 수 있다. 당초 이 경쟁에서 앞서갔던 세력은 중국 강남과 한반도 사이를 오가는 뱃길을 확보한 후백제였다. 그런데 왕건이 나주 공략에 성공하면서 여기에 균열이 생겼다.

『고려사』는 '양梁 개평開平 3년(909년) (왕건이) 수군을 거느리고 광주光州의 염해현鹽海縣에 머물다가 견훤이 오월吳越에 보내는 배를 사로잡아 돌아오니, 궁예는 매우 기뻐하여 후하게 포상하였다'고 전한다. 오월은 중국 강남에 자리한 왕조 중 하나였는데 왕건은 이곳으로 향하는 견훤의 사신이 오가지 못하게 막아버렸다. 외교와 교역로가 막히면 지배층은 부하들의 사기를 올려줄 사치품을 들여오기 어렵고 권위도 떨어진다. 나주를 빼앗긴 일은 견훤에게 적잖은 타격이 되었다. 이런 형편은 중국으로 가는 길이 모두 차단된 신라도 마찬가지였을 것이다.

고려식 합스부르크 전략

그런데 왕건 집안이 제아무리 해상 무역으로 잔뼈가 굵었다 해도 황해도에서 수군을 이끌고 나와 나주를 공략한다는 것은 쉬운 일이 아니었다. 이렇게 지정학적 가치가 높은 곳을 후백제가 허술하게 지키지는 않았을 것이고, 나주에는 왕건 집안처럼 해상 무역을 통해 경제력과 군사력을 갖춘 세력들이 있었다. 왕건이 제아무리 날고 긴다 해도 자력으로 이곳을 정복한다는 것은 지극히 어려운 일이었다. 그래서 왕건은 나주의 내부 세력을 회유했다. 이때 그를 돕겠다고 나선 세력이 나주 오씨 집안이다. 나주 오씨의 리더인 오다련은 염전 사업으로 큰돈을 번 유력 호족이었다. 근대 이전까지 염전 사업은 금광에 맞먹을 만큼 수익성이 좋은 돈줄이었다. 왕건으로서는 현지에서 물자 조달을 맡아줄 든든한 스폰서를 구한 셈이었다. 그리고 나주의 '소금 재벌' 오다련의 딸이 바로 위에 등장한(정액을 주워 넣은) 장화 왕후다.

왕건의 이러한 과정은 유럽 역사에서 가장 유명한 왕실 중 하나인 오스트리아의 합스부르크 왕조를 떠오르게 한다. 합스부르크 가문은 10세기 스위스 북부의 소小귀족에 불과했지만, 적극적인 '결혼 동맹'을 통해 세력을 확장했다. "다른 이들은 전쟁을 하게 두어라. 행복한 오스트리아여, 그대는 결혼하라"라는 말을 잘 따랐던 이들은 신성 로마 제국을 비롯해 스페인과, 스페인이 보유한 식민지까지 차지해 대제국을 일구었다.

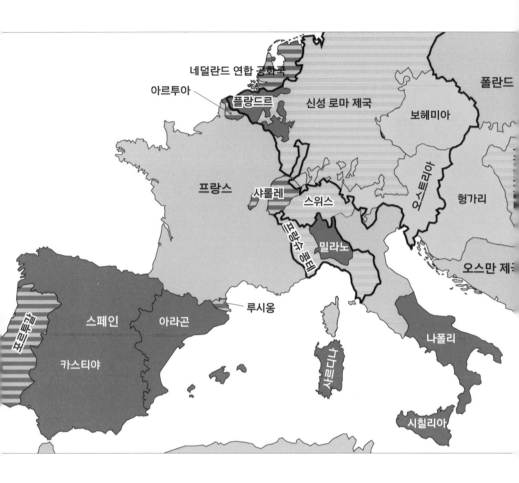

네덜란드 연합 공화국

아르투아

플랑드르

신성 로마 제국

폴란드

보헤미아

오스트리아

헝가리

프랑스

샤롤레

스위스

프랑슈콩테

밀라노

오스만 제

포르투갈

스페인

카스티야

아라곤

루시옹

사르디냐

나폴리

시칠리아

카를 5세 당시의 합스부르크 왕가 영토 카를은 스페인의 전신인 카스티야-레온 연합 왕국의 공주인 후아나가 오스트리아 합스부르크 왕가에 시집가 낳은 아들이다. 그는 카스티야-레온 연합 왕국의 공동 왕인 이사벨 1세와 페르난도 2세의 외동아들 후안이 갑자기 죽자, 카스티야-레온 연합 왕국의 왕위를 물려받아 카를로스 1세(재위 1516년 ~1556년)가 되었다. 그는 후에 신성 로마 제국의 황제 카를 5세를 비롯하여 여러 가지 군주 지위를 겸직하게 된다. 오스트리아 합스부르크 왕가는 카를이 카스티야-레온 연합 왕국의 왕에 오르면서 카스티야-레온 연합 왕국은 물론, 카스티야-레온 연합 왕국의 식민지까지 영토를 확대하게 된다.

한국사는 없다

왕건이 고려를 일구는 과정도 딱 이랬다. 송악의 호족이었던 왕건 가문은 전국에 산재한 다른 호족들을 압도할 만한 힘이 없었다. 그래서 6명의 왕후와 23명의 후궁을 두었다. 처가의 힘을 이용해 세력을 확장하는 결혼 동맹을 맺은 것이다.

왕건은 나주 오씨와도 이렇게 결합했다. 하지만 나주 오씨도 도박에 가까운 왕건의 상륙 작전을 아무런 계산도 없이 돕지는 않았을 것이다. 심지어 후백제를 적으로 두게 되는 일이니 더욱 신중할 수밖에 없었다. 오다련은 왕건 집안의 세력 크기나 장래성 등을 나름 철저히 계산해본 뒤 행동에 나섰을 가능성이 크다. 상인들은 국제 정치나 유력자의 동향 등에 늘 민감한 안테나를 세워야 하기 때문에 정보 입수에 투자를 아끼지 않는다. 나주 오씨도 거대 상인이었으니 나름의 정보망을 갖추고 있었을 것이다.

재밌는 점은 이렇게 결혼 동맹을 맺기는 했지만 왕씨 가문은 나주 오씨에 대해 격이 좀 떨어진다고 보았다는 것이다. 그것은 왕건이 장화 왕후와 잠자리를 하고, 체외 사정 수준이 아니라 정액을 아예 돗자리에 뿌렸다는 점에서 알 수 있다. 절대로 임신을 시키면 안 된다는 결연한 의지가 엿보인다. 이성과의 성적 관계가 절정에 달한 순간 저런 계산을 하고 행동으로 옮긴 것을 보면 확실히 뛰어난 장사꾼이라는 생각이 든다. 하지만 즉시 질 안에 왕건의 씨를 넣어 기어이 그의 아들을 가진 것을 보면 장화 왕후 역시 만만치 않다. 아니, 어찌 보면 한 수 위라는 생각도 든다. 장화 왕후는 결국 이때 가진 아이를 고려의 두 번째 왕(혜종)으로 만들었다.

여담인데 둘 사이에 태어난 태자 무武, 훗날의 혜종은 임신 과정에서 벌어진 해프닝 때문인지 얼굴에 돗자리 무늬가 새겨져 있었다고 한다. 야사가 아니라 정사인 『고려사』의 기록이다.

> (돗자리 무늬 때문에) 세상에서 '주름살 임금'이라 하였다.
>
> _『고려사』 열전 장화 왕후 오씨

임신을 꺼린 왕건의 우려는 나중에 현실이 되었다. 혜종의 백그라운드였던 나주 오씨 가문의 힘은 다른 외척 세력에 비해 압도적이지 못했다. 혜종은 장자라는 점을 앞세워 고려 2대 왕에 오르기는 했지만 나주 오씨보다 강력한 외가를 둔 배다른 동생들에게 치이는 신세가 되었다. 혜종은 이로 인한 스트레스 때문인지 시름시름 앓다가 2년 만에 사망했다. 이후 충주 유씨(신명 왕후)를 외가로 둔 왕건의 다른 아들들이 3·4대 왕위를 가져갔다.

한편 고려 왕조와 합스부르크 왕조는 근친혼을 많이 했다는 점도 비슷하다. 고려 시대는 남매·사촌끼리, 심지어 조카와 이모가 결혼하는 등 오늘날의 상식으로는 어지간한 막장 드라마는 명함도 못 내밀 정도의 결합이 비일비재했다. 결혼 동맹으로 어렵게 구축한 권력인 만큼 내부에서 공고히 지켜야 한다는 생각

한국사는 없다

스페인 왕 카를로스 2세 카를로스 2세(재위 1665년~1700년)는 심각한 신체장애를 갖고 태어났다. 등이 굽었을 뿐 아니라 부정교합으로 인해 음식물을 제대로 씹지도 못했다. 이는 권력을 지키기 위해 합스부르크 왕조가 근친혼을 거듭한 결과였다. 카를로스 2세는 자식을 낳지 못하고 죽었는데, 이로 인해 유럽의 각 왕실이 스페인 왕위를 차지하기 위한 스페인 왕위 계승 전쟁을 벌였다. 스페인 왕위 계승 전쟁을 마무리하는 과정에서 스페인은 유럽 내의 식민지를 대부분 상실한다.

때문이다. 근친혼이 거듭되면 심각한 유전병을 야기하는데, 합스부르크 왕조의 인물들도 그로 인해 많은 고생을 했다. 합스부르크 가문 특유의 툭 튀어나온 턱이 바로 이런 유전병 때문이라고 한다. 하지만 고려의 왕씨 가문 경우에는 이런 유전병에 대한 기록이 보이지 않는다. 고려 성종(6대) 때부터 유교를 적극적으로 받아들이면서 근친혼이 사라졌기 때문에 불행을 피할 수 있었던 것 같다.

고려는 자유 무역 국가였나?

고려는 조선과 달리 상업과 무역이 발달해 외국 상인이 많이 드나들었던 것으로 알려져 있다. 조선보다 무역이 활발했던 것은 맞다. 하지만 우리가 상상하는 자유 무역 시스템과는 거리가 멀다. 고려는 후삼국 통일 후 반세기가 지난 무렵부터 민간 무역을 엄격히 막았다. 최승로는 "해상 왕래로 배가 난파되어 사망하는 자가 많고 중국인들이 무역하는 이들을 천하게 여긴다"면서 민간 무역을 금지해야 한다고 주장했고, 국왕(성종)은 이를 따랐다. 하지만 배가 난파되고 중국에서 천하게 여긴다는 건 어디까지나 명분일 뿐, 여기에는 깊은 정치적 고려가 있었다.

왕건 집안은 해상 무역을 통해 일어선 가문이다. 무역으로 큰 부를 얻고 그것을 기반으로 군사력까지 보유한 군벌 세력이 되

한국사는 없다

었다. 그런데 전국에는 외척인 나주 오씨를 비롯해 이런 세력이 많았다. 즉 제2·제3의 왕건이 나오지 말라는 법이 없었다. 왕권을 튼튼히 하려면 이런 위험 요소를 제거해야 했다.

다만 개국 초기에는 결혼 동맹으로 엮인 왕실의 인척이자 개국 공신인 이들의 기반을 건드릴 수가 없었다. 어설프게 접근했다가는 도리어 왕실이 위협을 받을 수 있었다. 마치 궁예가 왕건의 반란으로 무너졌듯이 말이다. 이 일에는 시간이 필요했다. 그래서 4대 광종 때 노비안검법(양인이었다가 노비가 된 이들을 해방시키기 위한 법으로, 호족 소유의 노비를 풀어줌으로써 세금 수입을 늘리고 호족 세력을 약화시키는 효과를 거두었다)과 과거제 실시 등으로 중앙 집권화의 초석을 마련한 뒤 6대 성종 때가 되었을 때 비로소 민간 무역 금지령을 내린 것이다.

역사에서는 이렇게 자신이 타고 올라선 '사다리'를 걷어차는 사례가 드물지 않다. 고려와 비슷한 시기에 건국된 송나라도 지방의 군사를 통솔하는 절도사를 철저히 억누르는 정책을 썼다. 왜냐하면 송나라를 건국한 조광윤 자신이 바로 지방 절도사로 시작해 군벌로서 독립한 전력이 있기 때문이다. 조광윤은 자신이 황제에 오른 뒤 군권을 중앙에 집중시키고 변방의 군사력을 약화시키는 정책을 썼다. 송나라가 거란(요), 여진(금), 몽골(원) 등 이민족의 침입에 시달렸던 요인에는 이런 배경도 있다. 내부 반란 대신 외침을 선택했다고나 할까. 실제로 송나라는 반란이 아닌 외침으로 멸망했으니 조광윤의 정책은 소기의 '목적'을 달성한 셈이다.

일본에도 비슷한 사례가 있다. 미카와의 작은 영주 출신이었던 도쿠가와 가문은 에도에 막부를 연 뒤 지방 권력을 통제하기 위해 산킨코타이[參勤交代(참근교대)] 제도를 실시했다. 지방 다이묘들을 1년 주기로 수도인 에도에 가족들과 함께 머물도록 한 것이다. 1년은 자신의 영지에서, 1년은 에도에서 거주한 것인데, 이동할 때마다 다이묘의 가신들도 함께 움직이다 보니 이동과 체류에 막대한 비용이 들어갔다. 에도에 잡아두고 감시하면서, 한편으로는 체류비로 많은 돈을 탕진하게 만들어서 지방 세력을 억누른 일석이조의 정책이었다.

하지만 고려가 무역을 완전히 금지한 것은 아니었다. 사업가인 왕씨 집안은 막대한 이익을 보장하는 해외 무역을 포기할 수 없었다. 그래서 고려는 개경 인근 예성강 하류에 있는 벽란도를 무역 단지로 지정했다. 그러면서 중국(송)에서 오는 상인들은 막지 않되, 고려 왕실이나 정부하고만 무역을 진행할 수 있도록 했다. 무역을 통해 왕실만 계속 짭짤한 이익을 얻도록 한 것이다. 이 시대에는 장거리 항해가 위험했기 때문에 송나라나 일본 상인들은 중간 지대인 벽란도에서 교역을 많이 했다. 벽란도는 송-고려-일본을 잇는 동아시아의 중계 무역지로 발달할 수 있었고, 고려 왕실은 짭짤한 재미를 보았다.

한편 민간 무역을 막은 데는 백성들에게 농업을 장려하려는 의도도 있었다. 국왕 입장에서는 백성들이 정착하고 인구가 늘어나야 세금을 거두기 좋다. 이를 위해서는 상업보다는 농업이 유리하다. 게다가 쌀은 단위 면적당 인구를 부양하는 생산성에서 가장 효과가 좋은 농작물이기도 하다. 인류 역사에서 농경 민족이 결국 유목 민족을 압도한 것도 이런 인구 부양력을 무시할 수 없다.

고려를 만든 다극 체제의 국제 환경

40만 대군을 몰고 온 거란의 장수 소손녕이 "고려는 왜 송나라와 교류하면서 거란과는 국교를 맺지 않느냐?"고 따졌을 때, 서희는 "여진족이 압록강 인근을 점거하고 있어 (거란과) 육로로 다니기가 어렵다. 그러니 여진족을 내쫓고 압록강 일대를 되찾으면 왜 너희와 국교를 맺지 않겠는가?"라고 반문했다. 이에 거란은 군사를 철수시켰을 뿐 아니라, 거란과 고려의 영토가 맞닿을 수 있도록 압록강 일대 강동 6주에 대한 고려의 영유권을 인정했다. 청천강에 머물렀던 고려의 경계는 순식간에 압록강까지 확대되었다.

상황이 이렇게 된 이유는 거란이 멍청해서가 아니다. 고려가 거란의 가려운 부분이 어디인지 정확히 찾아내 긁어준 덕분이다.

당시 거란의 목표는 중원 진출이었고, 그러려면 송나라를 밀어내야 했다. 군사력 면에서 송나라는 역대 중국 왕조 중 최약체로 평가받지만, 그것은 어디까지나 역대 중국 왕조와 비교했을 때 그렇다는 이야기다. 거란도 송을 상대하려면 전력을 다해야 했고, 그러려면 후방이 안전해야 했다. 이를 파악했던 고려는 거란에 '적대하지 않을 것'이라는 메시지를 보냈고, 거란은 만족하며 물러날 수 있었던 것이다. 물론 고려는 협상 전 충분한 무력시위를 통해 '너희를 후방에서 괴롭힐 힘이 없는 것은 아니야'라고 은근히 압박을 가하는 것도 잊지 않았다.

왕건이 고려를 건국할 당시 중국 대륙에는 여러 나라가 난립해 있었다. 5대 10국 시대라고 부르는 시기다. 중원은 후량 등 5개의 왕조가 짧은 기간씩 이어졌고, 강남에는 10개의 소국이 난립했다. 즉 당唐을 상대했던 신라나 명明·청淸을 이웃으로 둔 조선과는 완전히 다른 국제 환경이었다.

이후 송나라가 5대 10국을 통일하기는 했지만, 유목 민족들이 내려와 요·금·원나라를 차례로 세웠다. 이 중 금나라는 하북(황허의 북쪽)을 점령했고, 원나라는 아예 대륙 전체를 장악했다. 때문에 고려인의 관념에서 중국에는 하나의 절대적 세력이 주위를 압도하는 일극 체제라는 것이 없었다. 이것은 고려가 자주적이고 실리적인 외교를 펼칠 수 있는 중요한 배경이 되었다. 적어도 몽골(원)이라는, 세계사에 유례없는 대제국이 세워지기 전까지는

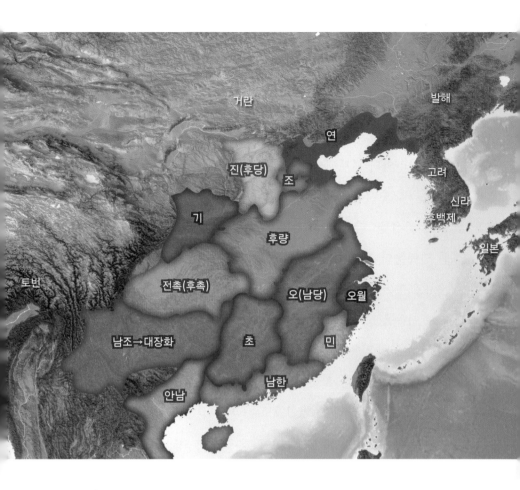

거란

발해

연

진(후당)

조

고려

신라

후백제

기

후량

일본

토번

전촉(후촉)

오(남당)

오월

남조→대장화

초

민

안남

남한

5대 10국 시대 초기의 중국 지형 5대 10국은 당이 멸망(907년)할 무렵부터 조광윤이 송을 건국(960년)하며 통일 왕조가 들어설 무렵까지 중원에 등장한 다섯 왕조와 그 외 지역에 10개 나라가 난립했던 시기를 일컫는다.

말이다. 원이 들어선 뒤에도 고려는 이들을 상대로 항복하지 않은 채 수십여 년을 섬(강화도)에서 버텼다. 고려인의 관념에서 절대적 강자는 없기에 원나라도 시간이 흐르면 다른 세력에 의해 무너질 것으로 보았기 때문이다.

송나라와의 관계에서도 고려는 지극히 실리만 취했다. 고려는 송나라에 사신을 보내면서 막대한 이득을 얻었다. 사신을 통해 보낸 선물보다 몇 배의 가치가 있는 답례품을 받았다. 북방 유목 민족들의 위협에 시달리던 송나라는 고려를 통해 이들을 견제하고 싶어 했기 때문에 정성껏 대해주었다. 그런데 막상 송나라가 이들을 상대로 공동 군사 작전을 벌이자고 하거나 금(여진)을 치기 위해 길을 빌려달라고 요청했을 때, 고려는 이런저런 이유를 들어 회피했다. 고려는 송나라와 경제 교류를 하고 선진 문화를 받아들이는 것은 좋았지만 이를 위해서 전쟁이라는 불구덩이에 뛰어들 생각은 없었다. 송나라 입장에서 보면 고려는 얻어먹기만 하고 자기가 살 때가 되면 지갑을 집에 놓고 오는 친구처럼 얄미울 수밖에 없었을 것이다. 그래서 당시 유명한 시인이자 정치가였던 소동파는 "이익은 없고 다섯 가지 손해만 있다"며 고려와의 국교를 끊어야 한다고 강력하게 주장했다. 요즘으로 치면 '한한령'을 외친 셈이다.

송나라는 고려에 지극정성을 들였지만, 고려는 금나라가 압도적으로 강력한 것이 확인되자 송나라와 관계를 끊고 금나라에 사대의 예를 취했다. 고려인들은 결코 '의리'를 위해 '위험'을 감수하는 집단이 아니었다. 이런 점은 훗날 '재조지은(再造之恩·거의 망하게 된 상황을 구원하여 도와준 은혜)'을 외치며 망한 명나라를 위해 몰래 제사까지 지내던 조선과 뚜렷이 대비되는 지점이다.

고려의 외교는 현재 대한민국에도 시사하는 바가 적지 않다. 대륙은 중국이라는 강력한 국가에 의해 통일되어 있지만, 한국을 둘러싼 국제 관계는 복잡하다. 미국, 일본, 러시아 등 중국에 버금가는 강대국들이 주변에 있기 때문에 조선처럼 일극 체제에 맞춘 외교가 아니라 고려처럼 다극 체제에 걸맞은 외교를 펼쳐야 한다. 국제 동향을 늘 주시하면서 상대가 무엇을 원하는지, 무엇이 아쉬운지를 정확히 파악하고 국익을 적극적으로 챙길 수 있는 외교 말이다.

7장

팍스 몽골리카가 고려와 조선에 남긴 유산

몽골 간섭기는 치욕의 역사인가?

고려 태자 왕전(王倎·24대 왕 원종)이 몽골 제국의 동경(만주의 요양)에 도착한 때는 1259년 6월 9일이었다. 음력 6월이면 양력으로는 한여름이다. 푹푹 찌는 더위에 잠시 쉴 법도 했지만, 발걸음을 지체할 여유가 없었을 것이다. 이들은 몽케 칸(원 헌종)을 만나러 가는 길이었다. 강화를 요청하기 위해서였다.

　고려가 강화도로 도읍을 옮기고 대몽 항쟁을 펼친 지도 약 30년이 지난 때였다. 처음에는 섬에서 조금만 버티면 될 줄 알았다. 그동안 고려가 경험했던 중국의 패권국들은 대개 반세기 정도 반짝하는 게 고작이었다. 그러고 나면 서서히 힘이 빠졌다. 그런데 이번만은 달랐다. 금나라를 무너뜨린 몽골은 중국의 양쯔강 이북을 차지한 데 이어 동유럽과 중동까지 정복을 이어갔다.

　강화도에 틀어박혔다고 해서 세상 돌아가는 상황을 모르는 건 아니었다. 더구나 고려는 해상 무역을 통해 여전히 남송南宋과 교류를 이어갔기 때문에 세상이 몽골의 천하가 되었다는 사실을 알고 있었다. 더 이상의 저항은 의미가 없음을 깨달은 고려는 결국 항전 노선을 포기하고 몽골과의 강화 협상에 나설 수밖에 없었다. 나라의 운명이 왕전의 어깨에 달려 있었다. 6월 30일 부친인 고종이 사망했다는 소식에도 그는 대도(지금의 베이징)를 지나 남쪽으로 향했다. 당시 몽케 칸은 수도를 비우고 남송을 공략하는 중이었다.

몽골을 상대로 한 왕전의 도박

그런데 여기서 역사의 나침반이 어지럽게 움직이기 시작했다. 왕전 일행이 육반산에 도착했을 때 이들에게 들려온 소식은 몽케 칸이 사망했다는 뜻밖의 급보였다. 몽골의 정세가 급박하게 흘러갔다. 몽골 황실은 당장 '쿠빌라이 vs 아릭 부케'의 구도로 재편되면서 계승 분쟁으로 돌입했다. 『고려사절요高麗史節要』는 이때의 상황에 대해 '아릭 부케는 군대를 북방에 배치하고 있고, 쿠빌라이는 강남에서 군대의 위세를 자랑하고 있었다. 제후들은 누구를 따라야 할지 모르고 있었다'며 몽골의 권력층조차 갈피를 잡지 못했다고 알려준다. 왕전도 아릭 부케가 있는 북쪽으로 가야 할지, 쿠빌라이가 있는 남쪽으로 가야 할지 난감한 상황이었다.

한국사는 없다

몽골

울란바토르

화림성(카라코룸)

상도(개평부)

왕전의 이동 행로

요양(동경)

현종의
남송 원정로

대도(베이징)

서경
개경

산서성
(산시성)

강화도

고려

섬서성
(산시성)

산동성(산둥성)

장안

변량(개봉부)

사천성
(쓰촨성)

육반산

하남성(허난성)

쿠빌라이 회군

**쿠빌라이의
남송 정벌**

양양

항주(항저우)

남송

북주(푸저우)

| 고려 태자 왕전의 행로

이런 안개 정국에서는 고려로 귀환하는 것이 상책이다. 몽골의 계승 분쟁이 마무리된 뒤 다시 찾아가는 것이 안전한 방법일 것이다. 그런데 왕전은 이 순간이 승부처라고 판단했던 모양이다. 과감하게 말머리를 남쪽으로 향했다. 그리고 이 발걸음이 고려의 운명을 바꾸었다.

성공한 도박이 고려를 구하다

아릭 부케와 쿠빌라이는 모두 몽케 칸의 동생이다. 당시 상황은 수도 카라코룸을 점령하고 있던 아릭 부케가 다소 우세했다. 쿠빌라이는 몽케 칸과 사이가 좋지 않아 한직을 전전한 데다 유력한 후원 세력도 없었다. 그런 만큼 왕전의 선택은 의외였다.

그렇다면 왕전 일행은 왜 쿠빌라이 쪽에 베팅을 했을까? 내막은 베일에 가려져 있지만 사서 기록과 왕전의 행적을 통해 추정해볼 수는 있다. 왕전은 몽케 칸의 부고를 접하고도 고려로 귀국하는 대신 2~3개월간 산시성(산서성) 일대에서 체류했다. 아마도 몽골의 정세를 가늠할 만한 고급 정보를 얻는 데 힘을 기울인 것 같다.

고려 왕실은 원래 상인 가문이다. 국제 정세에 민감하게 영향을 받는 무역상들은 고급 정보가 나오는 소스를 확보하는 데 투자를 아끼지 않는 법이다. 그리고 이를 토대로 정확한 판단을 내려야 한다. 어디가 이길 것인가? 송악의 무역상으로 출발한 왕씨 가문은 이런 선택의 기로마다 옳은 판단을 내렸기에 고려의 창업주가 될 수 있었다. 왕건의 후예들도 이런 DNA가 다르지 않았을 것이다. 『고려사절요』의 기록은 짧지만 모든 것을 함축하고 있다.

> (왕전은) 천명과 민심의 거취를 능히 깨달아 가까운 곳을 버리고 먼 곳으로 갔다.
>
> _『고려사절요』 원종 1년 3월

'뜻밖의 선물'을 받은 쿠빌라이는 기쁨을 감추지 않았다. 그는 "고려는 만 리 밖에 있는 나라로서 당 태종이 친정을 했어도 복속시키지 못했는데 지금 그 세자가 내게 찾아왔으니 이는 하늘의 뜻"이라며 기뻐했다. 여기에는 설명이 필요하다. 고구려와 고려는 국호가 같았다. 고구려는 장수왕 때부터 고려라는 국호를 썼다. 그래서 쿠빌라이는 당시의 고려를 당 태종을 물러나게 했던 고구려와 같은 나라로 착각했던 것 같다. 하지만 이런 사실은 중요치 않다. 이때까지 고려도 몽골에 30년간 저항했다. 당시 몽골에 그렇게 대들 수 있는 나라는 고려 외에는 없었다. 그래서 몽골 지배층에게 고려는 저항의 상징과도 같았다. 그런 고려의 태자가 스스로 찾아와 쿠빌라이를 황제로 인정하고 복종 의사를 밝혔으니 쿠빌라이로서는 자신의 정통성과 위세를 과시할 수 있는 절호의 찬스라고 생각했다. 어쩌면 정말로 천명이 자신에게 왔다는 징조로 여겼을지도 모른다. 결국 고려의 선택이 옳았다. 쿠빌라이는 계승 전쟁에서 승리했고, 고려는 승자의 편에 설 수 있었다. 왕전의 남행南行은 독일 정치가 비스마르크의 말처럼 "신이 역사 속을 지나가는 순간, 뛰어나가 그 옷자락을 붙잡고 함께 나아간" 결단이 되었다.

쿠빌라이 칸의 선물

아베 신조 일본 총리는 괴팍하기로 악명 높았던 도널드 트럼프 대통령과 유대가 강했다. 트럼프의 별장인 마라라고에서 묵기도 하고 함께 골프를 치기도 했다. 아베 총리는 자신의 회고록에서 2016년 미국 대선 직전 트럼프 후보자 측과 접촉했던 일을 비결로 꼽았다. 2016년 대선은 모두가 힐러리 클린턴 민주당 후보의 당선을 기정사실화했다. 심지어 투표 당일에도 미국 CNN은 클린턴 후보의 당선 가능성을 91퍼센트로 발표했다. 하지만 결과는 트럼프 후보의 승리였다.

전 세계 지도자들이 뒤늦게 트럼프 측과 줄을 대려 했지만, 트럼프 당선자와 첫 저녁 식사를 함께하는 기회를 얻은 이는 일찌감치 트럼프 후보자 측과 만났던 아베 총리였다. 덕분에 그는 미국과의 관세 협정 등에서 일본에 유리한 결과를 얻어냈다고 회고했다. 누구나 회고록에서는 기억을 미화하는 법이지만, 이것이 진실이든 아니든 세계 최강대국 리더와 친밀한 관계를 형성하는 것은 외교적으로 가장 좋은 패를 쥐는 것이라는 점은 분명한 사실이다.

고려도 그랬다. 판세가 팽팽했던 시기에 쿠빌라이를 찾아간 덕분에 그가 황제에 오르자 많은 특혜를 얻어낼 수 있었다. 쿠빌라이 칸은 고려가 내건 여섯 가지 조항을 파격적으로 수용했다. 그중 '본국의 관습을 유지한다'는 이른바 불개토풍不改土風은 고려에게 '황금 열쇠'와도 같았다. 훗날 몽골이 고려의 독립성을 침해하려는 시도를 보일 때마다 방어 명분으로서 힘을 실어주었기 때문이다.

오랜 항전으로 국력이 고갈되고 왕권도 약화된 고려 입장에서 쿠빌라이와 교분을 튼 것은 최고의 외교적 성과였다. 이후 고려는 '팍스 몽골리카'에 기대어 한 세기 동안 비교적 평안한 시기를 보낼 수 있었다. 그래서 단군 신화를 기록한 『제왕운기帝王韻紀』를 쓸 정도로 민족의식이 강했던 이승휴조차도 고려 태자 왕전과 쿠빌라이의 만남을 이렇게 기록했다. '원종(왕전)이 신기神技를 찾았도다. (…) 청사는 태평을 구가하고 백성들은 즐거움을 노래할 뿐이다.'

고려의 대몽 항쟁 포기와 일본 침공

그래도 항복은 항복이다. 독립성을 잃었는데 모든 것이 좋을 수는 없었다. 고려는 평화를 얻은 대신 몽골로부터 적지 않은 정치적 간섭을 받아야 했다. 몽골은 다루가치[達魯花赤(달로화적)]를 고려에 파견해 내정에 개입했고, 고려 국왕들은 충성을 의미하는 '충忠'자를 돌림자로 쓰게 되었다(원종 이후 25대 충렬왕부터 30대 충정왕까지). 특히 몽골의 일본 침공에 참전한 일은 독립을 잃은 국가의 피할 수 없는 운명이었다. 쿠빌라이 칸이 고려에 보낸 서신에서 양국의 처지가 잘 드러난다.

그대(원종)는 사신이 그 땅(일본)에 도달하도록 안내하여 동쪽 사람들을 깨우치고 중국의 의를 사모하도록 하라. 이 일은 경卿이 책임지고, 풍랑이 험하다는 말로 핑계 대지 말고 이전에 일본과 통한 적이 없다고 하며 혹시 그들이 명령에 따르지 않고 보낸 사신을 거부할까 염려된다고 핑계 대지 말라. 경의 충성심은 이 일로 드러날 것이니 각별히 힘쓰라.

_『고려사』 원종 7년 11월 25일

고려는 난감했다. 칸에 거역할 수는 없었지만, 몽골의 지시를 따르자니 일본과의 갈등이 불 보듯 빤했기 때문이다. 이때 사태를 무마하기 위해 나선 고려 조정의 실력자 이장용은 고려의 대표적 문벌 귀족인 경원 이씨 집안의 엘리트였다. 몽골이 고려의 입조와 개경 환도를 요구했을 때 무신 정권에 맞서 몽골의 요구를 관철시킨 전력이 있었다. 하지만 이장용은 친원파가 아니라 고려의 국익을 추구하는 현실론자였다. 그는 '몽골의 입조 요구 → 일본의 거부 → 몽골의 침공'이라는 전개로 이어질 것이고, 간신히 안정을 찾은 고려를 힘들게 만들 것이라 내다보았다. 그래서 몽골에 서신을 보내 "고려·일본 양국은 통호하지 않았습니다. 중국과 일본은 바다로 만 리를 사이에 두고 있고 매년 공물을 보낸 적도 없습니다. 일본과의 교류가 황제의 권위를 손상할 일도 없습니다"라며 칸의 뜻에 완곡하게 반대했다. 아울러 그는 일본에도 손을 썼다. 쿠빌라이 칸의 조서와 고려의 국서를 비밀리에 보내 사태의 위급함을 알리는 한편 김해에 있던 무역관을 철거해 일본과의 교류 증거를 모두 인멸했다.

하지만 몽골도 고려에 눈과 귀가 없는 게 아니었다. 몽골의 요구로 이장용은 관직에서 물러났고, 그는 울화 등이 겹친 탓인지 건강이 급속도로 악화되어 1년 뒤 사망했다. 이후 전개는 그가 우려한 대로였다.

일본을 이끌던 가마쿠라 막부의 실권자 호조 도키무네는 몽골의 요구를 일축했다.

"귀국(몽골)은 일찍이 우리와 인물의 왕래가 없었다. 또한 우리는 귀국에 대해 아무런 감정이 없는데 흉기를 쓰려고 하고 있다. 성인이나 불교의 가르침은 구제를 일삼고 살생을 악업으로 하는

데 왜 귀국은 오히려 민중을 살상하는 근원을 열자는 것인가. 일본의 국토는 옛날부터 신국으로 칭한다. 잘 생각해보라."(『태정관반첩太政官返牒』)

엄숙하게 꾸짖긴 했지만, 그는 큰 충격에 빠졌다. 일본 조정은 신궁에 국난을 고하는 한편, 각 신사와 사찰에서는 국가의 안녕을 기원하도록 했다. 또 몽골의 침공에 대비해 규슈의 하카타만에 성을 쌓는 등 총력 방위 체제로 돌입했다. 668년 고구려가 멸망한 뒤 당나라의 침공에 대비해 총력 방어 체제로 돌입했던 이래 약 500여 년 만에 찾아온 국가적 위기였다.

무쿠리와 고쿠리의 전설

이장용이 죽고 2년 뒤인 1274년 몽골은 연합군 3만 명을 이끌고 일본을 침공했다. 여기에는 고려와 여진의 군사도 참여했다. 이들은 쓰시마(대마도)와 이키를 점령하고, 규슈 북부의 하카타에 상륙했다. 세계 최강이던 몽골군을 중심으로 한 연합군은 일본군을 궤멸시키고 연안 지대를 약탈했다. 대비를 한다고는 했지만 외침을 당한 적이 없는 일본으로서는 처음 당한 일에 혼비백산했다. 게다가 수도에서 멀리 떨어진 지방에 여몽 연합군에 맞설 군사력이 있을 리 없었다. 규슈는 말 그대로 아비규환에 빠져들었다.

남자는 죽이거나 포로로 삼고 여자는 한곳에 모아 손바닥에 줄을 꿰어 뱃전에 매달았다. 잡힌 자 중 목숨을 건진 사람은 없었다.

_『니치렌성인주서찬日蓮聖人註書讃』

고려 병사들은 닥치는 대로 죽였다. 사람들은 참지 못하고 처자를 데리고 깊은 산에 숨었지만 (적군이) 갓난아기의 울음소리를 듣고 몰려오니, 짧은 목숨을 부지하기 위해 사랑하는 아기를 울며불며 살해하였다.

_『하치만구도쿤八幡愚童訓』

당시 원정군의 흉포함을 전하는 전승들은 여러 기록에 남겨졌으며 '무쿠리(몽골)'와 '고쿠리(고려)'라는 용어가 공포의 대명사로 자리 잡았다.

하지만 거대한 태풍이 밀어닥치면서 여몽 연합군은 철수했다. 1281년 남송 멸망 후 본격적으로 나선 제2차 일본 침공 역시 태풍에 휩쓸려 고려-몽골 연합군은 다수의 선박을 잃고 철수했다. 일본을 구한 '가미카제[神風(신풍)]'라고 불린 그 태풍이다.

그런데 여몽 연합군이 일본을 처음 침공하기 3년 전인 1271년, 흥미로운 해프닝이 있었다. 개경 환도에 반대하며 독자 노선을 걷던 삼별초는 가마쿠라 막부에 서신을 보내 자신들과 연대해 몽골에 저항하자고 제안했다. 가마쿠라 막부는 혼란스러워했다. 그도 그럴 것이 얼마 전 고려 조정이 보낸 서신에서는 몽골의 덕을 찬양하더니 이번에는 몽골을 '피발좌임被髮左衽'이라며 경멸하는 서신을 받았기 때문이었다. 피발좌임은 머리를 풀고 옷깃을 왼쪽으로 여민다는 뜻으로, 미개한 오랑캐의 풍습을 경멸할 때 사용하는 용어다.

일본은 개경으로 환도한 고려 조정과 '고려 조정'을 자칭하는 삼별초 세력이 서로 다르다는 사실을 구분하지 못했다. 그만큼 당시 철저한 쇄국으로 일관했던 일본이 국제 정세에 어두웠다는 방증이다. 삼별초는 항몽전을 펼치는 자신들에게 군량과 원병을 보내줄 것을 요청하면서 '不從成戰之由也(부종성전지유야)'라고 남겼는데 이에 대해선 대체로 두 가지 해석이 있다. 하나는 '(삼별초는) 몽골의 일본 공격에 따르지 않겠다'라는 것이고, 다른 하나는 '(우리를 돕지 않으면) 일본과 몽골 간 전쟁이 벌어질 것이다'라는 해석이다. 어느 쪽이든 몽골의 일본 침공을 경고하면서, 삼별초-일본의 항몽 연합 전선을 구축하자는 제안이었던 것이다.

이 무렵 삼별초는 진도에 기반을 잡고 호남 일대와 경상도 김해까지 세력을 확장한 상태였으니, 만약 삼별초와 일본이 적극적으로 연대했다면, 몽골과 고려 정부는 매우 곤란한 상황에 놓였을 것이다. 하지만 대외 관계에 소극적이던 당시 일본 정부는 삼별초의 제안에 응하지 않았다. 몽골이 일본을 침공한 것은 이로부터 3년 뒤였다.

고려의 대몽 항쟁 포기는 굴욕일까?

몽골 간섭기에 대해서 우리 민족이 자주성을 상실했다는 굴욕의 시기로 받아들이는 인식이 오랫동안 이어졌다. 특히 박정희 정부 등 군인 출신 대통령이 집권한 시기에는 무신 정권을 합리화하기 위해 대몽 항쟁과 삼별초의 저항에 큰 의미를 부여하기도 했다.

하지만 최근에는 이 시기에 대한 재평가가 활발하다. 고려가 몽골의 속국으로 전락해 일방적인 간섭과 수탈만 당한 것은 아니라는 것이다. 고려 국왕은 대대로 몽골 황실과 혼인을 맺고, 몽골이 구축한 세계 질서 안에서 적잖은 지위를 누렸다. 몽골 칸의 계승 과정에도 깊숙이 관여할 정도였다. 그래서 카이샤 칸(원 무종)은 '지금 천하에서 백성과 사직을 보유하고 왕위를 누리는 것은 오직 삼한(三韓·고려)뿐이다'(『고려사』 충선왕 2년 7월)라고 말한 적이 있는데, 실제로 몽골에 대항하고도 체제를 존속시켰을 뿐 아니라 지배층의 일원이 된 것은 희귀한 사례였다.

그리고 원나라 황실의 사위가 된 것은 몽골의 강요가 아니라 고려의 간곡한 요청으로 성사된 일이었다. 고려는 최씨 정권(최충헌-최우-최항-최의)이 무너졌지만, 몽골에 복속한 후에도 한동안 무신 정권이 지속되고 있었기 때문에 왕권은 여전히 허약했다. 원종(왕전)이 쿠빌라이를 만나 항복 의사를 전한 뒤에도 강화도에서 개경으로 환도하는 데 10년이 걸렸다. 무신들이 반대했기 때문이다. 강력한 원나라 황실의 사위가 된다는 것은 이런 구도를 뒤집을 '승부수'였다.

오래전 왕건이 세력 확장 수단으로 유력 호족 가문들과 결혼을 적극 활용했듯이, 충렬왕(25대·재위 1274년~1298년)은 원나라 황실을 상대로 결혼 카드를 꺼내들었다. 이런 고려 왕실의 간청에 도리어 원나라 황실 측에서 속도 조절에 나섰다. 쿠빌라이 칸은 "합족合族은 진실로 친교를 맺는 것이니 허락하지 않을 이유가 없다"면서도 "지금 이렇게 청하는 것은 너무 서두르는 것 같다. 그리고 짐의 자식들은 이미 모두 결혼했으니, 형제들과 의논해 허락하겠다"고 즉답을 미루었다. 쿠빌라이 칸의 이 말은 거짓이었다. 그는 나중에 친딸인 쿠투루칼리미(제국 대장 공주)를 충렬왕에게 시집보냈다. 결혼이 성사된 것은 충렬왕의 청혼이 있고 5년 뒤였다. 처음에는 고려 왕을 사위로 맞아들이는 것이 그다지 탐탁지 않았던 것 같다.

몽골 황실의 사위가 된 고려 국왕들은 정치적 입지가 크게 강화되었다. 무신 정권은 붕괴했고, 몽골 관리들은 고려를 방문하면 국왕을 신하국의 군주가 아닌 황제의 부마로서 대우했다. 고려 국왕들도 원나라 황제를 직접 만나러 가는 친조를 정치적으로 적극 활용했다. 흥미로운 점은 원래 고려가 강화도로 들어가 저항했던 이유가 원나라의 친조 요구를 거부하기 위해서였다는 것이다. 그런데 이제는 오히려 고려 국왕들의 정치적 목적을 실현하는 '만능 키'가 되었으니 역사의 아이러니랄까. 예를 들어 몽골 황실의 첫 사위가 된 충렬왕은 34년 동안 11회나 친조를 하면서 고려에 머무르던 몽골 군대와 다루가치를 철수시키는가 하면, 1271년 서경(평양) 일대에 설치되었던 동녕부도 요동으로 철수시켰다. 그 지위가 얼마나 마음에 들었는지 충렬왕은 원나라에게 자신의 호칭을 '고려 국왕' 외에 별도로 '부마국 왕'으로 명문화해 달라고 요청했을 정도였다. 그만큼 고려 국왕이 원나라의 사위가 된 것은 고려 왕실에 강력한 정치적 백그라운드를 마련해주었다.

몽골의 정치 개입은 모두 나빴을까?

다루가치는 원나라에서 파견한 군사·정치 고문단 같은 존재였다. 이들은 고려의 내정에도 개입했기 때문에 고려 지도층은 불만이 많았다. 하지만 개중에는 평가할 만한 것도 있었다. 대표적인 것이 노비제 개혁안이다. 당시 고려는 부모 중 한 명만 천인이면 자녀도 천인이 되었다. 원나라에서 온 다루가치들은 이를 보고 경악했다. 중국은 이미 송나라 때 노비제가 사라졌고 원나라도 제국 안에서 노비를 두지 못하게 했다. 그랬기에 몽골 관리들의 눈에 들어온 고려의 노비제는 '글로벌 스탠더드'에 어긋나는 일이었다. 몽골의 다루가치들은 고려의 노비제를 손질해 부모 중 한 명이라도 양인일 경우에는 자녀도 양인으로 만드는 안을 추진했다. 이렇게 되면 노비는 큰 폭으로 줄어들고 양인이 늘어나기 때문에 국가 재정에도 도움이 되었다(노비는 백성이 아니기에 세금을 내지 않았다).

또 몽골의 관리들은 고려가 국가 규모에 비해 지나치게 세금을 많이 거두고 관리가 많다며, 이를 줄여야 한다고도 주장했다. 오늘날로 치면 세금을 내리고 공무원을 감축하는 개혁인 셈이다. 일반 백성들 입장에서는 분명 환영할 만한 일이었다.

하지만 고려의 지도층은 기분이 좋지 않았다. 이들이 특히 반발한 것은 노비 개혁안이었다. "이것을 바꾸면 사직社稷이 위태로울 것"이라며 극렬하게 반대했다. 그래도 원나라 관리 기와르기스[闊里吉思(활리길사)]가 일부 노비들을 양인으로 해방시키자, 충렬왕은 원나라 대도(베이징)로 갔다. 만능 키를 써야 하는 때였다. 쿠빌라이 칸의 사위인 그는 황제를 만나 과거 장인이 고려의 풍속을 건드리지 않겠다고 약속한 사실을 상기시켰다. 그 결과 노비 개혁안은 무효화되었을 뿐만 아니라 기와르기스는 본국으로 소환되었다. 그리고 양인이 된 노비는 원래 주인에게 되돌려 보내졌다. 이런 내용은 인권을 중시하는 요즘도 교과서에서 다루지 않는다. 왜 그럴까? 몽골 간섭기는 자주성을 상실했으니, 무조건 부정적으로 다루어야 한다는 신념이 작용하는 것은 아닐까?

팍스 몽골리카의 혜택

고려는 유라시아 대륙에 걸쳐 원 제국이 구축한 세계 경제망에 편입되어 경제·문화적으로 많은 수혜를 입었다.

몽골이 발행한 지폐 '교초交鈔'를 들고 있으면 개경부터 중동의 바그다드까지 어디에서든 사용이 가능했다. 오늘날 'US 달러'와 마찬가지였다. 심지어 원나라 황제들은 고려 국왕에게 하사품으로 교초를 주기도 했다. 이 돈으로 필요한 물품을 제국 안에서 구매하라고 한 것이다. 도리어 후대인 명나라에서는 붓이나 서적 같은 현물을 주었으니 원나라 시기가 얼마나 혁신적이었는지 알 수 있다.

고려 초 금지시켰던 민간 무역이 활발해진 것도 이때다. 고려인들을 위한 몽골어 학습 교재 『노걸대老乞大』를 보면 말 10필, 모시 130필, 인삼 100근 등을 싣고 대도로 가서 물건을 팔아 교초로 바꾸고, 그다음에 산둥으로 가서는 비단 등 여러 가지 물품을 사며 직고(直沽·현재의 톈진)에서 화물을 배에 싣고 고려로 귀국한다는 내용이 나온다. 또 다른 통역서 『박통서朴通書』에도 고려인이 원에서 다양한 물품을 주문하거나 가죽, 보석 등의 가격을 흥정하는 교역 관련 내용이 나온다. 이 시대 상인들은 제국 안 어디서든 구애받지 않고 거래를 할 수 있었다. 그래서 지역 간 가격 차이를 이용해 재미를 볼 수도 있었다. 예를 들면 말, 인삼, 모시 등은 중국보다 고려가 쌌지만, 비단은 고려에서 두 배가량 비쌌다.

상인들은 양국을 부지런히 왕래하면서 큰돈을 벌었다. 그래서 남궁신처럼 상인 출신으로 출세해 고위직에 오른 사람들도 나타났다. 장사꾼이 재상이라니, 조선이라면 상상도 할 수 없는 일이다.

왕실도 무역 사업에 적극적으로 뛰어들었다. 고려 왕실 집안은 본래 상인 출신이고 이전부터 독점적 무역을 해왔지만, 팍스 몽골리카가 이들에게 날개를 달아주었다. 예컨대 충렬왕의 부인 제국 대장 공주는 고려 인삼을 중국 강남으로 가져가 팔게 해서 막대한 이익을 거두었고, 충혜왕(28대)은 포 2만 필과 금, 은, 보초 (寶鈔·고려 때 사용한 원나라 지폐) 등을 가져가 대규모로 사업을 벌였다. 원나라 황실로부터 '좀 너무한 것 아니냐'는 경고를 받았을 정도였다.

『동방견문록』을 남긴 마르코 폴로의 예가 보여주듯이 원나라

13세기 중반 몽골 제국의 영토와 주요 교역 도시 아시아의 거의 전역과 유럽 일부를 몽골 제국이 지배함으로써 이 지역은 하나의 교역 시스템에 속하게 되었다.

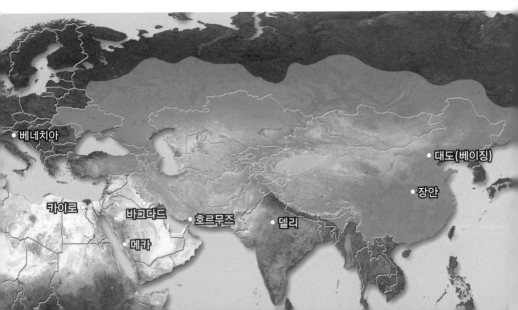

에는 '색목인色目人'이라고 하는 다양한 민족이 들어와서 활약했다. 고려에도 원나라를 통해 이민족이 많이 들어왔다. 이슬람 남성인 '회회回回 아비'가 개성 거리에서 고려 여성을 유혹한다는 내용의 고려가요 「쌍화점」도 충렬왕 때 나온 작품이다. 경주 설씨의 시조 설장수는 위구르족 출신인데, 부친 설손은 원나라 관리였다. 설장수는 고려에서 과거에 합격해 다양한 벼슬을 거쳤고 그의 조카 설순은 세종 때 한글 창제에 크게 기여했다. 이처럼 다양한 민족이 고려에 정착해 활약할 수 있었던 점도 몽골의 영향과 무관하지 않다. 명-조선 시대와 달리 문을 활짝 열었고, 능력이 있다면 다양한 기회를 얻을 수 있는 시대였다. 여성의 지위도 상대적으로 높았다고 알려져 있는데, 유목 민족의 전통을 이어받은 몽골의 영향이 일조했다. 우리가 통상적으로 생각하는 고려의 이미지, 즉 개방적이고 국제적이며 상업과 무역이 활발했던 모습은 팍스 몽골리카와 결합한 고려의 풍경이다.

하지만 이후 조선까지 끼친 영향력을 감안한다면 팍스 몽골리카 최고의 유산은 단연 '지식'이었다. 세계 제국 원나라는 현재의 미국과 같은 지위를 갖고 있었고, 원나라의 수도 대도는 당대 세계의 지식이 모여든 장소였다. 고려의 신진 학자들은 대도로 유학을 떠나 관료로 등용된 색목인들과 교류하며 유럽보다 앞선 이슬람의 과학, 수학, 지리 등의 문물을 습득했다. 지금도 후세 사람들을 감탄시키는 〈혼일강리역대국도지도混一疆理歷代國都之圖〉는

혼일강리역대국도지도 고려 때 몽골 제국을 통해 받아들인 세계 지리에 관한 지식이
집약되어 조선 시대에 만들어진 세계 지도다.

한국사는 없다

조선 태종 때 제작되었지만, 이때 섭취한 지리적 지식을 활용한 것으로 알려져 있다. 이 지도는 중국 중심으로 그려진 기존 지도와 달리 인도, 아라비아, 아프리카까지 기록되어 매우 높은 정확도를 자랑한다. 한글 창제에도 당시 원나라 때 대도에서 발달한 음운학 등의 언어학적 지식이 많이 활용된 것으로 알려져 있다.

또한 고려에서 동량지재(棟梁之材·집안과 나라를 떠받칠 만한 인재)라고 꼽혔던 젊은 인재들이 원나라로 넘어가 깊이 공부했던 분야가 성리학이다. 원나라는 국가 차원에서 성리학을 적극 밀어주었기 때문에 대학자가 많았다. 이때 성리학을 공부한 인재들과 그 제자들이 조선 건국의 주역이 되었다.

모든 시기에는 '빛과 그림자'가 공존하는 법이다. 다 나쁘고 다 좋은 시대란 있을 수 없다. 앞서 낙랑군을 살펴보았을 때도 강조했던 점이지만, 한국사는 유난히 독자성과 자주성을 강조하는 경향이 있다. 그것은 20세기 초반 일본에 의해 국권을 빼앗긴 아픈 역사의 상흔이 아직 완전히 치유되지 않았기 때문일 것이다.

하지만 이를 핑계로 외부로부터의 영향을 지나치게 축소하다 보면 역사가 제대로 연결되지 않고 듬성듬성 구멍이 생긴다. 예컨대 '외부에 나간 적도 없는 조선이 어떻게 〈혼일강리역대국도지도〉처럼 정교한 지리적 지식이 녹아든 지도를 만들 수 있었을까?' 같은 질문에 제대로 답할 수 없는 것이다.

8장

조선 건국이라는 필연적인 상황을 만든 세계정세와 기후 변화

한반도의 중세 역사를 뒤흔든 기후 이야기

1315년 여름, 유럽은 드물게 춥고 습했다. 제대로 여물지 못한
곡식은 썩어갔고, 멈출 줄 모르고 연일 쏟아지는 비는 홍수로 이
어졌다. 재앙 같은 기후는 이듬해에도, 또 그다음 해에도 이어졌
다. 연이은 흉작은 곡물 부족 사태를 초래했다. 곡물 가격이 5배
이상 폭등했고 양, 소와 같은 가축의 숫자는 80퍼센트 이상 급감
하게 만들었다. 굶주린 사람들은 고양이와 쥐, 동물의 배설물 등
을 먹어야 했다. 급기야 묘지의 시체들을 파내야 할 정도로 상황
이 악화했다. 당황한 사람들은 신의 진노를 샀다며 거리에서 자
신의 몸을 채찍질했고, 일부는 유대인과 나병 환자들 때문이라며
잔혹한 폭력을 저질렀다.

세계사에서 대기근(The Great Famine·1315년~1322년)이라고 불
리는 이 사건은 14세기 내내 유럽에 깊은 상처를 입혔다. 이후

에도 기근은 간헐적으로 이어졌다. 예를 들어 프랑스에서는 1330년~1334년, 1349년~1351년, 1358년~1360년, 1371년, 1374년~1375년, 1390년에 기근이 재발했으며, 영국에서는 전체 인구의 약 42퍼센트가량이 감소했다고 추정한다.

기근은 재앙의 시작일 뿐이었다. 1347년에는 크림반도의 카파(Kaffa·오늘날 우크라이나 크림주의 페오도시야)에서 공방전이 벌어졌다. 성을 포위하고도 좀처럼 함락하지 못한 타타르족은 전염병에 감염된 동료의 시체들을 투석기로 발사했다. 그 시체들을 통해 이제껏 본 적 없는 이상한 병에 감염된 성안의 제노바인(당시 크림반도의 카파는 제노바 공화국의 식민지였다)은 공포에 사로잡힌 채 이탈리아로 도망쳤다. 이들이 시칠리아에 도착했을 때, 배에서 내린 송장에 가까운 인간들과 쥐, 벼룩은 전염병을 전 유럽으로 옮겼다. 사람들은 훗날 이 병을 흑사병*Black Death*이라고 불렀다. 유럽 각지에 삽시간에 퍼진 흑사병은 유럽 인구의 절반 이상을 줄여버렸다. 지역에 따라서는 70~80퍼센트가 몰살한 곳도 있었다.

유럽에서 흑사병 때문에 이토록 많은 희생자가 나온 것은 대기근의 후유증 탓도 컸다. 오랜 기간에 걸쳐 굶주린 사람들은 체력과 내성이 약해진 상태였다. 게다가 흑사병이 발병하기 1년 전인 1346년은 기록적으로 추운 해였다. 여름은 사라졌고 9월에는 라인강 일대 포도들이 수확하기도 전에 얼어붙었다. 귀리 같은 곡물은 수확할 엄두조차 낼 수 없었다.

한국사는 없다

한랭기는 유럽 북쪽의 서늘한 기후대에 속하는 영국(잉글랜드) 같은 나라에는 더욱 치명적이었다. 영국 왕 에드워드 3세(재위 1312년~1377년)는 갈수록 줄어드는 식량, 성난 민심을 무마하지 않으면 왕국의 존립이 어려울 수 있다는 사실을 깨달았다. 하지만 영국 땅을 뒤져봐야 더 나올 것이 없어서 밖으로 눈을 돌리는 수밖에 없었다. 1345년 에드워드 3세의 군대는 노르망디에 상륙해 프랑스 본토로 진격했다. 백 년 전쟁의 시작이었다.

이처럼 14세기 유럽은 무질서, 동요, 굶주림, 전쟁 등의 혼란에 휩싸여 있었다. 그리고 유라시아 대륙 반대편 동아시아에서도 상황은 비슷했다.

14세기 한랭기에 휩싸인 팍스 몽골리카

중국의 왕조 가운데 최약체로 꼽히는 송나라(북송 960년~1127년 / 남송 1127년~1279년)는 유목 민족에게 끊임없이 시달렸다. 거란, 여진, 몽골 등에 들볶이며 제대로 기를 펴지 못했다. 송나라를 건국한 조광윤이 지방 군벌들의 발호를 억제하려고 변방의 군사력을 약화시킨 것이 큰 원인이었다. 하지만 송나라의 퇴조에는 기후도 작용했다. 기후가 너무 좋아서 문제였다.

9~10세기부터 시작된 온난화는 유목 민족이 발호하기 좋은 환경을 만들었다. 초목이 잘 자라니 말을 키우기 좋아졌고, 초원

이 넓어져 활동 반경이 확장되었다. 몽골이 단기간에 유라시아 대륙 전체로 뻗어나갈 수 있었던 이유도 이런 환경 덕분이었다. 몽골 제국의 팍스 몽골리카는 온난화라는 토대 위에 만들어진 시스템이었다.

그러다가 14세기부터 기후가 한랭해지자 제국의 모든 것이 삐걱거리기 시작했다. 이 시기 유럽이 그랬듯 중국에서도 곡식이 제대로 익지 않았고 여기저기서 굶주린 농민들이 낫을 들고 일어났다. 특히 강남 지역에서 장사성, 주원장 등이 이끄는 반란군은 제국에 치명적 타격을 안겼다.

한반도의 삼국 시대 때만 해도 중원에 비해 변방에 불과했던 강남 지역은 5호 16국 시대에 유목 민족을 피해 남쪽으로 피한 한족들이 대거 밀려들면서 개발이 이어졌다. 그 결과 수나라가 중국을 통일했을 때 강남은 인구나 농업 생산량 등에서 중원을 압도하는 상황이었다. 그래서 반란군이 강남을 점거했다는 사실은 중앙 정부에 심각한 위기가 닥쳤음을 뜻했다.

중국 역사를 보면 규모가 큰 반란 가운데 소금을 유통해 부를 쌓은 이들이 일으킨 경우가 더러 있다. 당나라 때 황소의 난을 이끌었던 황소는 소금 밀매업자였고, 원나라를 위협했던 군벌 장사성도 염전 노동자 출신이었다. 그의 세력에는 소금 상인들이 대거 가담했는데, 이 일은 원나라 정부에 이중삼중의 타격을 안겼다. 원나라는 일부 상인들에게만 소금 판매를 허가하는 대신 이

한국사는 없다

중국의 중원과 강남의 영역 화이허강을 기준으로 그 북쪽을 화북이라 하는데, 중원 지방과 화북 지역이 거의 일치한다. 세부적으로는 화이허강과 양쯔강 사이를 화중이라 하고, 양쯔강 이남을 강남이라고 하지만, 대체로 강남이라고 하면 화이허강 아래를 말한다.

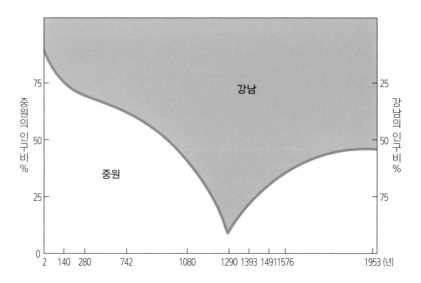

시대에 따른 중원과 강남의 인구 분포 변화 『세계사 속 중국사 도감』(오카모토 다카시 지음·유성운 옮김, 이다미디어, 2021)에서 인용

들에게서 막대한 세금을 거두었는데, 이것이 원나라 정부의 '캐시카우cash cow'였다. 정부가 허가한 소금 판매권인 염인鹽引은 유가증권처럼 거래될 정도로 경제에서 차지하는 비중이 컸다. 그런데 이 모든 것이 휴지가 되어버린 것이다.

반란으로 인해 강남에서 올라오던 밥줄(쌀)과 돈줄(소금)이 모두 막혀버리니 막강한 원나라도 버틸 재간이 없었다. 각지의 반란이 심각해지자 원나라는 고려에 원병을 요청했다. 이때 파견된 고려 부대를 지휘했던 인물이 최영 장군이다. 고려로 돌아온 최영은 원나라가 얼마나 망가졌는지를 공민왕에게 낱낱이 보고했다. 공민왕이 과감하게 반원 정책을 추진할 수 있었던 데는 이런 배경이 있었다. 다만 고려도 원나라의 상황을 즐길 만큼 여유가 있는 것은 아니었다.

공민왕 당시의 고려도 전례 없는 기후 위기에 휩싸여 있었다. 그가 재위한 23년(1351년~1374년) 동안 닥친 기근이 무려 13회에 이르렀다. 가뭄이 있었던 해가 8회, 대수大水로 인한 큰 홍수가 5회였다. 그 외에도 대풍大風, 우박, 대무大霧를 동반한 이상 저온 현상이 빈번했다. 1360년에는 공민왕도 하루 한 끼 식사만 해야 할 정도로 식량 사정이 나빠졌다. 급기야 공민왕 21년(1372)에는 겨울에 눈이 내리지 않았고, 극심한 가뭄 때문에 산이 무너지고 우물과 샘이 모두 말랐다.

한랭기의 결핍이 토지 활용법에 혁신을 일으키다

혁신은 결핍에서 일어나는 법이다. 그 어느 때보다 농사가 어려웠던 이 시기에 농사 방식에서 혁신이 일어났다.

고려 시대만 해도 한 번 농사를 지으면 1~2년 정도 땅을 묵혀서 자연스럽게 지력地力을 회복하면 다시 농사를 짓는 방식으로 진행했다. 당시 전 세계의 보편적 방식이었다. 중세 유럽도 삼포식 농업이라고 해서 농경지를 3등분해서 3분의 1은 휴한지로 두고 번갈아 농사를 지었다. 이렇게 해야만 지력이 회복되어 농사를 지속할 수 있었다. 이 무렵에는 인구수에 비해 상대적으로 토지에 여유가 있었기 때문에 땅을 일부 내버려둬도 다른 땅에서 농사를 지으면 되었다. 오히려 노동력의 가치가 토지보다 높았다. 고려 시대 노비는 인구의 10퍼센트를 넘지 않았다. 조선 중기 노비 비율이 40퍼센트에 달했던 점을 감안하면 노비가 귀했다고 볼 수 있다. 그랬기에 사람을 부려서 땅에 거름을 주고 지력을 인위적으로 끌어올리는 비용이 더 비싸게 느껴졌다. 지력이 회복되기를 기다리며 다른 땅에서 농사를 짓는 것이 효율적이었다.

그런데 한랭기에는 한가하게 기다릴 여유가 없었다. 평소처럼 농사를 지었다가는 굶어 죽기 딱 좋았기 때문에 어떻게든 농업 생산성을 끌어올려야 했다. 게다가 때마침 극단적인 '실험'을 해야 할 상황에 놓였다. 몽골을 피해 강화도로 천도했던 시기다.

강화도라는 공간에 정부 요인은 물론 개경의 주요 가문들과 그 식솔들까지 모두 들어가 산다는 것은 만만치 않은 일이었다. 무엇보다도 식량이 문제였다. 한정된 농토에서 이들을 먹일 식량을 만들어내야 하기 때문이다. 이전과 반대로 노동력은 풍부했고 토지는 부족했다. 그래서 작은 토지에서 많은 농작물을 수확하는 처절한 노력이 시작되었다. 거름주기도 열심히 하고, 황무지고 개간하고, 밭농사보다 단위 면적당 수확량이 높은 논농사의 비중을 끌어올렸다. 논농사는 밭농사보다 몇 갑절의 노동력을 필요로 한다. 깊이갈이나 김매기 등의 방식도 활발해졌다. 이렇게 집약적 농업이 발달하면서 토지의 생산량이 이전보다 훨씬 높아졌다. 이것은 기록으로도 증명되는데, 『세종실록世宗實錄』 지리지地理志에 나오는 강화도의 논밭은 5,506결이다. 면적이 더 큰 거제도의 709결보다 8배 정도 많은 수치다. 강화도에서 농지 확보에 얼마나 애썼는지 알 수 있다.

이후 고려 조정이 강화도에서 개경으로 돌아간 뒤 본격적인 '땅따먹기'가 시작되었다. 한 뼘의 땅이라도 더 차지해야 식량을 확보할 수 있었기 때문인지, 땅의 생산성이 올라가서 가치가 높아졌기 때문인지는 누구도 단언하지 못한다. 어쩌면 둘 다 이유가 되었을지도 모른다.

이 시기에는 토지 겸병(兼倂·둘 이상을 하나로 합치는 것. 토지 겸병은 소농민의 토지를 대지주가 흡수하여 대농장을 형성하는 행위로, 몰락하는 국가의 전조 현상으로 여겨진다) 문제가 심각했다. 고려는 관료들에게 세금을 거둘 수 있는 땅을 지급했다. 다만 관직에서 내려오면 이 땅을 국가에 반납하도록 했다. 그래야 새로 관원이 된 사람에게 땅을 지급할 수 있기 때문이다. 그런데 고위 관료들은 관직에서 물러나도 땅을 내놓지 않았다. 이러한 상황이 누적되자 신규 관원에게 줄 땅이 없어지게 되었다. 권력자들이 남의 땅을 빼앗는 일도 빈번해졌다. '근년에 이르러 겸병이 더욱 심하여, 간흉한 무리가 주군州郡과 산천山川을 경계로 삼아 (…) 누세에 걸쳐 심은 뽕나무와 집까지 모두 빼앗아가고, 우리 무고한 백성들은 사방으로 흩어져버립니다', '재상으로 마땅히 전 300결을 받을 자가 송곳을 세울 만한 땅도 없고, 녹봉 360석을 받을 자가 20석도 갖지 못하고 있습니다' 같은 『고려사』의 기록은 당시의 심각한 상황을 잘 보여준다. 식량을 확보하기에도 어려운 마당에 세금을 바쳐야 하는 농민들은 권력자에게 몸을 의탁해 스스로 노비가 되었다. 이런 문제가 누적되면서 토지 개혁은 미룰 수 없는 과제가 되었다. 공민왕은 승려 신돈을 내세워 과감한 토지 개혁에 나섰지만, 이렇다 할 성과를 내지 못하고 측근에 의해 어이없이 피살되었다 (1374년).

정도전의 토지 개혁

고려 우왕(32대)부터 마지막 공양왕(34대)에 이르기까지 토지 개혁은 고려 정치의 최대 화두였다. 그랬기에 정도전을 비롯해 조선을 건국한 신진 사대부들도 토지 개혁을 새 왕조의 개창 명분으로 앞세웠다. 정도전 일파는 개경과 경기도의 토지를 일괄 몰수한 뒤, 그동안 토지를 지급받지 못했던 중·하급 관료들에게 나누어주었다. 공무원에 임용되고도 몇 년째 월급을 받지 못하고 있는데, 이 문제를 단번에 해결해주었으니 얼마나 고마웠겠는가. 조선 왕조의 개창이 비교적 수월했던 것은 하급 공무원들의 협조 때문이 아니었을까. 이들의 도움과 협조 없이는 정부를 굴러가게 할 수 없으니 말이다.

여담이지만, 박근혜 정부 때 공무원 연금 개혁을 밀어붙인 적이 있다. 더 많이 내고 적게 받는 것이 골자였다. 공무원의 연금이 줄어들면 공무원 1명에 그치는 것이 아니라 그 가족에게도 영향을 미친다. 그 숫자가 대략 400만 명이라는 기사를 본 적이 있다. 예전에 박근혜 전 대통령을 만났을 때 물어보니 "그것 때문에 2016년 총선에서 공무원들이 대거 야당(더불어민주당)에 표를 던졌다고 하더라"고 회고했다. 물론 2016년 총선에서 새누리당이 패배한 데는 다른 중요한 요인들이 있었다. 예컨대 유승민 전 의원에 대한 친박들의 압박이나 김무성 전 대표의 '옥새런' 사건 같은 것이다. 하지만 공무원들의 밥그릇이 정치에서 매우 민감한 이슈인 것도 사실이다.

이성계와 정도전 세력은 이 문제를 정면으로 건드렸다. 요즘으로 치면 공무원 표심을 잡기 위한 대선 공약을 내세운 것이다. 땅이 없었던 신진 관료들의 열렬한 지지를 받을 수밖에 없었다.

SBS 사극 〈육룡이 나르샤〉를 보면 정도전이 개성 거리에서 거창하게 말한다.

"나, 정도전은 스승님과 동문들, 선배들을 탄핵하고 유배를 보냈소이다. 바로 이것들 때문이었소. 고려 전체의 토지 대장이오. 정치란 복잡해 보이지만 실은 단순한 것이오. 결국 누구에게 거두어서 누구에게 주느냐, 누구에게서 빼앗아 누구에게 채워주는가. 불을 질러라. 이 토지 대장이 다 타버리고 나면 토지를 다 나눌 수밖에 없다."

과연 피를 끓게 하는 연설이다. 다만 이 공약의 핵심은 흔히 생각하듯이 부자들의 땅을 빼앗아 가난한 일반 백성들에게 나누어주는 것은 아니었다. 이 연설의 핵심은 '(정치란) 누구에게 거두어서 누구에게 주느냐, 누구에게서 빼앗아 누구에게 채워주는가'인데, 정도전은 기존의 고위 관료와 권문세족의 토지를 빼앗아 신정부에 협력할 관료와 양반들에게 주었다.

토지 개혁의 핵심 브레인은 정도전보다는 조준이었다. 그는 고려 후기의 대표적 권문세족 가문인 평양 조씨 출신인데, 증조부 조인규가 충렬왕 때 몽골어를 잘해 정치적으로 큰 성공을 거두었다. 그런데 조준은 개국 직후 발표된 논공행상에서 공신전 220결과 노비 30명을 받았다. 식읍(해당 지역의 조세를 받을 수 있는 권리)도 1,000호^戸나 받았다. 결^結은 조선 시대의 토지 단위다. 비옥도(생산량)에 따라 책정되었기 때문에 지금 기준으로 몇 제곱미터라고 단정 짓기가 어렵다. 하지만 조선 세종 때 비옥한 땅(1등전)의 1결이 대략 9,800여 제곱미터 정도로 추정된다는 연구를 적용해보면 조준이 이성계와 이방원을 도와 받은 토지는 411만 6,000제곱미터, 약 124만 7,300평 정도가 된다.

조준은 이후 제1차 왕자의 난에 협력해 공신전 200결과 노비 35명을 추가로 받았다. 조선 초 노비 1명의 가격은 670일의 일당, 그러니까 약 2년치 연봉에 거래되었다고 한다. 조준은 조선 개국으로 막대한 규모의 재산을 챙겼다. 이래서 서로 혁명에 뛰어들고 공신이 되려는 것이었을까.

몽골보다 위협적이었던 왜구

이 무렵 고려의 국력을 기울게 만든 중요한 요인 중 하나는 왜구였다. 왜구는 단순히 도적 떼라고 부르기에는 고려에 끼친 피해가 너무나 컸다. 왜구가 언제부터 고려의 해안 지대를 약탈했는지는 정확히 알 수 없지만, 기록상으로는 고려의 23대 왕 고종 10년이었던 1223년 김해를 침입한 것이 처음이다. 왜구의 침입은 이때부터 약 40년간 11회 정도 더 이어지다가 여몽 연합군이 2차례에 걸쳐 일본을 침공한 이후로는 약 80년간 잠잠해졌다.

한국사는 없다

중국 해군(왼쪽)과 해상 전투를 벌이는 왜구(오른쪽)의 모습을 담은 18세기 중국의 그림 왜구는 초기 왜구와 후기 왜구로 나뉜다. 왜구倭寇라는 말에는 '일본의 도적떼'라는 의미가 있으나, 초기 왜구는 대다수가 대마도와 이키섬, 규슈 북부의 일본인으로 구성된 반면 후기 왜구에는 밀무역을 하는 중국인까지 포함되었다.

왜구가 다시 나타난 때는 1350년. 한랭화의 여파로 원나라의 붕괴가 시작되고, 중국 강남에서 반란군이 나타나기 시작한 무렵이다. 이때의 왜구들은 훨씬 과감해졌는데, 해안가뿐 아니라 개경 인근 강화도와 내륙까지 침략했다. 가장 피해가 극심했던 시기는 우왕 때로 재위 14년 동안 왜구가 침입한 기록이 무려 378회나 된다. 우왕 때는 대륙에서 홍건적도 쳐들어왔기 때문에 왜구에 대응하기가 쉽지 않았다.

한낱 도적 세력에 불과한 왜구 때문에 국가 존립이 흔들릴 정도라는 사실이 납득하기 어려울 수도 있지만, 그럴 만한 이유가 있다. 어느 나라든 국가를 지탱하는 체력은 세금을 얼마나 잘 걷느냐에 달려 있다. 지방에서 세금이 제대로 걷히지 않는다는 건 중앙 정부가 통제력을 상실했음을 의미한다. 그래서 서양의 로마제국이든 동양의 한漢·당唐이든 세금 수취가 제국의 흥망을 좌우했다고 해도 과언이 아니다. 원나라의 경우도 소금 전매를 통해 들어오는 세수가 막히자 버티지 못했으니 말이다.

이런 이유 때문에 고려도 세금 수송에 심혈을 기울였다. 바로 조운 제도다. 강이나 바다를 이용해 세금으로 거둔 곡식을 운반하는 시스템인데, 근대 이전에는 강이나 바다를 이용하는 쪽이 육로보다 안전하고 빠른 데다 비용도 저렴했다. 고려는 지방에서 세금으로 거둔 곡식(세곡)을 전국 13개 조창에 보관했고, 이것을 조운로를 통해 개경까지 배로 옮겼다. 고려 조정이 40년간 몽골

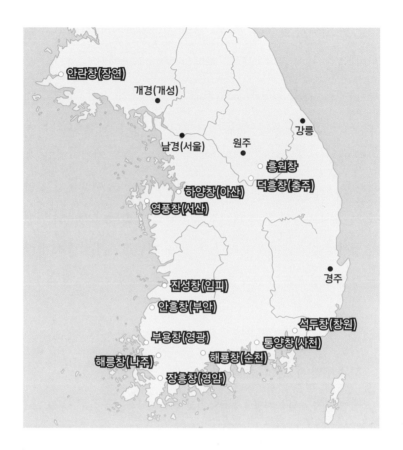

| 고려의 13개 조창 위치

에게 국토를 다 내주고 강화도에 피난 가 있으면서도 망하지 않았던 것은 여전히 작동한 조운 제도의 덕이 컸다. 기마 민족인 몽골은 수전水戰에 취약했기 때문이다. 강화도의 고려 조정은 물길을 이용해 세금을 어느 정도는 확보할 수 있었다. 물론 개경에 있을 때만큼 원활하지는 않았겠지만 큰 도움이 되었을 것이다.

그런 점에서 왜구의 침략은 보다 치명적이었다. 몽골군과 달리 배를 잘 다루었던 왜구는 세곡이 저장된 조창이나 곡식이 이동하는 조운로를 집중적으로 노렸다. 이 때문에 지방-개경의 세금 수송이 어려워졌고, 재정이 급격히 악화될 수밖에 없었다. 공민왕 때는 관료들에게 급여를 제대로 줄 수 없을 지경이었다. 우왕 2년(1376년)에는 조운을 아예 전면 폐지하는데 이때부터 공양왕 2년(1390년)까지 무려 14년간 중단되었다. 그러니 왜구의 피해가 얼마나 심각했는지 짐작할 수 있다. 첨언하자면 삼별초가 버틸 수 있었던 것도 조운로를 장악했기 때문이었다.

자유 무역 시스템의 종말

백련교(중국 남송 시절에 창시된 민간 종교. 원나라 시기에 자주 무장 반란을 일으켰고, 중원에서 원을 축출하고 명을 개국하는 중추 세력이었다)의 교주였던 주원장은 1368년 원나라의 수도 대도를 정복했다. 원 순제(토곤 티무르·원의 마지막 황제)는 수도를 버리고 과거 조상들이 살던 북쪽의 초원으로 도망쳤다. 이에 따라 팍스 몽골리카 질서도 붕괴했다.

몽골은 세계 제국을 건설했다. 땅덩이만 유라시아에 걸친 것이 아니라 각지에서 여러 인종과 문화와 종교가 섞여 살았다. 다양성 위에 세워진 사회였다. 명나라는 정반대였다. 상징적인 것이 쇄국 정책이다. 육로는 물론이고 해로도 막는 해금海禁 정책을 폈다. 지금도 그렇지만 해로는 자유 무역 시스템을 지탱하는 관절과도 같다. 바다를 막아버리니 중국-고려-일본의 교역로가 막혔다. 벽란도 같은 중계 무역지로서는 치명적이었다.

명나라가 허가한 유일한 해외 교역은 조공朝貢이었다. 명나라 황제로부터 책봉을 받은 국왕이 사신을 통해 선물을 바치면 황제가 하사품을 내려주는 것이다. 이것을 회사回謝라고 한다. 대개 명나라 황제가 내려주는 회사품이 고려·조선이 바친 조공품보다 가치가 높았다. 아울러 명나라는 사신 일행에게만 제한적으로 상업 행위를 허용했다. 그래서 사신으로 가면 무역으로 큰돈을 벌수 있었다. 이들을 따라간 역관들도 마찬가지다. 박지원이 쓴 『허생전』을 보면 허생의 말을 듣고 덜컥 10만 냥을 빌려준 한양 최고의 부자 변씨가 나오는데, 그 실제 모델이 역관 변승업이다.

따라서 중국 왕조가 무리하게 조공을 강요해 한반도 왕조가 힘들어했다는 것은 사실과 조금 다르다. 물론 조공품을 마련하느라 백성들은 힘들었겠지만 지도층은 돈을 벌어들일 기회인 만큼 조공 횟수를 늘리고 싶어서 안달이었다. 명나라가 조공을 연 1회로 제한하자 조선 조정은 이를 2~3회로 늘려달라고 간청했을 정도다. 원나라가 보호했던 동아시아 자유 무역 시스템이 다시 복구된 것은 21세기가 되어서였다.

흔히 조선의 경제 시스템이 고려보다 폐쇄적이고 고립적이었다고 지적하지만, 중국이 문을 걸어 잠그니 어쩔 도리가 없었다. 사실 고려 때의 활발한 해외 무역은 송·원의 경제 시스템에 맞추어갔던 것이지, 고려가 독자적으로 개척한 것이 아니다. 앞서 밝혔듯, 고려도 원나라의 경제 시스템으로 편입되기 전까지는 민간 무역을 금지했다.

한편 명나라의 해금 정책으로 인해 가장 피해를 본 이들은 해상 무역 세력이었다. 그래서 명나라 초기 해안을 침략한 왜구도 해금 정책에 반발한 해상 무역 세력으로 볼 수 있다. 일부 중국인 무역상들이 왜구에 가담했다는 것도 역사적 사실이다.

하나 덧붙이자면 명나라가 상업이나 무역을 억누르고 농업을 장려하는 쪽으로 회귀한 데에는 그럴 만한 사정이 있었다. 주원장이 명나라를 건국(1368년)한 14세기 후반은 한랭기의 충격이 수십 년간 쌓인 때였다. 그렇기 때문에 급선무는 식량 문제를 해결하는 것이었고, 이를 위해서는 농업 생산성을 회복해야 했다. 그러니 백성들이 도시로 몰려들어 점포에서 주판을 잡기보다는 시골의 농지로 돌아가 호미와 괭이를 들기를 바랐을 것이다. 비슷한 시기 개국한 조선도 비슷한 정책을 폈다. 어떤 학자들은 조선의 수도가 개경에서 남쪽인 한양으로 이동한 것이 삼남(충청·전라·경상) 지역의 식량 생산성이 더욱 중요해졌기 때문이라고도 본다. 한랭화로 인해 황해도나 평안도, 경기 북부에서는 이전보다 쌀농사를 짓기 어려워졌을 것이다. 그렇다면 식량 생산은 남쪽에 의

한국사는 없다

존할 수밖에 없다. 게다가 고려 말 왜구의 침략으로 식량 생산지와 수도의 거리를 더욱 좁힐 필요도 있었다.

그런 점에서 볼 때 명나라와 조선의 중농억상中農抑商 정책은 원나라와 고려에 대한 부정일 수도 있지만, 기후가 만든 불가피한 선택이기도 했다. 인류 문명은 결국 기후와 얼마나 친숙해지느냐에 흥망이 달려 있다고 해도 과언이 아니다.

문익점이 목화씨를 들여온 것이 고려 말인 이유도 기후 영향이 컸다. 최근 지적되고 있지만 원나라는 목화씨 반출을 막은 적이 없다. 그런데도 굳이 이때 목화씨를 고려로 들여온 것은 백성들이 추운 기후에 적응하려면 더 따뜻한 소재가 필요했기 때문이다.

이 시기 또 하나 중요한 중국의 결정이 있다면 영락제(3대)가 명나라의 수도를 남경에서 북경(베이징)으로 옮긴 것이다. 이전 수도인 남경은 바닷길로 연결되는 도시였기 때문에 만약 천도하지 않았다면 해금 정책을 유지하기가 쉽지 않았을 것이다. 사신들과 이를 따라온 상인들이 바닷길로 왔을 테니 말이다.

베이징 체제는 필연적으로 조선에 대한 중국의 내정 간섭을 강화하는 계기가 되었다. 중국 왕조의 수도가 남서쪽의 장안(시안)이나 뤄양에 있을 때보다 한반도와 훨씬 가까워졌기 때문이다. 이런 경향은 이미 원나라 때부터 있었는데, 폐쇄적이고 고립적인 중화주의로 무장한 명나라는 외부에 대한 경계심이 강하다

| 역대 중국 왕조의 수도

보니 '조선=방어벽'이라는 인식이 더 강해졌다.

과거 나당 전쟁 때 당나라가 신라와의 싸움을 서둘러 마무리 짓고 군대를 서쪽으로 돌렸던 예가 있다. 수도 장안에서 가까운 토번이 쳐들어왔기 때문이다. 당나라에게는 대한반도 전략보다는 대토번 전략이 훨씬 중요했다. 수도가 가깝기 때문이다. 따라서 베이징을 수도로 삼은 현재의 중국이 대한반도 정책에 얼마나 촉각을 세우고 있을지는 어렵지 않게 짐작할 수 있다. 방어 체계인 사드^{THAAD} 도입에 맹렬하게 반발하는 배경도 마찬가지다.

"임진왜란 때 명나라가 비교적 이른 시기 참전한 것도 한반도를 빼앗기면 수도 코앞에 일본군이 오기 때문이었다. 미중 갈등이 증폭할수록 중국은 한국을 포기하기 어렵다."(고려대 역사교육과 조영헌 교수)는 목소리에 우리가 귀를 기울여야 하는 이유다.

9장

애민 군주 세종 대왕이 노비 억제 정책에 소극적이었던 이유

유독 고려 말과 조선 사회에서 노비 제도가
발달한 이유는 무엇인가?

1598년 5월 선조는 난생처음 보는 건장한 병사를 보고 넋을 잃었다. 정유재란 후 조선에 주둔하고 있던 명나라 장수 팽유격이 "얼굴 모습이 다른 신병神兵이 있다"며 데려온 병사였다. 팽유격이 소개한 병사는 아프리카에서 온 흑인 용병이었다. 흑인 병사를 본 선조와 사관들은 깊은 인상을 받았다. 『조선왕조실록』은 이렇게 묘사하고 있다.

일명은 해귀海鬼다. 노란 눈동자에 얼굴빛은 검고 사지와 온몸도 모두 검다. 턱수염과 머리카락은 곱슬머리이고 검은 양털처럼 짧게 꼬부라졌다. 이마는 대머리가 벗겨졌는데 한 필이나 되는 누른 비단을 반도磻桃의 형상처럼 서려 머리 위에 올려놓았다. 바다 밑에 잠수하여 적선賊船을 공격할 수가 있고 또 수일 동안 물속에 있으면서 어류를 잡아먹을 줄 안다. 중원 사람도 보기가 쉽지 않다.

선조가 "어느 지방 사람이며 무슨 기술을 가졌소이까?"라고
묻자 팽유격은 이렇게 답했다. "호광湖廣의 극남極南에 있는 파랑국
波浪國 사람입니다. 바다 셋을 건너야 이르는데, 조선과의 거리는
15만여 리나 됩니다. 그 사람은 조총을 잘 쏘고 여러 가지 무예를
지녔습니다." 이 말을 들은 선조는 대단히 만족했다. 선조는 팽유
격에게 "소방(조선)은 치우치게 해외海外에 있으니 어떻게 이런 신
병을 보았겠소이까. 지금 대인의 덕택으로 보게 되었으니 황제의
은혜가 아닐 수 없소이다. 이제 흉적(일본군)을 섬멸하는 것은 날
을 꼽아 기대할 수 있겠소이다"라고 말했다. 하지만 이후 전쟁이
일어나지 않았기 때문에 선조는 흑인 용병의 활약상을 볼 수 없
었다.

16세기의 글로벌 노예 마켓

선조에게 놀라움을 안긴 흑인 용병들은 어디서 왔을까? 팽유
격이 말한 '파랑국'은 포르투갈이다. 그가 15만여 리나 떨어진 곳
에서 왔다고 했는데, 15만 리는 약 6만 킬로미터다. 아마도 머릿
속에서 끌어낼 수 있는 가장 먼 거리를 말한 것 같은데, 팽유격도

 한국사는 없다

천조장사전별도天朝將士餞別圖 풍산 김씨 오미동파가 보유하고 있는 그림이다. '천조'는 명나라를 가리킨다. 그림에 붙은 명칭은 '명나라 장수들을 떠나보내며 잔치를 베풀다'로 해석할 수 있다. 동그라미 속의 병사들이 선조가 감탄했던 흑인 용병들이다.

포르투갈이 지구 반대편 끝에 있다는 사실 정도는 파악했던 것
같다. 하지만 학계에서는 그 흑인 용병이 설령 포르투갈 출신일
지라도 실제로는 마카오에서 왔을 것으로 추정한다. 포르투갈의
무역 거점인 마카오에는 포르투갈인이 소유한 노예가 적잖게 있
었기 때문이다.

노예라고 하면 흔히 영화 〈바람과 함께 사라지다〉에서 보듯이
미국 남부의 넓은 목화밭에서 일하는 흑인의 모습을 떠올린다.
하지만 흑인 노예의 역사는 이보다 한참 이전으로 거슬러 올라

간다. 당시 아프리카에서 흑인 노예가 팔려가는 경로는 크게 세 가지였다.

① 북쪽(지중해) 루트 : 사하라 사막 건너 북아프리카 및 오스만 튀르크

② 동쪽(인도양) 루트 : 인도양과 홍해를 넘어 아라비아반도, 이란, 인도 등

③ 서쪽(대서양) 루트 : 대서양을 건너 중남미 국가 및 미국 등지

우리에게 잘 알려진 미국의 흑인 노예들은 서쪽 루트로 19세기 노예 무역이 금지될 때까지 이동했다. 미국 등 북미 지역으로 간 흑인은 50만~60만 명 정도였고, 브라질에는 미국보다 많은 380만~500만 명이 팔려간 것으로 추정된다.

가장 많은 노예가 팔려간 지역은 이슬람 국가였다. 그 이유는 이슬람의 노예 무역 역사가 오래되었기 때문이다. 이미 7세기부터 이슬람 상인들이 주도해 사하라 사막 남쪽의 흑인들을 북아프리카의 이슬람 국가와 오스만 튀르크 등에 노예로 공급했다. 7세기면 고구려·백제·신라가 있었을 때이니 얼마나 오래전인지 짐작할 수 있다. 노예 무역에 관한 권위자인 미국 역사학자 필립 커틴에 따르면 19세기까지 약 950만 명의 흑인 노예가 이 경로를 통해 팔려갔다고 한다.

15세기 이후에는 대항해 시대를 주도한 포르투갈이 이 사업에 뛰어들었다. 항해술을 앞세운 이들은 동아프리카, 인도, 동남

아시아, 중국(마카오)을 거점으로 삼아 이전에 없었던 규모의 글로벌 노예 마켓을 발전시켰다. 이렇게 해서 15~19세기 홍해나 인도양을 통해서 약 500만 명의 노예가 유통되었다.

유대계 포르투갈 상인의 조선인 노예

선조가 만난 흑인 병사도 동아프리카에서 인도, 마카오를 거쳐 명나라 군대에 들어가게 되었을 것이다. 이때 마카오는 포르투갈의 식민지이자 무역 거점으로서 동아시아의 대표적인 노예 마켓이었다. 포르투갈은 주요 거점을 발판으로 아프리카에서 온 노예를 동아시아에 판매하고, 아시아의 노예를 인도와 유럽 등으로 공급했다. 이때 동아시아의 노예를 마카오에 공급한 당사자는 일본이었다.

일본에는 '인상인人商人'이라고 하는, 인신매매를 전업으로 하는 상인들이 있었다. '간키의 기근(1230년~1232년)'이라고 불리는 대기근 때 생계를 위해 가장에게 가족을 판매할 수 있도록 허용한 것이 일본 인신매매의 기원이 되었다. 이는 곧 금지되기는 했지만, 이후 몇 차례 기근이 발생할 때마다 비슷한 일이 반복되었고, 이것이 포르투갈이 주도한 대항해 시대와 연결되면서 거대한 시장이 만들어졌다.

일본 나가사키에도 무역 기지를 세운 포르투갈은 일본의 인

상인으로부터 일본인 노예를 구입했고, 아프리카 노예를 판매하기도 했다. 예를 들어 도요토미 히데요시에 앞서 일본 통일을 눈앞에 두었던 오다 노부나가는 모잠비크 출신 흑인 노예에게 야스케라는 이름을 주고 부하로 삼았다. 최초의 흑인 사무라이로 기록된 그는 오다 노부나가가 혼노지[本能寺(본능사)·교토 부근의 절]에서 부하 아케치 미쓰히데에게 습격당해 죽을 때도 끝까지 남아 주군을 지켰다.

포르투갈 상인들에게 넘겨진 아시아 노예들은 전 세계로 팔려갔는데, 이 중에는 임진왜란 때 끌려간 조선인 포로들도 포함

되었다. 루시오 데 소우사 도쿄 외국어대 특임 준교수와 오카 미호코 도쿄대 사료편찬소 준교수가 쓴 『대항해 시대의 일본인 노예』에 따르면 멕시코의 재판정에 섰던 가스파르 페르난데스 하폰이라는 1577년생 일본인 노예는 자신이 일본 분고(현재의 오이타현)에서 태어났으며, 8~10세 때 유괴되어 나가사키로 끌려갔다고 진술했다. 그를 사들인 사람은 루이 페레스라는 유대계 포르투갈 상인으로, 페레스는 일본에서 마닐라로 이주했을 무렵 조선인 노예를 추가로 구입했다고 한다. 공교롭게도 그 조선인 노예의 이름도 가스파르였다. 가스파르라는 이름을 좋아했던 것일까, 아니면 동양인 소년은 모두 가스파르라고 부르기로 한 것일까. 이 페레스 가족이 마닐라에 거주했을 때 그 집에는 인도인, 일본인, 조선인 노예들이 있었다고 하니 이 무렵 글로벌 노예 시장의 상황을 잘 보여준다고 할 수 있다.

이 무렵 끌려간 해외 조선인 노예의 삶이 어땠는지는 아직 제대로 알려진 것이 없다. 다만 이를 다룬 1990년대 중반 『베니스의 개성상인』이라는 역사 소설이 크게 히트한 적이 있다. 임진왜란 때 포로로 끌려간 조선인 안토니오 꼬레아가 이탈리아 베네치아의 무역 상사에서 일하게 되어 나중에 거상으로 성장한다는 내용이다. 작가는 17세기 플랑드르의 유명 화가였던 페테르 파울 루벤스가 그린 초상화에서 영감을 받았다고 한다. 그림 속 남자는 머리를 상투처럼 틀어 올리고 관모를 쓰고 있는데 전형적인 조선인의 모습이다. 당시 일류 화가인 루벤스에게 초상화를 그리게 했을 정도면 대단한 재력가였을 것이라는 상상력이 더해진 것이다. 현재 이 작품은 미국 로스앤젤레스의 폴 게티 미술관에 소장되어 있으며 〈한복을 입은 남자*Man in Korean Costume*〉라는 제목으로 걸려 있다. 다만 학계에서는 그림 속 주인공의 국적이 조선이냐, 중국이냐 또는 루벤스가 실제로 만난 인물이냐, 가상의 인물이냐 등을 놓고 아직 뚜렷한 결론을 내리지 못하고 있다.

조선 인구의 40퍼센트는 노비

조선은 일본처럼 노예를 해외로 매매하는 일은 없었지만, 자국 내에서는 활발하게 거래했다. 수출은 없지만, 내수용 시장이 있는 셈이었다. 이를 잘 보여주는 사례가 KBS 드라마 〈추노推奴〉다. 노비는 중요한 재산이기 때문에 행여나 이들이 도망이라도 친다면 이를 잡아들이기 위해 모든 수단을 동원했다. 조선 전기 재상이던 한명회는 "노비 가운데 도망 중인 자가 100만 명"이라고 말한 적이 있는데, 노비를 잡아들이거나 노비 소송을 전담하는 장예원掌隷院이라는 국가 기관을 따로 둘 정도였다.

임진왜란 때의 의병장 김덕령도 『동야휘집東野彙輯』이라는 야담집에 노비와 관련한 흥미로운 일화 하나를 남겼다. 그는 과거 죽은 장인이 도망간 노비들을 잡으러 갔다가 살해되었다는 이야기

한국사는 없다

한복을 입은 남자 바로크 미술을 대표하는 화가 루벤스(1577년~1640년)가 1617년에 그린 그림으로 알려져 있다. 모델이 상투를 틀고 조선의 의상인 철릭을 입고 있다고 추정하여 조선인을 그린 것이라는 주장이 제기되었으나, 외교관으로 활동한 루벤스의 이력으로 볼 때 그가 교유한 중국인 관리라는 의견이 제시되기도 한다. 게티 미술관이 소장하고 있다.

를 전해 듣고는 쇠방망이를 들고 홀로 노비들의 거주지로 찾아
갔다. 복수혈전을 한바탕 벌인 그는 노비들의 재산을 모조리 빼
앗아 장모에게 가져다주면서 '백년손님'의 몫을 톡톡히 해냈다.
임진왜란의 영웅도 이렇게 평시에는 추노에 열을 올렸던 것이다.

　그렇다면 조선에서 노비는 얼마나 많았을까? 학계에서는 한
때 조선 인구의 40퍼센트 정도가 노비였을 것으로 추산했다. 조
선 인구가 1,000만 명이라면 약 400만 명이 노비였다는 것이니
굉장히 높은 수치다. 그래서 워싱턴 대학교의 제임스 팔레 같은
서양 학자들은 이런 수치를 근거로 조선을 '노예제 사회'라고 규
정했다.

　이런 상황은 비슷한 시기의 중국이나 일본과 비교해보아도
도드라진다. 중국은 10세기, 일본은 16세기 정도가 되면 노비가
사실상 사라졌기 때문이다. 반면 조선은 17세기 이후 차츰 줄어
들기는 했지만 19세기까지 공식적으로 노비가 존재했다. 하지만
한반도에 원래부터 노비가 이렇게 많았던 것은 아니다.

왜 고려 말에 노비가 급격하게 늘어났을까?

　일본 도다이지[東大寺(동대사)·나라현에 소재하는 사찰]에는 쇼소인
[正倉院(정창원)]이라는 특별한 창고가 있다. 이곳에는 일본뿐 아니
라 과거 중국, 한반도, 서역 국가 등으로부터 일본 천황가가 수

집한 미술품과 문서들이 잠들어 있다. 그런데 1933년 쇼소인에서 흥미로운 고문서 하나가 발견되었다. 조사 결과 통일 신라 시대에 작성한 장적(帳籍·호주를 중심으로 한 집에 거주하는 사람의 본적지와 이름, 생년월일 등을 기록한 공문서)으로 확인되었다. 695년 서원경(西原京·지금의 청주)의 4개 촌락에서 인구, 경제 활동 등 행정에 필요한 데이터를 수집해 기록한 문서였다. 정작 한반도에는 남아 있지 않은 이 문서에는 노비에 관해서도 중요한 기록이 담겨 있다. 460명의 주민 중 6퍼센트에 해당하는 28명이 노비로 기록된 것이다. 그래서 역사학자들은 고대 한반도에는 노비의 비율이 낮았을 것으로 추산하게 되었다.

그런데 고려 전기만 해도 별로 언급되지 않았던 노비 문제는 후기로 접어들면서 급격하게 늘어났다. '근래 양인을 억압하여 천인으로 만드는 예가 매우 많으니 해당 관리는 문건이 없거나 위조한 자를 조사하여 죄를 주라'(충렬왕 24년 정월)는 『고려사』의 기록이 대표적이다. 이렇게 양인을 압박해 천인으로 만드는 것을 압량위천壓良爲賤이라고 한다. 이런 지적이 나온 때가 충렬왕 시기라는 점은 주목할 만하다.

충렬왕 24년(1298년)은 고려가 몽골과 강화를 맺고 개경으로 환도한 지 약 30년이 지난 때였다. 고려 조정이 몽골에 항전하기 위해 강화도로 이동했던 시기에 농업 기술이 비약적으로 발달했다. 강화도에 고려 조정과 귀족들, 그 식솔들이 들어가 40년간 버티다 보니 식량 문제를 해결하기 위해 농업 생산량을 극대화하지 않을 수 없었다. 이전에는 농사를 한 번 지으면 1~2년 정도 땅을 쉬게 하면서 지력이 회복될 때까지 기다렸지만, 이제는 거름을 써서 지력을 바로 회복시켰고, 황무지를 개간하거나 논의 비율을 높이는 식으로 토지의 가치를 상승시켰다. 그러니 개경으로 돌아왔을 때 이들은 그간 눈여겨보지 않던 땅들을 보면서 "아니, 이 좋은 걸 왜 놀리고 있었지?"라는 말이 절로 나왔을 것이다. 그렇게 해서 고려에 대농장의 시대가 열렸다. 고려 후기부터 대농장을 비롯해 토지 문제가 집중적으로 거론된 배경 중 하나다.

이러한 전개는 15세기 영국의 인클로저*enclosure* 운동과도 비슷한 면이 있다. 영국에서는 중세 말부터 기후가 한랭해지면서 따뜻한 옷을 입기 위해 양모 수요가 높아졌다. 가격이 급등하자 지주들은 양을 위한 목초지를 확보하려고 공동 경작지나 미개간지에 울타리를 쳐서 자신의 소유지로 삼아버렸다. 그래서 토지를 잃은 소작인 등이 사회적 문제로 떠오르게 되었다. 결국 고려 말 토지 겸병 문제나 영국의 인클로저 운동은 모두 한랭해진 기후와 토지의 가치 변동이 불러온 사회현상이었다.

대농장의 시대

대농장을 운영하려면 노동력이 많이 필요하다. 로마 공화정

때도 라티푼티움*latifundium*이라는 대농장이 발달했는데, 전쟁을 통해 충분한 노예가 공급된 덕분에 대농장을 유지할 수 있었다. 로마는 전쟁 포로도 많았지만, 북아프리카 등 노예 시장이 발달한 지역이 주변에 있었기 때문에 노동력 확보에 문제가 없었다.

하지만 고려는 사정이 달랐다. 원나라에 종속된 처지였기 때문에 외국과 전쟁을 벌여 노예를 확보할 수 없었고, 주변에 노예를 사들일 수 있는 시장도 없었다. 중국에서는 노비 계급이 사라진 뒤였고, 일본과는 국교가 단절되어 있었기 때문에 접근할 처지가 아니었다. 그래서 결국 대농장을 경영하는 권력층은 자국 내에서 노예를 확보하는 방법을 모색했다. 고려 후기부터 노비가 급격히 증가할 수밖에 없었던 배경이다.

당시 노비를 확보하는 방식은 여러 가지가 있었다. 세력가가 땅을 빼앗아 그곳에서 농사를 짓던 양인을 노비로 만들기도 했고, 양인이 채무나 국가 세금을 피하기 위해 스스로 노비가 되겠다고 자처한 경우도 있었다. 그래서 고려 말이 되면 '말 1필=노비 2~3명'이라는 가격이 매겨질 정도로 노비의 가치가 낮아진다. 그만큼 노비 숫자가 늘어난 것이다.

학교에서 공민왕의 개혁 정치에 관해서 배울 때면 신돈이 주도해 만든 전민변정도감田民辨正都監이 어김없이 거론되었다. 권문세족이 불법으로 빼앗은 땅 또는 노비로 만들어버린 양인을 원래 상태로 되돌리는 일을 하는 기관이다. 도감都監이라는 것은 요즘으로 치면 TF나 특별 위원회로 볼 수 있는데, 이런 목적으로 도감을 만든 때는 공민왕뿐 아니라 충렬왕, 충숙왕 때 등 여러 번 있었다. 그러니까 이 문제가 고려 후기 내내 계속 주요 사회 문제로 인식되었다는 뜻이다.

조선 건국 세력의 집중과 선택

그럼에도 불구하고 고려 말 노비 문제는 조선만큼 심각하지는 않았다고 보는 견해가 있다. 근거 중 하나가 조선을 개국하기 직전인 1391년 이성계가 위화도 회군의 공적으로 받아낸 식읍을 들 수 있는데, 이곳에 사는 주민 162명 중 노비는 7명으로 약 4.3퍼센트에 불과한 것으로 나타났다. 하지만 당시 고려 사회의 노비 비율이 이 정도라면 몽골 관리들이 놀랄 이유가 없었고, 이 문제가 그렇게 이슈화되지도 않았을 것이라는 반박도 있다. 남겨진 자료가 워낙 적다 보니 어느 쪽이 맞다고 결론을 내리기 쉽지 않지만 노비 문제가 당시 토지와 더불어 큰 사회적 과제였다는 점은 분명하다.

하지만 조선 건국 세력은 노비 문제는 일단 건드리지 않고, 토지 문제에 집중했다. 여기에는 두 가지 이유가 있었다. 일단 토지 문제가 더 급했다. 당장 관료들에게 급료 명목으로 지급해야 할 토지가 없으니 당장 해결하지 않으면 안 되었다. 또 세력가들이

점유한 대농장에서는 세금을 제대로 거두지 못했으니 국가 재정을 확충하는 면에서도 시급했다.

두 번째는, 노비 문제는 조선 건국에 협조한 사대부들도 크게 반기지 않았기 때문이다. 권문세족에게서 빼앗은 토지는 고르게 분배되어 자신들에게도 돌아오게 되지만, 노비는 해방시키면 양인이 되어버릴 뿐이다. 그러니 노비 문제를 해결해봐야 사대부들에게 돌아오는 이익이라고는 없었다. 그래서 조선 개국 세력은 거창하게 토지 개혁을 주창한 것과 달리 노비 문제는 유야무야 조용히 넘어갔다. 토지 개혁은 이색, 정몽주를 중심으로 한 온건파와 조준, 정도전을 중심으로 한 강경파 사이에 첨예한 논란이 벌어졌지만, 노비 문제에 대해서는 별 이견이 없었다. 예나 지금이나 달콤한 말을 앞세우며 '개혁'을 외치는 정치인은 별로 믿을 존재가 못 된다.

양천교혼으로 노비를 늘린 퇴계 이황

조선 전기에 노비 수가 급격히 늘어났다는 사실에 대해서는 대개의 학자들이 동의하는 편이다. 왜 이 같은 변화가 일어났을까? 가장 큰 요인은 양천교혼良賤交婚이었다. 일천즉천一賤卽賤, 즉 부모 중 한 명만 노비이면 자녀도 노비가 되는 것은 고려나 조선이나 별 차이가 없었지만, 고려는 노비와 양인의 결혼 자체를 불법으로 규정하여 엄격히 막았다.

　반면 조선에서는 양천교혼의 금기가 차츰 느슨해지다가 나중에는 허용되었다. 노비를 가진 양반 입장에서는 노비와 노비를 결혼시키는 것보다는 노비와 양인을 결혼시키는 것이 노비를 늘리기 쉬웠기 때문이다. 양반들이 노비들의 양천교혼을 유도한 사례는 성리학의 대학자로 알려진 퇴계 이황이 아들에게 남긴 글에서도 찾아볼 수 있다.

　　범금范金과 범운范雲 등을 불러다가 믿을 만한 양인 중에 부모가 있는, 생업
　　을 의탁할 수 있는 자를 골라 시집을 보내고, 죽동에 와서 살게 한다면 더
　　욱 좋겠다.

_「도산전서陶山全書」

　범금과 범운이라는 여종을 양인 남성과 짝을 맺어주라는 이야기다. 그렇게 하면 이들 사이에서 태어난 아이는 또 노비로 만들 수 있기 때문에 양반들은 이런 방식을 즐겨 썼다. 덧붙이자면 이황은 300명이 넘는 노비를 거느린 지방 대지주였다. 그는 생전에 학문 못지않게 재산 증식을 위해 많은 노력을 기울인 사대부 중 한 명이었다.

　참고로 일본에도 한국의 노비와 비슷한 존재가 없었던 것은 아니다. 게닌[下人(하인)]이라 불리는 계급인데 이들도 매매·양도·

증여가 가능한 대상에 속했다. 다만 일본에서는 도요토미 히데요시가 천하를 통일한 뒤 토지 조사를 벌여 게닌층에게 토지를 지급함으로써 사실상의 노비제를 종식시켰다고 본다. 그리고 일본과 한국 사이에는 결정적인 차이가 있다. 일천즉천이 아니었다는 점이다. 가마쿠라 막부는 자유인과 게닌 사이에서 태어난 자녀는 자유인과 같은 성별일 경우 게닌으로 삼지 않았다. 쉽게 설명해서 주인 남성과 여종 사이에서 태어난 아들은 자유인 신분이 되는 것이다. 이러한 장치는 노비가 폭증한 조선과 같은 상황을 막을 수 있는 중요한 수단이 되었다.

또 다른 하나는 국가의 공인 문제다. 일본은 가마쿠라 막부 때 게닌으로 삼을 수 있는 경우에 대해 세세한 법률 조항을 제정했다. 예를 들어 '10년간 채무를 상환하지 못하면 인질로 잡힌 자녀를 채권자의 소유로 삼을 수 있다'고 되어 있는데, 10년 이내에 채무의 원금과 이자를 지불하면 반환을 청구할 수 있는 권리가 있었던 것이다. 반면 고려나 조선은 이렇게 사적 채무 관계로 노비로 삼는 것은 허용하지 않았다. 언뜻 보면 한국이 인권을 중시하는 것처럼 보이지만, 반대로 보면 법적 규정이 없다 보니 제대로 보호를 받을 수 없었다는 이야기가 된다.

조선 후기의 풍속화가 김홍도의 〈벼타작〉 김홍도는 놀고먹는 양반과 벼를 수확하는 노비 일꾼들을 대비시켜 당시의 세태를 고발하고 있다.

노비를 줄이려는 왕과 늘리려는 사대부

국가 차원에서 보면 노비가 늘어나는 상황은 손해다. 노비는 병역과 납세의 의무를 지지 않기 때문이다. 그래서 조선의 국왕들은 노비 숫자를 줄이기 위한 정책을 펴기도 했다. 대표적인 인물이 태종(3대)이다. 태종은 양인 남성과 여성 노비 사이에서 태어난 자식은 모두 양인으로 삼게 했다. 아버지의 신분을 따르게 한 것이다. 이를 종부법從父法이라고 한다. 당시 양반들 중에서는 여성 노비를 첩으로 둔 경우가 많았기 때문에 이런 조치는 노비를 줄이고 양인을 늘리는 데 도움이 되었다.

귀한 재산인 노비가 줄어들게 된 양반 관료들은 반발했다. 하지만 그동안 모범 사례처럼 끌어다 쓴 중국에서 노비제가 사라졌기 때문에 핑계가 궁색할 수밖에 없었다. 당대 석학으로 유명했던 지중추원사(조선 전기 왕명 출납을 담당한 중추원 소속의 벼슬) 권제는 "우리나라 노비의 법은 비록 중국과 공통되지 아니하오나, 예의염치의 풍속이 실로 여기서 비롯되었습니다"(『세종실록』 21년 5월 3일)라고 말했는데, 사대부들은 종부법을 실시한 탓에 '여성 노비들이 마음대로 양인 남성에게 시집을 가며 인륜을 어지럽힌다'는 구실을 내세워 종부법 폐지를 요구했다.

결국 태종이 이 법을 만든 지 18년이 지난 세종 14년(1432년)에 종부법이 폐지되었다. 세종은 장영실에게는 '은혜'를 베풀었지만 노비 전체에게는 그렇지 않았다. 이후 1485년, 성종 때 만들어진 『경국대전』에서는 '일천즉천'이 확정되었다. 즉 아버지든 어머니든 가리지 않고 어느 한쪽이라도 노비이면 자녀도 노비가 된다는 것을 법으로 명문화한 것이다. 조선의 노비 수는 다시 급증했다. 이는 병역과 세금을 담당할 양인의 숫자가 감소했다는 사실을 의미한다.

이후 노비제에 관하여 여러 차례 수정 움직임을 보이다가 순조 1년(1801년)에 공노비가 해방되면서 전환점을 맞이한다. 1886년에는 노비 세습제가, 1894년에 이르러 갑오경장으로 노비 제도가 공식 폐지되었다.

조선의 노비가 노예인가, 아니면 노예와 다른 존재였는가를 두고도 학계에서는 오랫동안 논쟁이 이어졌다. 이 문제는 서양 학자들과 한국 학자들 사이에서 시각이 다르다.

앞서 언급했듯, 제임스 팔레 교수는 "인구의 30퍼센트가 노예 라는 점에서 조선은 노예제 사회*Slavery Society*"라고 주장한 반면 이영훈 전 서울대 교수를 비롯한 한국 학자들은 노비가 양인과 결혼할 수 있다는 점이나, 주인과 떨어져 살며 일정량의 현물만 바치면 되는 납공 노비가 있었다는 점에서 과거 미국 흑인 노예나 중국과 일본에 있었던 노예보다는 자유로운 처지였다는 점을 강조한다. 납공 노비는 사실상 일반 양인과 별 차이가 없었고, 그랬기에 양천교혼이 활발하게 진행될 수 있었다는 것이다. 사실 노비가 양인보다 월등하게 비참한 삶을 살았다면, 자녀가 노비가 될 것을 빤히 알면서 노비와 결혼한 양인이 많지는 않았을 것이다. 하지만 어쨌든 매매와 상속이 가능한 재산으로 취급되었다는 점에서 노비의 신분은 일반 양인과는 분명히 달랐다.

한국사는 없다

노비의 존재는 조선이 근대 국가로 발달하기 어려운 결정적 요인이 되었다. 근대 국가로 발전하려면 산업이 발전해야 하고 산업이 발전하려면 공장이나 도시에서 일할 노동자가 필요하다. 19세기 말까지 산업 혁명에 성공한 영국, 프랑스, 미국 그리고 아시아의 일본은 신분제의 굴레를 비교적 빨리 벗어던짐으로써 산업화 단계에서 도시와 공장에서 일하는 인력을 충분히 확보할 수 있었다. 반면 조선에는 노동력 대부분이 양반 집안의 노비로 편입되어 있었기 때문에 설령 자본가가 있더라도 노동자를 구할 수 없었다. 공장을 짓기 어려운 이유였다. 월급을 받는 노동자가 없으면 사회 전체 구매력도 떨어진다. 구매력이 떨어지면 상업 발달에도 한계가 있다. 노비 문제는 조선이 20세기 초 망할 때까지 농업 국가에서 벗어나기 힘들게 만든 큰 이유였다.

10장

대항해 시대, 조선과 일본의 위치가 뒤바뀐 결정적 사건

팍스 몽골리카 이후 세계정세의 급격한 변화

1990년대 후반 뿌옇게 밝아오는 새벽녘에야 비로소 이불을 덮은 적이 하루 이틀이 아니었다. 당시 열풍이 불었던 PC 게임 〈대항해 시대〉에 푹 빠져 있었던 탓이다. 일본 코에이가 만든 이 게임은 지리상의 대발견이 이루어진 15~16세기를 배경으로 전 세계를 오가며 각지의 특산품으로 해상 무역을 하는 것이 기본 골격이다. 그때까지만 해도 '게임은 아이들이 하는 것'이라는 인식이 강할 때라서 당시 신문에서는 대학생과 직장인들이 이 게임으로 밤을 새고 수업과 업무에 집중하지 못한다는 신 풍속도를 크게 다룰 정도였다. 나 역시 게임에 몰두하던 대학 1학년 때 학점 1점대를 기록했다.

이 게임의 인기 비결 중 하나는 시대상에 대한 철저한 고증이었다. 예를 들어 게임 속 중국에서는 항구에 도착하면 병사들이 딱 둘러싸면서 이방인에게는 교역이 허가되지 않는다고 경고한다. 밤에만 교역이 가능했기 때문에 중국(명나라)에 도착하면 교역이 불편해졌다(《대항해 시대 2》). 명나라가 해금海禁 정책을 썼다는 역사적 사실을 반영한 것이다. 그래서 명나라에서는 밤에 밀무역을 할 수밖에 없었다.

명나라의 폐쇄적 무역 시스템

실제로 명나라는 특이한 교역 시스템을 운용했다. 원나라를 몰아내고 중원의 주인이 된 이들은 이전의 자유 무역 시스템을 폐지하고, 자신들이 짠 조공 질서에 편입된 국가에만 무역을 허용했다. 그러니까 명나라와 무역을 하고 싶은 나라는 울며 겨자 먹기로 조공국이 되는 수밖에 없었다. 이때부터 중국 왕조와 무역을 할 기회는 오로지 명나라가 허락한 사신을 보낼 때뿐이었다. 이전 원나라 때 보초라는 화폐를 이용해 어디서나 자유롭게 무역을 했던 경제 환경과 비교하면 엄청난 변화였다.

조선이 고려와 달리 무역에 소극적이고 폐쇄적인 경제 시스템을 운영했다고 비난받지만, 사실 불가피한 측면이 있었다. 중국이 이렇게 문을 닫아버리면 도리가 없다. 고려가 지속되었더라도 명나라의 정책 아래에서는 뾰족한 수가 없었을 것이다. 당시 고려의 교역 대부분을 차지한 것이 대중국 무역이었기 때문이다.

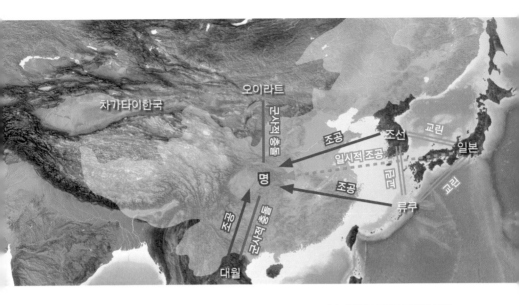

명나라의 대외 관계 오이라트oirat는 몽골계 부족으로 원이 쇠망한 뒤 몽골 지역을 지배하며 명나라와 충돌했다. 차가타이한국은 원나라가 중앙아시아로 확장하면서 탄생한 몽골계 국가로, 역시 명나라와 적대적인 관계였다. 대월은 오늘날의 베트남에 세워진 왕조 국가이며, 명의 건국 초기에는 적대적이었으나 후에 조공국의 지위를 획득했다.

고려는 조선으로 넘어가기 전까지 명나라와 약 20여 년 정도 공존했는데 이때 이미 고려의 무역 시스템도 명나라의 조공 무역에 맞춰 바뀌고 있었다.

주원장이 해금 정책을 쓰는 바람에 고려의 무역로는 해로에서 육로로 바뀌었다. 상인들의 해상 왕래는 감소했고, 고려의 무역 중심지도 기존 예성항에서 서북쪽의 국경 지대로 옮겨졌다. 무역 규모 역시 줄어들었다. 수레로 실어 나를 수 있는 물동량은 배와 비교가 되지 않기 때문이다. 게다가 명나라는 민간 무역도

엄금했기 때문에 여러모로 고려 왕실과 지배층의 호주머니가 얇아졌고, 조공 무역에 더욱 의존할 수밖에 없게 되었다.

조공 외교의 이면

명나라는 고려를 고분고분하게 길들이려고 조공 문제도 이용했다. 조공을 3년에 한 번만 하도록 조정한 것이다. 조공 횟수를 줄이면 좋은 것 아닌가 싶겠지만, 앞에서 설명했듯이 현실은 그렇지 않았다. 이미 고려 사회는 중국의 고급 비단 등 사치품에 익숙해져 있었고, 그동안 왕실을 비롯한 고려 지배층은 이 무역에 참여해 이익을 누리고 있었다. 그런데 명나라는 사신을 보낼 때만 무역을 허가했기 때문에 더욱 이에 매달릴 수밖에 없었다. 당시 중국에서 "고려 사람들은 사대事大를 구실로 무역하러 왔을 뿐"이라고 빈정댈 정도로 조공을 통한 무역에 적극적이었다. 이런 상황에서 중국이 조공 횟수를 줄여버리면 고려 지도층은 돈줄이 마르게 된다. 명나라는 이런 약점을 정확히 파고든 것이다.

결국 고려의 거듭된 요청으로 명나라에 사신을 보내는 횟수를 1년 3회로 다시 조정했다. 하지만 명나라를 상대로 한 고려의 외교는 매우 위축될 수밖에 없었다. 언제 조공 횟수를 줄일지 모른다는 두려움 때문에 명나라의 요구에 뻣뻣하게 굴기 어려웠다. 명 개국 초기에 첫 단추가 이렇게 끼워지자 이후 외교 관계는 계속 일방적으로 흘렀고, 이런 상황은 조선에도 그대로 이어졌다. 다시 말해 무역 시스템이 조선에 이르러 갑자기 위축되거나 달라진 것이 아니다. 고려 말부터 이어진 흐름이었다고 보는 게 타당하다. 그리고 대중 외교 역시 원나라 때부터 정상적인 국가 관계라고 보기 어려웠다. 원나라의 허가 없이는 할 수 있는 것이 거의 없었다. 명나라가 들어선 뒤에도 이러한 상황을 극복하지 못했던 것이다. 고려가 과거 송, 요, 금 등을 상대로 국익을 앞세워 실리 외교를 펼쳤던 일은 옛이야기가 되었다.

예전에는 중국에 조공하는 것을 두고 우리가 일방적으로 수탈을 당하는 것이라 배웠다. 하지만 그렇게 규정지으면 명나라가 조공을 줄이려 하고, 고려나 조선이 조공 횟수를 늘리려 했던 사실을 설명할 수 없다. 물론 명나라가 요구하는 조공품을 마련하는 것은 만만치 않았을 것이다. 하지만 명나라도 조선에서 사신을 받는 것이 부담스럽기는 마찬가지였다. 명나라는 조공품을 받으면 이에 대한 답례로 희사품을 내렸는데, 대체로 조공품의 값어치를 넘어섰다. 천자로서의 자존심이 작용했기 때문이다. 따라서 이 기회를 이용한 무역으로 상당한 이익을 챙길 수 있었던 것이 조공 외교의 실상이다.

첨언하자면 주원장이 바다를 막아버린 이유는 크게 두 가지였다. 하나는 원나라 이전으로의 회귀다. 주원장은 원나라 시절 자유 무역 시스템을 통해 몽골족을 비롯해 색목인이라 불린 다

양한 민족이 중원에 들어와 부를 쌓고 상업이 번성한 것을 혐오
했다. 상공업 대신 농업 국가로 다시 돌아가야 한다고 본 것이다.
이런 면은 조선의 성리학자들과 크게 다르지 않다. 한랭화로 인
해 농업 생산력이 급감하면서 갖게 된 위기의식도 작용했다. 이
때 한국과 중국의 관료 사회에서는 '반反 자유 무역' 같은 흐름이
강하게 작용했던 것이다. 주원장이 바다를 막아버린 또 다른 이
유는 해상 무역 세력이 반란군으로 이어질 가능성을 차단하기
위해서였다. 원나라 말기에 강력한 반란 세력인 방국진, 장사성
등은 해상 무역으로 세력을 확장했다. 나라를 안정시키기 위해서
는 지방 세력이 자라면 안 된다고 본 것이다. 이것은 고려 왕실이
민간 무역을 막았던 사실을 떠올리게 한다.

이와미 은광

미국의 경제사학자 이매뉴얼 월러스틴이 주창한 '세계 체제'
이론에 따르면, 16세기 유럽에서 창출된 자본주의 등 근대 문명
이 전 세계로 확산되면서 전 세계가 하나의 경제 체제로 묶이기
시작했다. 월러스틴은 대항해 시대에 아시아로 진출한 유럽의 역
할을 강조했지만 최근에는 그에 앞서 '팍스 몽골리카'에 의해 유
라시아에 거대 경제권이 형성되었다는 시각이 우세하다. 하지만
14세기 기후 변화와 지방 반란으로 '팍스 몽골리카'가 붕괴하자

한국사는 없다

세계 시장도 다시 제각각 떨어져 나갔다. 팍스 몽골리카의 질서로 유지된 중앙아시아 등 유럽과 아시아를 엮어주던 중간 지대에 많은 세력이 난립했기 때문에 더 이상 무역로의 안전이 보장될 수 없었다. 달러처럼 공동 화폐로 쓰였던 지폐(보초)도 더 이상 통용되지 않게 되었다.

이때부터 세계 시장을 다시 연결한 것은 초원이 아닌 바다였다. 바다는 주인이 없기 때문에 풍랑 같은 자연재해만 피한다면 육로보다 안전이 보장되었다. 무역품의 수송량도 선박 쪽이 훨씬 많았다. 이렇게 대항해 시대가 개막된 것이다. 그리고 보초가 사라진 무역망을 묶은 매개체는 은銀이었다. 은은 월러스틴의 '세계 체제'를 설명할 때도 유용한 도구다. 스페인이 경영하던 남아메리카 포토시(Potosi·현재의 볼리비아 남부에 위치한 도시) 은광에서 캐낸 은은 식민지인 필리핀으로 실려 왔고, 유럽인들은 이 은으로 중국에서 비단과 도자기 등을 구입해 유럽에 공급했다. 그리고 중간 기착지인 인도네시아(향료), 인도(면직물), 아프리카(상아)에서도 좋은 거래가 활발하게 이루어졌다.

이 거대한 흐름에서 명-조선-일본도 떨어져 있지 않았다. 은 덕분이었다. 조선 연산군 때 연은분리법(또는 회취법·은광석에서 순수한 은을 추출하는 기술)이라는 혁신적인 은 추출법이 개발되었다. 그런데 정작 빛을 본 당사자는 일본이다. 1533년 연은분리법이 일본으로 유출되면서 일본의 은광 개발을 촉진했고, 이와미 은광은 남아메리카의 포토시 은광에 이어 세계에서 두 번째로 은을 많이 생산해냈다. 이러한 상황이 대항해 시대의 흐름과 맞물리면서 동아시아 경제에 거대한 움직임을 일으켰다.

당시 세계에서 은을 가장 필요로 하는 나라는 명나라였다. 명은 15세기 중반부터 현물 대신 은으로 세금을 납부하도록 했기 때문이다. 이로 인해 은의 수요가 급증했지만, 국내 생산만으로는 수요를 따라잡을 수 없었다. 이런 절묘한 상황에 일본에서 은 생산이 폭발했다. 그러니 중국의 비단과 도자기를 일본의 은과 맞바꾼다면 양쪽 모두에게 더할 나위 없이 좋은 상황이었다. 하지만 정치가 경제의 발목을 잡았다.

임진왜란은 경제 전쟁?

명나라가 만든 조공·책봉 체제는 경제와 외교를 묶은 독특한 시스템이었다. 명나라는 책봉을 받은 나라만 조공을 통해서 무역을 할 수 있게 했다. 조공을 자주 보낼수록 무역 기회가 많아지고 돈을 벌 수 있기 때문에 조공 횟수는 외교적 특권이기도 했다. 이렇게 사신을 통한 무역을 사행使行 무역이라고 한다.

조선은 공식적으로 1년에 3번 사신을 파견할 수 있었다. 신년에 가는 정조사正朝使, 황제의 생일에 파견하는 성절사聖節使, 황태자의 생일을 축하하는 천추사千秋使다. '사신 파견＝무역 기회'였기 때문에 이외에도 다양한 명목으로 사신을 보냈다. 중국 황제에게 감사할 일이 있을 때 보내는 사은사謝恩使, 특별한 요청을 하기 위한 주청사奏請使, 황제의 등극처럼 축하할 일이 있을 때 가는 진하사進賀使 등이다.

그에 비해 조선처럼 조공·책봉 체제에 적극 참여하지 않은 일본은 10년에 1번만 사신 파견이 허용되었다. 사행 무역의 기회가 조선의 수십 분의 일에 불과했던 것이다. 은은 있는데 중국과 충분히 거래할 수 없으니 일본 입장에서는 불만이 컸다. 돈이 있는데도 가게에서 물건을 안 팔겠다고 하니 얼마나 짜증이 났겠는가. 그래서 각종 불법 무역이 성행할 수밖에 없었고, 때로는 극단적인 폭력을 동원하기도 했다. 왜구가 명나라 때 극성을 부린 것도 이런 배경이 있었다. 여기에는 해금 정책으로 타격을 입은 중국 상인들도 대거 가담했다.

혹자는 조선과 일본을 비교하면서 조선이 일본에 대해 해금 정책을 쓴 것이 잘못되었다고 하지만, 이러한 해석은 당시의 무역 질서에 대한 이해가 부족하기 때문이다. 조선은 조공 무역을 통해 중국이라는 거대한 시장을 확보했다. 이와 함께 명나라라는 든든한 뒷배를 두고 안보를 보장받았다. 그 대가로 다른 나라와의 자유 무역을 포기한 것이다. 임진왜란 때 일본에 당한 수모를 떠올리면서 조선이 명나라의 체제에 속한 탓에 허약해진 것이 아니냐고 반론을 펼 수 있겠지만, 어쨌든 조선은 개국(1392년)부터 임진왜란(1592년)까지 200년 동안 안정을 누렸다. 이런 상황은 결코 밑지는 장사가 아니었다.

반면에 명나라로부터 조공 기회를 얻지 못한 일본은 필연적으로 해외 시장 진출로 눈을 돌릴 수밖에 없었다. 명나라가 해로를 차단한 상황에서 해양 국가인 일본이 대체 시장으로 생각할 수 있는 선택지는 동남아시아였고, 그 지역을 대상으로 왕성한 무역 활동을 벌였다. 결과적으로 일본의 선택이 옳아 보여도 그것은 당대 각자가 처한 환경에 대한 적응 과정이었을 뿐이다. 즉 조선과 일본의 선택은 지정학적 차이, 조공 질서에 대한 처지 등이 작용한 것이다. 이를 두고 조선이 해금 정책을 펼쳤다고 비난하는 것은 현재의 시각에서 당대를 재단하는 것에 불과하다. 활발한 무역을 벌였던 고려조차도 중국 외에는 해외 시장이 없었다는 점을 간과해서는 안 된다. 한반도 국가는 중국 이외의 시장을 개척할 만큼 물산이나 수풀품이 풍부하지도 않았다. 물론 조선과 달라진 현재의 대한민국은 이때를 반면교사 삼아 다른 선택을 할 수 있다. 이것이 역사를 통해 현재를 보는 지혜다.

동남아시아 시장을 개척했지만 일본은 여전히 중국 시장을 원했다. 도요토미 히데요시가 임진왜란을 일으킨 이유 중 하나가 경제였다. 히데요시는 해안 지역 다이묘들이 밀무역으로 막대한 부를 쌓는 것이 불안했다. 그래서 지방 다이묘들의 무역을 엄격히 제한하면서 명나라에 정식 무역을 제안했다. 하지만 명나라는 조공·책봉 체제를 이탈한 일본과 무역을 할 필요를 느끼지 못했다. 명나라에게 무역이란 경제보다는 외교·안보의 수단이었다. 이런 마찰은 히데요시로 하여금 전쟁을 부추기는 요인이 되었다.

명나라와 마시馬市를 통해 교역한 몽골도 마찬가지였다. 몽골은 교역 규모를 확대하고자 했지만, 과거 몽골의 지배를 받은 명나라는 이런 요구를 들어주지 않았다. 이쪽도 충돌할 수밖에 없었다. 그래서 이 시기 북쪽과 남쪽에서 압박을 받은 명나라의 상황을 북로남왜北虜南倭라고 표현하는데, 궁극적으로는 경제적 마찰이 원인이었다. 그러니까 이들은 명나라 조공 시스템의 '문제아'였던 것이다. 그에 비해서 조선은 '모범생'이었다. 명나라에 사신을 보내는 기회를 가장 많이 얻을 수 있었던 것도 무역 문제로 폭력 사태를 일으키지 않기 때문이다.

중국은 왜 바다에서 철수했나?

세계사의 오랜 미스터리 중 하나가 중국이 바다에서 철수한 일이다. 영락제의 지원을 받은 정화(鄭和·1371년~1434년?)는 1405년과 1433년 사이에 7번의 대항해를 행했다. '정화의 대원정'이라고 부르는 사건이다. 이들은 인도를 지나 아라비아반도와 아프리카 동부까지 진출하면서 그 일대에 강력한 영향력을 확보할 수 있었다. 그런데 1433년 이후 이들은 어렵게 진출한 해양에서 철수했다. 그리고 포르투갈의 바르톨로메우 디아스가 인도 항로를 개척하기 위해 아프리카를 돌아 인도에 나타난 것이 1488년이다. 반세기 동안 명나라가 침묵하는 사이 포르투갈이 빈자리를 차지한 것이다. 그렇게 해상 무역의 축도 아시아에서 유럽으로 넘어갔다.

당시 중국의 최대 안보 위협은 몽골이 버티고 있는 북방이었다. 수도 베이징은 만리장성 바로 아래에 있었고, 과거 몽골에 실제로 지배당한 적도 있었기에 북방을 방비하는 데 세금의 상당량을 투입할 수밖에 없었다. 이런 와중에 남쪽의 해양 진출에 계속해서 대규모 예산을 편성하기란 어려웠다. 또한 포르투갈이나 스페인에게 해양 진출이 나라를 살리기 위한 간절한 돌파구였다면, 중국에게 해양 진출은 꼭 필요한 일이 아니었다. 중국은 자급자족이 가능한 나라였기 때문이다. 정화의 대원정도 굳이 따지면 명나라의 위상을 위한 과시용에 가까웠다.

북방의 긴장은 중국의 은을 빨아들이는 블랙홀 같았다. 전국에서 은이 부족해졌고, 남쪽 해안에서는 은의 밀무역이 성행했다. 중국에서는 금과 은의 교환 비율이 1 대 6이었지만, 일본에서는 1 대 12였다. 즉 일본은 은이 훨씬 쌌다. 중국의 절반 가격이었다. 그래서 스페인이나 포르투갈 무역상들은 일본에서 은을 사서 중국에서 금과 교환하는 방식으로 막대한 시세 차익을 남길 수 있었다. 이를 본 일본도 밀무역에 나섰다. 16세기 후반 중국으로 유입된 은은 2,100~2,300톤 정도인데 일본산 은이 1,200~1,300톤 정도였다고 한다. 이익이 짭짤했으니 위험을 무릅쓸 여건이 만들어진 것이다.

조선에서 탄생한 연은분리법이 일본으로 넘어간 것이 1533년이다. 5년 뒤 일본은 조선 정부와 거래할 무역품으로 은철銀鐵 315근을 가져왔다. 기록상 일본이 무역품으로 은을 가져온 것은 이때가 최초다. 그만큼 은이 풍부해진 것이다. 이후 일본은 은을 대규모로 조선으로 가져와 거래했는데, 얼마나 많이 유통이 되었는지 조선의 은 가격이 폭락했다. 1538년 은 1냥 당 면포 4필이던 것이 4년 뒤인 1542년에는 은 1냥 당 면포 반 필로 그 가치가 8분의 1로 뚝 떨어졌다.

이렇게 조선으로 들어온 은은 다시 조선의 대중국 무역 자금으로 이용되었다. 세계 2위의 생산량을 자랑하던 이와미 은광의 막대한 은이 조선을 거쳐 중국으로 들어가면서 동아시아 무역에 활기를 불어넣은 것이다. 그것을 촉발한 것은 조선의 노비와 양인이었다.

"납 한 근으로 은 두 돈을 불릴 수 있습니다"

양인 김감불과 장례원 소속 노비 김검동이 아뢰기를 "납 한 근으로 은 두 돈을 불릴 수 있습니다. 무쇠 화로나 냄비 안에 매운 재를 둘러놓고 납을 조각조각 끊어서 그 안에 채운 다음 깨어진 질그릇으로 사방을 덮고 숯을 위아래로 피워 녹입니다." 하니 전교하기를 "시험해 보라." 하였다.

_『연산군일기燕山君日記』 연산군 9년 5월 18일

『조선왕조실록』에 이례적으로 남은 화학 실험의 현장이다. 납으로부터 은을 분리해내는 기법과 과정이 자세히 기록되어 있다. 훗날 연은분리법 또는 회취법이라고 명명된 이 방법은 금속의 녹는점을 이용해 은을 추출하는 방식이다. 은광석(은이 포함된 광석)과 납을 섞어 태워 혼합물(함은연)을 만들고, 이것을 다시 가열해서 녹는점이 낮은 납이 재에 스며들게 하여 순수한 은만 획득하는 방식이다.

이전까지는 은광석을 며칠이고 가열해 남은 재에서 순수 은을 걸러내는 고대 기술을 그대로 따랐기 때문에 땔감을 많이 잡아먹었다. 무엇보다 이에 들인 노동력과 시간을 비교하면 은의 생산량이 그다지 많지 않았다. 반면 금속의 녹는점을 활용한 연은분리법은 적은 노동력을 들이고도 더 많은 생산이 가능했으니 마법과도 같은 신기술이었다.

양인과 노비가 개발한 기술이 『조선왕조실록』에 상세히 남겨진 것은 국왕이 관람했기 때문이다. 연산군은 조선에서 사치를 장려한 유일한 군주였다. 나중에 연산군을 쫓아낸 반정 세력은 연산군의 죄상 중 하나로 "사치와 화려함이 극도에 달하였다"고

한국사는 없다

꼽았다. 그런 연산군이니 은을 만든다는 '연금술'에 솔깃했던 것도 당연하다. 연은분리법 시연을 본 연산군은 "이제 은을 넉넉히 쓸 수 있다[銀可足用(은가족용)]"며 흡족해했다. 그리고 닷새 뒤 조선 최대의 은광이 있었던 함경도 단천에서 연은분리법으로 은을 캐도록 지시했다.

하지만 중종반정으로 연산군 시대가 막을 내리자 은광도 표적이 되었다. 반정 이듬해에는 연은분리법을 금지하는 방안을 검토해보라는 왕의 지시가 내려졌다. 그동안 은광 개발로 호황을 누렸던 관계자들에게는 날벼락 같은 소식이었다.

일본에서 넘어온 막대한 은

중종이 은광 개발을 막고 한 세대가량 지난 1542년(중종 37년), 조선 조정은 큰 충격에 빠졌다. 일본 사신이 무려 8만여 냥(3,200kg)의 은을 가져와 무역을 요구한 것이다. 값을 치르려면 면포 9천여 동(45만 필)을 내줘야 하는 전례가 없는 막대한 양이었다. 참고로 단천 은광의 1년 생산치가 1,000냥을 넘지 않았다.

이후 『중종실록中宗實錄』을 보면 일본에서 들어온 은이 도성 시전에 가득 찰 정도라거나 일본 상인들이 은을 대거 가져와서는 무역을 요구한다는 보고가 연이어 올라온다. 조정에서도 전례가 없는 일이라며 당황했다. 그런데 50년 전만 해도 상황은 정반대였다. 오히려 일본 사신들이 조선에 은을 요구하는 경우가 대다수였다. 15세기 후반만 해도 일본은 후추 같은 특산품을 바치며 조선에 인삼, 호랑이 가죽 등과 함께 은을 요청하고는 했다. 그렇다면 이 막대한 일본 은의 출처는 어디였을까?

> 왜인과 서로 통하여 연철을 많이 사다가 불려서 은을 만들고 왜인에게 그 방법을 전습한 일은 대간이 아뢴 대로 국문하라. 서종은 비록 무반武班 사람이라 해도 벼슬이 판관에 이르러 무식하지 않다. 또 불려서 은을 만드는 일은 사람마다 하는 일이 아니요, 반드시 장인匠人이 있고 난 뒤에라야 할 수 있는 것인데, 그 집에 장인이 있고 없는 것을 알 수가 없다. 다만 증거가 없고 형벌을 한 번 받고 병이 났으니 또 재차 형벌을 가하면 죽을까 걱정이다.
>
> _『중종실록』 중종 34년 8월 19일

중종 34년(1539년) 8월 조정을 발칵 뒤집은 사건이 벌어졌다. 유서종이라는 종4품 판관이 일본인들을 끌어들여 연은분리법 기술을 유출했다는 내용이었다. 여기서 흥미로운 점은 유서종이 불과 2년 전에는 의주 판관으로 재직했다는 점이다. 명나라와 국경을 맞댄 상업 도시 의주는 은의 집결지이기도 했다. 관가에서 평판이 좋지 않은 것을 보면 유서종은 은광 같은 이권 사업에 손을 대고 있었던 것 같다. 확실한 것은 의주에 있던 그가 일본과 가까운 김해로 이동하자 연은분리법을 일본으로 넘기려 했다는

한국사는 없다

것이다. 그런데 이 같은 시도를 한 이가 유서종뿐만이 아니었다.

연은분리법, 일본에서 꽃을 피우다

일본 시마네현에 있는 이와미 은광은 2007년 유네스코 세계문화유산으로 등록되었다. 기록에 따르면 1526년 하카타의 상인 가미야 히사사다가 본격적으로 개발했고, 조선에서 경수慶寿와 종단宗丹이라는 두 기술자를 초청해 연은분리법을 습득하는 데 성공했다고 한다. 중종반정의 영향이었는지 몰라도 많은 기술자들이 조선을 떠나 일본으로 넘어가 은 제련 기술을 전수했다. 덕분에 일본의 은광 산업은 비약적인 발전을 이루었다.

이와미 은광에서 나는 은광석에는 납이 다량으로 섞여 있었기에 연은분리법은 하늘이 내린 선물과도 같았다. 17세기에 이르러 일본은 세계 은 생산량의 3분의 1을 캐냈는데 이와미 은광은 볼리비아 포토시 은광에 이어 세계 제2의 은 생산지로 꼽혔다. 전국 시대에 치열하게 경쟁하던 일본 다이묘들에게 은광은 큰 자산이었다. 이와미 은광은 1584년 도요토미 히데요시에게 넘어갔는데 여기서 생산된 은은 군자금으로 요긴하게 쓰였다. 일본에 온 포르투갈 상인들은 은을 받고 총포나 무기를 팔았고, 이것들은 임진왜란 때 일본군의 주력 무기가 되었다.

전국 시대(1467년~1573년) 이전인 무로마치 막부 시대만 해도 대외 진출에 소극적이던 일본이 임진왜란 때는 무려 30만 대군을 일으킬 수 있었던 것도 막대한 은이 생산되었기 때문이다. 조선이 개발하고도 외면한 연은분리법이 임진왜란을 가능하게 만든 한 요인이 되었다는 사실은 역사의 아이러니라 하지 않을 수 없다. 임진왜란 이후에도 일본의 은은 중국(비단)-조선(인삼)-일본(은)의 삼각 무역 체제를 활성화시키며 16~17세기 동아시아 상업 발달을 부채질했으니 조선의 한 양인과 노비의 손에서 시작된 나비 효과가 이토록 대단했다.

그런데 조선과 일본에 은 열풍을 일으킨 연은분리법을 개발한 김감불과 김검동이 어떤 대우를 받았는지 궁금해진다. 연산군 앞에서 신기술을 선보인 그들이 어떤 생애를 살았는지는 이후 어떤 기록에서도 찾을 수 없다.

연산군의 사치를 조장했다는 이유로 반정 세력에게 처벌받지는 않았을까? 중종반정 직후 은광 개발이 중단된 일이나, 반정 이듬해에 연은분리법에 대한 금지를 논의했다는 사정을 고려하면 두 사람이 편히 살기는 어려웠을 것 같다. 어찌 되었든 세계적인 화학자 또는 연금술사로 이름을 남길 수도 있었던 두 인재가 제대로 대접받지 못했다는 것만큼은 확실하다. 어쩌면 일본으로 넘어갔다는 '경수'와 '종단'이 이들은 아니었을까?

인삼은 누구의 특산품인가?

대항해 시대가 개막했을 때 중국은 도자기와 비단, 차를 팔아 유럽과 일본으로부터 막대한 양의 은을 빨아들였다. 그리고 이렇게 벌어들인 은의 일부는 인삼 값으로 만주로 흘러들어갔다. 명나라는 이 지역의 안정을 위해 군사비로도 많은 은을 썼지만, 여진족을 달래기 위한 교역을 하면서 많은 은을 소비했다. 일본에서 조선을 거쳐 중국으로 들어간 은이 누르하치와 후금을 일으키는 자금원이 된 것이다. 이때 명나라가 후금과 교역한 주요 상품은 인삼이었다.

한국에서는 인삼이 고려-조선만의 특산품이라고 인식하는 경향이 있는데, 사실은 다르다. 북위 30~48도 사이에서 자라는 인삼은 백두산, 지린성(길림성), 헤이룽강(흑룡강) 일대, 러시아 연해주 인근 및 한반도 전역에서 발견된다(같은 위도상에 있는 미국 북동부 애팔래치아산맥에서도 산삼을 찾을 수 있다). 그래서 고려 시대 만주를 차지했던 거란, 여진 등도 인삼을 채취해 중요한 상품으로 거래했다.

문제가 복잡해진 것은 임진왜란 이후, 여진족이 누르하치에 의해 후금으로 통일되면서다. 이전까지 백두산은 물론 만주 일대는 조선인, 여진족, 중국인이 비교적 자유롭게 드나들며 인삼을 채취하던 지역이었다. 그러나 누르하치는 이곳에 나라를 세운 뒤 강력하게 통제했다. 신생 국가를 유지하려면 돈이 필요했고, 누르하치는 인삼의 가치에 주목한 것이다. 후금이 인삼을 얼마나 중요시했는지는 누르하치의 성장 일화에서도 알 수 있다. 누르하치는 계모 슬하에서 학대받다가 집을 떠나 백두산에 들어갔는데, 이때 인삼을 채취하면서 부를 축적했다고 한다. 누르하치의 행적을 담은 『태조고황제실록太祖古皇帝實錄』에 따르면 인삼을 쪄서 말리는 법을 개발한 이도 누르하치라고 나온다.

이들은 인삼을 팔아 벌어들인 돈으로 신생 국가의 밑천을 마련했다. 누르하치 자신도 "진주, 인삼, 담비 가죽 등 진귀한 물건을 중국과 교역한 덕분에 나라와 백성이 부유해졌다"고 만족스러워했다. 인삼은 후금이 명나라와 무역할 수 있는 중요한 물자였고, 중국에서는 후금 인삼과 조선 인삼이 경쟁 관계였다. 같은 서해에서 고기를 잡아도 중국 어선이 잡으면 '중국산', 한국 어선이 잡으면 '한국산'이 되는 것처럼 인삼도 백두산과 만주 일대에서 서로 넘나들며 캐고 팔았다. 이러다 보니 인삼은 양국 관계에 민감한 이슈이기도 했다.

병자호란이 일어나기 3년 전(1633년), 후금(청)의 홍타이지는 조선 국왕 인조에게 "귀국은 옛날의 맹약을 저버리고 몰래 우리 땅에 들어와 수렵하고 인삼을 캐어가고 있습니다. 귀국의 땅에 비록 담비가 많아도 우리가 한 번이라도 경계를 넘어간 적 있습니까?"라며 만주에서 인삼을 캐는 조선인 문제를 강력하게 항의했다. 병자호란 때 인조의 항복을 받아낸 홍타이지는 인삼 교역을 완전히 금지했고, 조선에 인삼을 공물로 요구하지 않았다. 오히려 중국 왕조 중에서 처음으로 조선 국왕에게 선물로 인삼을 보내기도 했다. 그것은 여진족 또한 인삼에 대해서 자신들의 특산품이라는 자부심을 갖고 있었음을 보여준다.

중국 대신 일본으로

17세기는 명나라 수출에 맞추어 인삼 재배가 확대되던 차였기에 청나라(1616년 누르하치가 여진족을 통일하고 세운 후금은 명나라와 대치하는 가운데 1636년 국호를 청으로 고쳤다)가 인삼 교역을 완전 중지시킨 것은 조선으로서는 큰 위기였다. 조선 입장에서 보면 가장 큰 인삼 시장을 잃은 셈이었다. 그래서 조선 정부는 중국 대신 일본 시장을 개척하기로 했다. 이때까지 인삼의 대일 무역은 공식적으로는 금지되어 있었고, 밀무역 정도로 거래되고 있었는데, 왜관에서 인삼 교역이 공식적으로 허가되었다. 임진왜란 이후 『동의보감東醫寶鑑』 같은 의학서가 소개되면서 일본에서는 인삼 열풍이 불었다. 18세기 초가 되면 일본은 조선 인삼을 수입하기 위해 '인삼대왕고은人蔘大王高銀'이라는 특수 은화를 제작할 정도였다.

여기에는 나름의 사정이 있었다. 일본 정부는 은의 유출이 심각해지자 은화에서 은의 함유량을 점점 낮추기 시작했다. 1711년에는 순도 20퍼센트에 불과한 저질 은화가 나올 정도였다. 그러자 조선은 인삼 대금으로 이런 저질 은화를 받을 수 없다며 결재

| 인삼대왕고은

를 거부했다. 인삼대왕고은은 일본이 조선에서 인삼을 사기 위해 순도 80퍼센트로 제작한 특별 은화였다. 이처럼 인삼은 일본의 은을 조선으로 흡수하는 주요 상품인 동시에 조선-일본-중국을 연결하는 주요 매개체가 되었다.

위에서 말한 게임 〈대항해 시대〉에도 이 같은 역사가 반영되어 있다. 한양의 특산품은 인삼인데, 중국(항저우)이나 일본(나가사키)에 가져가 팔면 큰 이익을 남길 수 있다. 반대로 나가사키에서는 은을 저렴하게 구입해 조선과 중국에서 비싸게 팔 수 있다. 중국에서는 견직물(비단)을 사서 일본에 팔면 좋다. 그러니까 일본(은 구매) → 조선(은 판매, 인삼 구매) → 중국(인삼 판매, 비단 구매) → 일본

(비단 판매, 은 구매) 루트를 반복하면 짧은 시간에 큰돈을 벌어들일 수 있다.

아쉬운 점이 있다면 게임과 달리 이방인은 한양에 정박해 인삼을 사들일 수도, 은과 비단을 팔 수도 없었다는 것이다. 일본이 나가사키에 데지마라는 인공 섬을 만들어 포르투갈, 네덜란드와 교역하면서 세계가 돌아가는 상황을 파악했던 것과 달리 조선은 문을 꽁꽁 걸어 잠갔다. 일본은 은을 통해 포르투갈인들과 교역하며 조총 등을 수입한 뒤 군사력을 키워 임진왜란을 일으켰다. 이후에는 네덜란드에 문을 열고 이들로부터 세계의 동향을 담은 「풍설서風說書」라는 보고서를 주기적으로 받았다. 반면 조선은 비록 일본으로부터 은을 들여왔어도 사회에 미치는 충격이나 변화는 미미했다. 이렇게 들어온 은은 중국에서 비단이나 붓, 약재 등 양반의 기호에 맞춘 사치품을 사들이는 데 활용되었을 뿐이다. 바다와 단절된 조선은 결국 세계가 변화하는 흐름을 맞추지 못한 채 뒤처졌다.

기후 재앙을
이겨낸
한국사의
숨은 영웅

소빙기가 연출한 병자호란과 대동법

우리 역사 최초의 야담집 『어우야담於于野譚』으로 잘 알려진 유몽인은 1611년 5월 지리산에 올랐다가 기이한 경험을 했다. 얼음이 여전히 녹지 않은 채 남아 있었던 것이다. 음력 5월이면 양력으로는 6월에 해당하는 초여름이다. 유몽인은 초여름에 얼음을 본 것이 퍽 인상적이었는지 저서 『어우집於于集』에 '저 풍악산(금강산)은 북쪽에 가까운데도 4월이면 눈이 녹는데, 두류산(지리산)은 남쪽 끝인데도 5월이 되어도 얼음이 단단하니 그 땅의 높낮이를 이로 말미암아 짐작할 수 있다'고 남겼다. 30년이 지난 1640년, 지리산을 찾은 허목(조선 후기의 문신으로, 남인의 영수)도 비슷한 경험을 했다. 그는 지리산을 다녀온 뒤 '매우 추워서 산의 나무들이 자라지 못했고 8월에도 삼동설한三冬雪寒이었다'라고 남겼다. 허목이 말한 '삼동설한'은 과장이 아니었다. 박장원(대사헌, 예조 판서 등을 지낸 조선 후기의 문신)도 3년 뒤인 1643년 8월 지리산 천왕봉에서 싸락눈을 맞는 기이한 경험을 했다.

유몽인과 허목이 초여름 한반도의 남녘 끝자락에서 얼음과 싸락눈을 목격했던 무렵 다른 나라에서도 이전과 다른 기상 현상이 속출하고 있었다. 아열대 기후인 중국 강남에서는 감귤나무가 동사했고, 황허와 바다가 얼어붙었다. 영국 런던에서는 템스강이 결빙되고, 알프스산맥 일대는 빙하가 마을 턱밑까지 내려와 주민들이 피난을 갔다.

템스강의 빙상 시장A Frost Fair on the Thames at Temple Stairs 네덜란드 화가 에이브러햄 혼디우스가 1684년에 그린 작품이다. 돛을 단 배가 얼음에 갇힌 가운데 꽁꽁 언 템스강에 때 아닌 얼음 축제가 열린 현장을 그린 것이다. 화가는 1677년에도 얼어붙은 템스강을 묘사한 그림을 그린 적이 있다. 유럽에 닥친 소빙하기가 꽤 오래 유지되었음을 말해준다.

한국사는 없다

기후학자들에 따르면 17세기 지구 북반구에는 강력한 소빙기小米期가 몰아닥쳤다. 물론 당시 사람들은 이런 사실을 몰랐다. 그래서 유몽인은 초여름 지리산에서 얼음을 보았을 때, 금강산보다 지리산이 높기 때문이라고 여겼다. 그는 자신이 본 얼음이 얼마 후 조선을 강타할 대재난의 전조임을 그때는 짐작하지 못했다.

임진왜란은 예고편이었다

임진왜란 때 조선이 망하지 않은 이유가 뭘까? 지배층이 그렇게 무능한 모습을 보였는데, 어떻게 나라가 존속되었을까? 어릴 적 가졌던 물음은 역사를 공부해보니 어느 정도 풀렸다. 비록 조선 지도부가 제대로 대비하지 못했지만, 위기를 넘긴 것 또한 그들의 역량이었다. 선조가 요청한 명나라 원군과 양반들이 지휘한 의병들의 활약이 어쨌든 위기를 넘길 수 있게 했다. 그래서 의병을 지휘한 양반 계급은 오히려 지역 사회에서 리더십이 더욱 공고해졌고 성리학의 세계관도 더 강화되었다.

선뜻 이해가 되지 않는다면 북한을 떠올려보자. 세계가 압박해도 북한이 버틸 수 있는 이유가 뭘까? 어찌 되었든 김씨 왕조가 만든 그들만의 세계관이 아직 작동하기 때문이다. 외부와 철저히 고립된 북한 내에서 그들은 어렵게 개발한 핵무기에 환호하면서 민족 자주와 주체를 지키는 삶에 녹아든 채 그럭저럭 살고 있다. 만약 진짜 위기라고 한다면 그것은 경제난 자체보다는 김씨 왕조가 구축한 세계관, 예컨대 그들 일가의 과장된 혈통이나 항일 투쟁의 서사가 무너지고, 미국의 압박에도 중국이 전혀 도와주지 못할 때가 아닐까?

그런 의미에서 조선의 진정한 위기는 병자호란이었다. 조선은 오랑캐로 여긴 청(후금)의 침입을 받아 한 달 만에 국왕이 머리를 조아리며 항복했고, '천조국'이던 명나라는 원병조차 보내지 못하는 무기력한 모습을 보였다. 이 일련의 사건들은 개국 이래 조선을 지탱해온 세계관이 붕괴했음을 의미했다. 병자호란 당시 느낀 조선 지도층의 '멘붕'은 인조가 청의 지도자 홍타이지에게 보낸 국서에서도 잘 드러난다. 당시 인조는 남한산성 밖으로 나와 항복하라는 홍타이지에게 이런 편지를 보냈다.

> 신에게 안타깝고 절박한 사정이 있기에 폐하에게 호소하려 합니다. (⋯) 아무리 폐하의 은덕을 입어 다시 나라를 세울 수 있다고 하더라도, 오늘날의 인정人情을 살펴보건대 반드시 신을 임금으로 떠받들려 하지 않을 것이니, 이것이 신이 크게 두렵게 여기는 바입니다.

제발 살려달라는 절절한 읍소다. 오랑캐 황제에게 항복하면 사대부들로부터 국왕으로 대우받을 수 없을지도 모른다는 두려움에 휩싸였던 것이다. 그럼에도 인조는 이마에서 피가 날 때까지 아홉 번 절하는 굴욕은 피할 수 없었다. 그나마 도성에서 한참 떨어진 남한산성에서 한 덕분에 많은 사람이 볼 수 없었던 게 다행이라면 다행이었다. 그럼에도 이후 글 좀 읽는다는 사대부들이 오랑캐를 섬기는 나라가 부끄럽다며 과거도 안 보고 조정에 나가는 것을 기피하는 현상이 유행했다.

소빙기가 연출한 병자호란

병자호란 때 조선이 제대로 손 쓸 틈도 없이 당했던 이유는 청나라 군대의 속도전 때문이었다. 남한산성 방어전은 조선 지도부의 애초 구상에 없었다. 고려 왕조가 몽골을 상대로 30여 년을 버텼듯이 이때도 원래 계획은 강화도로 건너가는 것이었다. 그런데 예상을 뛰어넘는 청군의 속도전에 발이 묶였다. 1636년 12월 9일 압록강을 건넌 청나라 군대가 6일 만에 개성을 통과하며 초고속으로 진군하자 조선 조정은 패닉에 빠졌다. 강화도로 가는 길이 막힌 인조는 결국 남한산성으로 들어갈 수밖에 없었다. 전쟁은 이미 여기서 결판이 났다.

청나라 군대의 속도전이 가능했던 비결은 기후였다. 중국의 기후학자 주커전에 따르면 17세기는 기온이 지금보다 2℃가량 낮았다. 여름에 눈이 내리는가 하면 큰 비와 해충 등의 피해가 극심했다. 기온이 평균 1℃만 낮아져도 식물 성장기는 한 달가량

지연되며 곡물을 경작할 수 있는 고도가 150미터 정도 낮아진다. 한랭기가 닥친 1654년~1676년 사이 중국의 과일 개화 시기는 10일가량 늦어졌다.

일본 역시 예외는 아니어서 이 시기에 냉해와 병충해가 겹치며 대흉작으로 이어졌고 농작물 가격이 폭등하면서 1641년 ~1643년에는 간에이 기근이 발생했다. 교토에서만 5만~10만 명이 사망하는 참사가 일어났다.

조선도 혹한이 이어지면서 1600년대에는 압록강이 얼어붙는 일이 빈번했다. 청나라 기병들이 언제든 강을 건너 쳐들어올 수 있는 상황이 만들어진 것이다. 그래서 『인조실록仁祖實錄』에는 '강이 이미 견고하게 얼어붙어 남북의 경계가 없으니 강 연안의 방비가 급한 것은 이전에 비해 백 배나 된다'라거나 '압록강 일대가 얼어붙은 후에는 하나의 평지가 되니, 철기鐵騎가 달려오는 것이 질풍보다 빠르다'는 등의 우려 섞인 보고가 여러 차례 등장한다. 정묘호란과 병자호란이 모두 한겨울에 발생한 것은 우연의 일치가 아니다. 조선 조정도 언제든 후금이 기병을 앞세워 쳐들어올 수 있다는 점을 인지하고 있었다. 그래서 압록강이 얼면 경상·전라·충청도의 군사를 국경 일대로 이동시켰다가 봄이 되어 압록강이 녹으면 다시 내려 보내도록 했다.

2022년 2월 우크라이나 전쟁이 발발했을 때도 비슷한 일이 있었다. 당시 언론이나 다수의 군사 전문가들은 3월이 되면 러시아군의 진격이 무뎌질 거라고 예상했다. 러시아 모스크바부터 우크라이나 키이우까지의 평야 지대가 녹아 진흙탕이 되면서 전차들이 진격하기 어려워진다는 것이었다. 실제로 봄이 되자 러시아의 전격전은 어려워졌고, 전쟁은 소강상태로 접어들었다. 하지만 맹추위가 기승을 부린 1636년의 청나라 군사들은 꽁꽁 얼어붙은 압록강, 청천강, 임진강 등을 전속력으로 건너며 열흘도 안 되어 한양을 위협할 수 있었다.

굶주린 여진족, 조선을 노리다

사실 후금이 소빙기에 미소만 지은 것은 아니다. 후금도 나름의 절박한 상황에 놓여 있었다. 소빙기에는 한랭한 기온이 가뭄을 동반하며 농업 생산성을 떨어뜨리기 때문이다. 여진족은 본래 수렵 활동을 기반으로 명나라나 조선과의 교역을 통해 식량을 확보했다. 앞에서도 다루었지만 인삼이나 모피를 명나라에 팔아 이것으로 생필품을 구하는 것이 기본 경제 구조였다. 그런데 명나라와 조선은 작황이 부진해져 자국 백성도 먹여 살리기 어려운 마당에 여진족과 교역을 할 식량이 없었다. 심지어 누르하치는 1618년 '7대 한恨'을 내걸고 명나라에 선전 포고를 했기 때문에 식량을 구할 곳이 마땅치 않았다. 만약 지금처럼 기후에 대한 이해가 있었더라면 누르하치는 명을 상대로 선전 포고를 하지 않았을 것이다. 심지어 병자호란 직전 청나라는 연이은 기근으로 곡물 사정이 극도로 좋지 않아 귀족들에게도 먹을 양식을 제외하고는 모두 시장에 내놓도록 했을 정도였다.

식량난에 처한 후금으로서는 조선을 주목할 수밖에 없었다. 앞서 정묘호란에서 승리했을 때도 후금이 조선에 가장 강력하게 요구한 것이 국경에 시장을 열어 교역을 하자는 것이었다. 당시 홍타이지는 "조선과 우호를 맺은 것은 성신으로 서로 대하여 있는 것과 없는 것을 서로 교역하자는 것이다. (…) 우리는 이런 기근을 당하여 돈을 주고 매매하려는 것이니 만약 서로 구해주지 않으면 감정이 생길 수밖에 없다"며 절박함을 표현하기도 했다. 다시 말해 후금(청)이 조선을 침략한 동기에는 식량 부족 등의 경제 문제가 가장 컸다.

후금의 후방 보급 기지가 된 조선

패권 경쟁에서 식량 안보는 아무리 강조해도 지나치지 않다. 아테네가 펠로폰네소스 전쟁에서 스파르타에 패배한 요인 중 하나도 곡창 지대인 흑해 연안으로 가는 항로를 차단당했기 때문이었다. 식량을 주로 해외에서 수입하던 아테네는 큰 타격을 입었다.

중국 전국 시대 때 진秦나라가 천하를 제패할 수 있었던 배경

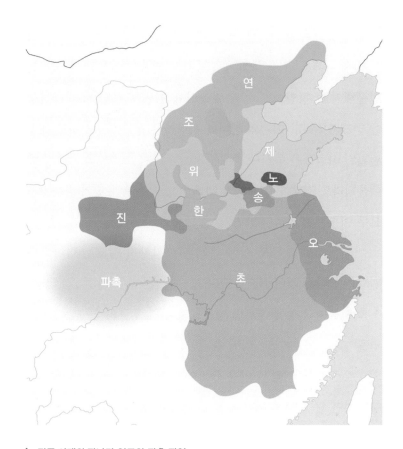

| 전국 시대의 진나라 영토와 파촉 지역

중 하나도 식량이었다. 기름진 파촉巴蜀 지역(과거에 중국 파나라와 촉나라가 자리 잡았던 데서 이름이 유래했다. 오늘날의 쓰촨 분지를 이르는데, 사방이 산맥으로 둘러싸인 비옥한 땅이다)을 흡수한 뒤 이곳에서 올라오는 식량을 군량으로 돌려 정복 전쟁을 해나갈 수 있었던 것이다. 식량을 확보하면 장정들을 농사일 대신 군대로 돌릴 수 있다.

진나라의 부국강병 개혁을 이끌었다고 평가받는 상앙의 『상군서商君書』에도 '진秦의 난점은 병사를 일으켜 징발하면 국가는 빈곤해지고, 평안히 거주하며 농사에 전념케 하면 적들이 안녕을 얻게 되는 것', '기존의 진나라 사람들은 군사에 종사하고 새로 편입된 사람들은 농사에 종사시켜 병사들이 오래도록 국경 밖에 머물더라도 경내에는 농사의 때를 잃지 않는 부유함과 강성함을 모두 이루는 효과적인 방법' 같은 내용이 나온다.

마찬가지로 후금도 식량 문제를 해결하지 않고는 명나라와 전쟁을 한다는 것이 불가능했다.

학자들의 추정에 따르면 병자호란 무렵 후금의 인구는 200만 명을 넘지 않았다. 2억 명에 육박하는 명나라와 비교하면 100분의 1 수준이다. 이렇게 인구 규모에서 차이가 나는 명나라를 상대하려면 인구 대비 군인 수가 많아야 한다. 그러니 인구가 적은 후금 입장에서 농업 생산과 전쟁을 동시에 수행한다는 것은 무리였다. 그래서 병자호란에 승리한 뒤 이들은 조선에 노골적으로 식량을 요구했다. 항복 조건으로 매년 '세폐미(歲幣米·세폐는 아랫사람이 윗사람에게 바치는 공물을 뜻한다)'로 1만 석을 바치게 한 뒤 자신들의 상황이 급해질 때마다 현금 인출기에서 돈을 빼가듯이 조선에서 식량을 털어갔다.

1640년대 들어 소빙기와 식량 위기는 더욱 심각해졌다. 병자호란에 패배한 뒤 볼모로 잡혀간 조선의 소현 세자는 이런 식량

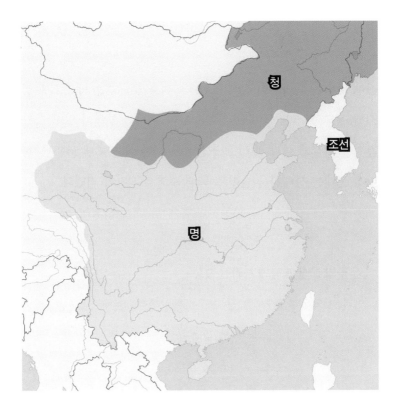

| 병자호란(1636년~1637년) 직후의 청나라(후금)와 명나라 영토

위기를 직접 겪은 당사자였다. 기근이 절정에 달했던 1641년 청 조정은 소현 세자에게 더는 식량을 제공하기 어려우니 직접 농사를 지으라고 통보했다. 볼모로 잡은 왕자에게 줄 곡물도 마련하기 어려운 상황이었던 것이다.

조선은 1644년(인조 22년) 102척의 배에 5만 3,872석의 양식을 실어 보냈고, 이듬해인 1645년 1월에는 청나라로부터 20만 석의 곡물 요구를 받고 간신히 깎아 10만 석을 맞추어 보냈다. 10만 석이면 지금의 재정 경제부에 해당하는 조선 호조戸曹의 1년 예산에 맞먹는 분량이다. 당시 이 10만 석을 운반하는 데만도 무명 3,000동과 쌀 5만 석이 들었다고 하니 조선의 부담이 얼마나 컸는지를 짐작케 한다. 그리고 조선에서 10만 석을 보낸 1645년, 청나라 군대는 산해관을 넘어 중국 대륙의 지배자가 되었다.

온돌의 확산과 함께 사라진 숲

> 어른들의 말을 들어보면 '전에는 사람들이 흔히 마루에서 잠을 자고 오직 늙고 병든 자만 온돌에 거처했다' 했다.
>
> _이익, 『성호사설星湖僿說』

17세기부터 18세기에 걸쳐 살았던 실학자 이익의 말에 따르면 이전 세대만 해도 온돌에서 거처하는 이는 노인이나 병자 정도일 뿐이었다. 대부분의 사대부는 방 안에 마루를 깔고 그 위에 침상을 놓고 살았다. 학자들에 따르면, 조선 전기만 해도 침상이나 탁자를 사용하는 입식立式 생활이 주류였다. 그러니까 과거 〈용의 눈물〉 같은 사극에서 이방원이 부하들과 방에 앉아서 밀담을 나누는 장면은 실제와는 달랐던 셈이다. 양반들은 바닥을 데워 좌식坐式 생활을 하는 것을 하층민의 생활 방식이라며 업신여겼다.

　하지만 유례없는 장기간의 추위 속에 더 이상 체면을 따지기 어려워졌다. 이전의 난방 시설로 버티기 어려워진 대부들의 눈에 들어온 것이 하인들이 쓰던 온돌이었다. 온돌은 하층민이 사는 움집이나 초가집을 거쳐 양반의 기와집으로 이동했고, 나중에는 국왕이 사는 궁궐까지 진출했다. 이런 상황은 "(이원익이 아뢰기를) 선대 나인들이 모두 말하기를 '사대부 집의 종들도 온돌에 거처하는데 나인으로서 마루방에 거처해서야 되겠는가' 하여 이때부터 궐내에 온돌이 많아졌다 하니"라는 『인조실록』의 기록에도 나타난다.

　이렇게 한반도 전역에 퍼진 온돌은 조선을 따뜻하게 데워준 고마운 존재였음이 틀림없지만, 세상에 공짜는 없다. 혜택에는 대가가 따르기 마련이다.

　온돌로 추운 소빙기에 적응하는 것은 좋았지만 하층민의 초가집부터 궁궐까지 모두가 온돌을 사용하면서 땔감의 수요가 급증할 수밖에 없었다. 이 무렵 중국은 이미 석탄을 사용하기 시작했지만, 조선은 땔감을 마련하기 위해 나무를 베야 했다. 이전에도 목재는 넉넉한 편이 아니었다. 집이나 배, 가마 등 주거 시설과 교통수단을 만드는 주요 재료였기 때문이다. 그런 와중에 온돌의 확산과 함께 무자비한 벌목이 시작되었다. 급기야 영조 때가 되면 "모든 산이 민둥산이 되어 땔감이 10배는 귀해졌다"는 기록이 등장하는가 하면, 그다음 정조 때는 "옛날에 8~9냥이면 사던 땔나무가 지금은 30~40냥"이라는 탄식 어린 기록도 나온다. 왕이 거처하는 대전大殿에 사용하는 온돌용 나무만 해도 연간 1만 6,074근이 소비되었다는 연구도 있다.

영조 때가 되면 온돌 사용이 삼림 황폐화의 주범이라는 사실을 정확히 인식했다.

> 지금은 비록 검소하거나 가난한 집이라도 반드시 모두 서너 칸에 온돌을 둡니다. 집을 짓는 데 절제가 없으므로 서울 소재 수백 곳의 산에는 풀뿌리가 거의 다 사라졌습니다.
>
> _『승정원일기承政院日記』 영조 11년 3월 20일

그래서 정조 때 성대중은 통신사 조엄을 수행하여 일본에 다녀온 뒤 『청성잡기青城雜記』를 통해 "지금 이 온돌의 폐해가 심하니, 습지나 산이 모두 민머리가 되어버려 장작과 숯이 날이 갈수록 부족해지는데도 해결책이 없다. 그러나 일본에 가보니 온돌이 없어 노약자들도 모두 마루에서 거처하였다"며 온돌 사용을 금지하자는 제안을 했지만, 채택되지는 않았다.

18세기 한양은 이미 30만 명 가까이 거주하는 대도시였다. 아무리 아껴 쓴들 30만 명이 사용하는 땔감을 합치면 막대한 양이 투입될 수밖에 없었다. 한양에서 나무가 마르는 것은 시간문제였다. 그래서 구한말 조선을 방문한 외국인들은 민둥산으로 둘러싸인 한양의 모습에 경악했다. 1894년 영국의 지리학자이자 작가인 이사벨라 비숍은 한양의 첫인상에 대해 "(산이) 거의 벌거벗었다"(『조선과 그 이웃나라들』)고 적었으며, 미국 출신의 선교사이자 독립 운동가였던 호머 헐버트 박사도 "반도의 어느 곳을 가나 벌거숭이산을 볼 수 있다. 이러한 광경은 활엽수로 가득 찬 일본의 풍경과는 극히 대조적"(『대한 제국 멸망사』)이라고 썼다. 구한말 선교사들이 놀랐던 한양의 민둥산들은 소빙기가 남긴 또 다른, 하지만 잘 알려지지 않은 유산이었다.

마지막 위기

17세기 중반이 지나면서 소빙기는 절정에 달했다. 1655년(효종 6년) 봄 강원도 삼척과 강릉의 바닷물이 얼어붙고, 초여름에는 제주도에 폭설이 내려 말 9백여 필이 얼어 죽는 사태가 일어났다. 이례적인 현상에 다들 당황할 뿐이었다.

그리고 몇 년 뒤 조선 역사에서 최악의 기근으로 꼽히는 경신대기근(1670년~1671년·현종 11년~12년)이 일어났다. 현종 11년 2월 하순부터 추위가 시작되어 7월까지 서리와 우박, 눈을 동반한 냉해가 반복되다가 비와 홍수, 예년보다 이른 한파가 몰아닥쳐 곳곳에서 동사자가 발생한 데 이어 대규모 우역牛疫이 닥쳐 상황을 더욱 악화시켰다. 그해 농사는 기록적 흉년이었고, 전국에 전염병이 창궐했다.

악순환이 반복되었다. 자연재해로 농작물이 죽고 기근이 발생하면 농민들은 영양 상태가 악화하면서 면역 기능이 저하되고 전염병에도 취약한 상태에 놓인다. 노동력이 없으니 농사를 또 망칠 수밖에 없다.

경신 대기근이 절정에 달했던 현종 12년 여름(6월)의 기록은 읽는 동안에 숨이 넘어가는 듯한 느낌을 준다. 그야말로 대재난을 겪는 처참함이 실록에 가득 차 있다.

서울의 기근이 심하여 은 여덟 냥으로 겨우 한 섬의 쌀을 바꾸었다. 사대부의 집에서 앞 다투어 비단 옷가지를 가지고 저자에 가서 팔려고 해도 사람들이 돌아보지 않았고, 여느 해에는 서너 냥 정도의 값이 나가는 완구품으로 두어 되의 쌀을 바꾸려 하여도 되지 않았으므로 모두들 어쩔 줄을 모르고 얼마 안 가서 죽기만 기다릴 뿐이었다. (…) 사대부로서 벼슬이 낮아 봉록이 박한 자는 태반이나 굶주렸고 각사各司의 원역員役들도 거의 다 굶어서 낯빛이 누렇게 떠서 장차 임무를 수행하지 못하게 되었다.

_『현종실록顯宗實錄』 12년 6월 14일

(전라 감사가 보고하길) 쓰러진 주검이 길에 즐비하고 낯빛이 누렇게 뜬 백성이 수없이 떼를 지어 문을 메우고 거리를 메워 살려달라고 울부짖고 있

한국사는 없다

으며 맨발에다 얼굴을 가리고 살려달라고 애걸하는 사족±族의 부녀가 날마다 관아 뜰에 가득합니다. 곡물이 떨어지고 나면 이어서 소금과 간장을 주었고, 소금과 간장이 떨어지고 나면 또 해초류를 주는 등 관아에 저축된 것으로서 입에 풀칠할 만한 것이면 모두 긁어 썼지만 마침내 속수무책인 채 죽는 것만 보고 말게 되었습니다. 역로驛路가 모두 비어서 장차 명령을 전달하지 못하게 되었고 관속官屬이 흩어져서 거의 모양을 이루지 못하고 있습니다. 이전에 죽은 자는 다 떠돌며 빌어먹는 자들이었는데, 근일 길에 쓰러진 주검은 모두 본토박이 양민입니다.

_『현종실록』 12년 6월 15일

『증보문헌비고增補文獻備考』에 따르면 경신 대기근이 시작된 현종 10년(1669년)과 종료된 현종 13년(1672년)의 호적 기록에는 큰 차이가 있다. 현종 10년에는 134만 2,274호, 인구 516만 4,524명이다. 그런데 경신 대기근이 종료된 직후에는 117만 6,917호, 469만 5,611명으로 나온다. 가호는 16만 5,357호(12.3%), 인구는 46만 8,913명(9.1%)이 감소한 것이다.

학계에서는 실제 감소 규모가 더 컸을 것으로 추정한다. 이 시기 조선 시대 인구를 통상 1,000만~1,300만 명 정도로 추산하는데 호적에는 이의 40~50퍼센트만 기록되어 있기 때문이다. 아마도 성인 이하의 연령대나 여성, 노비 등이 통계에서 누락되었을 것인데, 그렇다면 경신 대기근 때는 전 인구의 10퍼센트인 100만

~130만 명 가까이가 기아와 전염병에 쓰러졌다고 보는 편이 타당하다. 경신 대기근 이후에도 이에 버금가는 을병 대기근(1695년 ~1696년)이 연이어 닥쳤다. 학자에 따라서는 을병 대기근의 피해가 더 컸다고 보기도 한다.

유럽도 17세기에 연이은 냉해와 흉작 속에 흑사병을 비롯한 각종 질병에 시달렸다. 이 시기의 유골을 조사한 결과에 따르면 평균 체격이 지난 2,000년 기간 중 가장 왜소했다고 한다.

대동법의 등장

17세기는 조선에게 있어서 가혹한 시기였다. 마치 국가의 한계를 시험하는 듯했다. 이 100년간 조선은 기후 악화(소빙기), 외침(병자호란), 대기근(경신 대기근) 등을 모두 치렀다. 국가를 존속하기 위해 어떻게 해야 할지 조선의 지도층은 고민을 거듭했다. 그렇게 해서 나온 결론이 바로 대동법이다.

대동법을 간단히 설명하면 세금 제도의 개혁이다. 큰 틀에서는 세금 감면이지만, 세부적으로 살펴보면 부유층의 부담을 강화하고, 서민층의 부담을 가볍게 하는 것이 기본 뼈대였다.

조선의 세금 제도는 조용조租庸調다. 토지에 부과되는 세금 조租, 국가에 노동력을 제공하는 용庸, 지역 특산품(공물)을 바치는 조調다. 이 중에서 가장 무거운 것이 지역 특산품을 바치는 조調

한국사는 없다

였다. 특산품을 구한다는 것이 쉽지 않은 데다, 어렵게 마련해도 '질이 낮다'는 이유로 퇴짜를 놓는 일이 허다했다. 퇴짜를 맞으면? 다시 구해다 바쳐야 했다. 그러면 농사고 뭐고 세월을 그냥 통째로 날리게 된다. 심지어 해당 지역에서 나지 않는 특산품을 구해야 하는 경우도 많았다.

그래서 조선 시대에는 방납防納이 유행했다. 한양의 중간 업자에게 대리 구매를 부탁하는 것이다. 예를 들어 전라도 무안에서 호랑이 가죽을 구해 중앙 정부에 바쳐야 하는데, 호랑이를 잡기가 힘드니까 한양에서 호랑이 가죽을 사다가 바치는 것이다. 완전히 주객이 전도된 것 같지만 퇴짜 맞을 가능성은 적었다. 이것이 그나마 시간과 인력 낭비를 막는 효율적인 방법이었다. 이때 중간 업자는 무려 시가의 7~8배에 달하는 커미션을 떼는 폭리를 취했다고 한다. "공물을 마련하는 것이 다른 세금의 열 배는 힘이 든다"는 말이 나왔던 이유였다.

그래서 17세기 조선에서는 세금 중 조租, 즉 공물 문제를 개혁하는 것이 핵심 이슈로 떠올랐다. 이것을 '공물 변통'이라고 하는데, 특산품을 현물 대신 쌀이나 포(무명)로 가격을 매겨 납부하도록 하는 것이다. 이것이 대동법의 핵심이다. 첨언하자면 명나라는 이런 고민 때문에 은으로 납세를 통일했지만, 조선은 여전히 쌀이나 포로 대신했다. 그만큼 화폐 시장이 발달하지 못했다는 방증이다.

기본 아이디어는 이미 임진왜란 때부터 나왔지만 실행하는 데는 100년 이상의 시간이 걸렸다. 충청도 시범 실시(효종) → 전라도 확대 실시(현종)를 거쳐 비로소 전국적으로 실행할 수 있는 틀이 만들어졌다. 예나 지금이나 한 번 자리 잡은 제도에 대한 경직성은 극복하기 쉽지 않다. 시간이 오래 걸린 이유는 크게 두 가지였다.

하나는 임토작공任土作貢에 대한 집착이다. 임토작공은 지방 제후가 천자에게 토산품을 바치며 충성을 맹세한다는 개념을 담고 있다. 토산품 대신 쌀이나 포로 바치는 것이 더 쉽다는 것은 누구나 다 알았다. 하지만 조선 땅에서 옛 중국의 문명을 재현하고 싶어 했던 조선 사대부들에게 이를 포기하는 것은 정서적으로 거친 반발을 가져왔다.

두 번째는 부유층의 반발이었다. 공물은 기준이 일정치 않았지만, 대체로 호戶, 즉 가구를 기준으로 책정했다. 즉 부유층이든 하층민이든 납세액이 같았다. 그런데 대동법은 토지 1결당 12두의 쌀 또는 이에 해당하는 가치만큼의 포(무명)를 내는 것으로 정리가 되었다. 과거에는 땅을 많이 갖고 있더라도 한 가구당 부담액이 비슷했는데 이제는 소유한 토지(재산)에 따라 부담액이 더 늘어나게 된 것이다. 가장 격렬한 반발이 나온 지역도 땅 부자가 많은 호남이었다.

소빙기가 대동법을 살리다

하지만 격렬한 반대에도 현종 때 대동법을 쓰지 않을 수 없었던 데에는 소빙기와 함께 닥친 경신 대기근의 영향이 컸다. 세금 부담을 낮추어주지 않으면 험악해진 민심이 어디로 튈지 알 수 없었다. 이대로 가다가는 머지않아 세금 징수 자체가 불가능해질 수 있다는 지도층의 위기감이 팽배해진 것이다.

대동법은 그런 미증유의 위기에 조선의 지도층이 국가의 존속과 생존을 위해 발버둥 친 결과였다. 새로운 환경에 맞추어 살아남기 위해서는 혁신을 선택하지 않을 수 없었던 것이다. 당시 기록에 따르면 대동법을 실시하기 전에는 중간 상인에게 주어야 하는 커미션 등 때문에 토지 1결당 70~80두가량을 내야 했는데, 대동법이 자리 잡으면서 1결당 12두로 고정되어 세금 부담이 $\frac{1}{7}$~$\frac{1}{8}$ 정도로 내려갔다. 사회에서 이를 얼마나 환영했을지 짐작하기 어렵지 않다.

이렇게 해서 위기를 넘긴 조선은 18세기에 황금기를 맞이하면서 안정을 누렸다. 18세기 영·정조 시대의 안정은 이 대동법 덕분에 만들어진 결과물이라고 해도 과언이 아닐 것이다.

우리가 여기서 주목할 만한 부분이 하나 더 있다. 앞서 대동법에 의지를 보였던 효종은 먼저 충청도에서 시범적으로 실시했다. 반대 여론 때문에 확대 실시는 후대로 미룬 것이다. 그런데 충청도에서 대동법이 성공해 민생이 나아졌다는 소문이 퍼지자, 반대가 극심했던 전라도에서도 대동법을 실시해달라는 요청이 빗발치기 시작했다. 그렇게 해서 대동법은 전라도로 확대되었다. 이명박 정부 때의 4대강 사업을 비롯해 논란이 많은 국가사업들도 이렇게 일부 지역에서 시범적으로 실시한 뒤 성과를 확인하고 나서 전국으로 확대했다면 어땠을까? 물론 사업에 따라 신속하게 진행해야 하는 것도 있지만, 찬반 논란으로 인한 국력 소모를 감안하면 이런 방법도 좋은 모델이 될 수 있지 않을까?

최선을 다했던 현종

조선의 역사에서 현종은 그다지 존재감이 없는 군주다. 세종이나 정조 같은 성군으로 꼽히는 건 고사하고, 효종이나 순조처럼 딱히 내놓을 만한 업적이 없었던 임금보다도 인지도가 낮다. 하지만 현종은 조선을 구한 언성 히어로*unsung hero* 같은 군주였으며, 그의 치세는 지금보다 더 높은 평가를 받아 마땅하다고 본다.

17세기 조선은 약 100년에 걸쳐 여러 차례의 전쟁과 정변, 참혹한 대기근과 전염병을 겪어야 했다. 경신 대기근 때는 약 100만 명이 사망했다고 『조선왕조실록』은 전한다. 이는 전체 인구의 약 10퍼센트에 달한다. 백성의 유망流亡, 경작지의 황폐화, 국가 재정의 파탄 등 도저히 국가를 유지할 수 없을 것 같은 상황이었다. 현종은 이 모든 악재가 누적된 상황에서 왕위에 올랐

경기도 구리시 동구릉에 있는 현종의 무덤인 숭릉 조선 18대 왕 현종에 대해서는 그리
알려진 것이 없으나, 재위 기간 동안 국난을 극복한 점에 대해서는 평가를 받아 마땅하
다. 그가 자연재해를 비롯한 갖가지 어려움을 이겨낸 덕분에 후대인 숙종부터 정조로 이
어지는 조선의 안정기를 맞이할 수 있었다. ⓒ국가유산청

11장   기후 재앙을 이겨낸 한국사의 숨은 영웅

다(재위 1659년~1674년). 현종 시기를 덮친 대기근과 전염병은 말 그대로 자연재해였다. 같은 시기 유라시아 대륙이 대부분 비슷했다. 유럽도 페스트로 대규모 희생자가 나왔고, 중국과 일본도 비슷한 위기를 겪었다. 당시 조선의 시스템으로는 어찌할 도리가 없었다.

하지만 현종은 좌절하지 않고 재난을 극복하려고 최선을 다했다. 그는 이전까지 왕실이 받아왔던 각종 공물을 줄이고, 조정을 독려해 구휼 작업에 나서고, 세금을 감면하는 등 온갖 방법을 강구했다. 그래도 전례 없는 대위기 속에서는 역부족이었다. 자연재해를 군주의 몸가짐이나 정치적 올바름으로 연결 지어 해석하던 조선 사회에서 이 같은 미증유의 재난이 현종을 얼마나 괴롭혔을지는 상상하기 어렵지 않다. 결국 그는 "아, 국가가 불행하여 이런 망극한 재변을 당하여 백성이 장차 죄다 죽게 되어 나라가 나라답지 못하니, 두려워서 어쩔 줄을 모르겠다. 차라리 내 몸이 그 재앙을 대신 받고 말지언정 백성이 그 화를 당하는 것을 차마 못 보겠다"고 울부짖었다.

모든 에너지를 쏟았던 것일까? 현종은 경신 대기근이 지나고 3년 뒤 사망했다. 『현종실록』의 행장은 그의 생애를 이렇게 반추하며 위로했다.

비록 좋지 못한 운과 어려운 때를 만나, 수재·한재·풍재風災·상재霜災가 없

한국사는 없다

는 해가 없었으며 백성들이 병들고 외세가 핍박하였으나, 왕은 근심하고 노고하며 가다듬음으로써 하늘의 마음을 감동시키고 걱정하고 충애忠愛함으로써 백성의 생명을 보전하였다.

그는 소빙기의 희생자였지만, 당대 누구보다도 소빙기를 극복하기 위해 힘썼던 군주였다. 그 노력은 당대에 큰 빛을 보지는 못했지만, 덕분에 위기를 극복한 조선은 이후 더 나은 100년을 열 수 있었다. 현종은 조선 역사에서 놓치고 있는 언성 히어로였다.

12장

임진왜란 때 일본으로 끌려간 조선인은 왜 귀국하지 않았는가?

조선 통신사의 눈에 비친 일본의 변화

일본 규슈의 아리타에는 독특한 신사가 하나 있다. 신사 입구에 선 대형 도리이[鳥居(조거)· 일본 신사의 입구를 나타내는 관문]부터 신사에 놓인 각종 수호신, 신사의 현판까지 모두 도자기로 꾸며져 있다. 그곳에 들어선 순간 '과연 도자기로 유명한 고장이구나'라는 생각이 절로 들었다. 한두 시간이면 다 돌아볼 만한 작은 중심가도 도자기 가게들로 가득했다. 내가 묵은 에어비앤비도 1층은 도자기 가게를 겸하는 곳이었다. 가게 주인은 아침을 차려주며 "매년 4월 도자기 축제 시즌이 되면 100만여 명의 관광객이 찾는다"고 자랑하듯 말했다.

일본 도자기 산업의 발전 배경에 임진왜란과 조선 도공들이 있음은 잘 알려진 사실이다. 아리타도 마찬가지다. 갖가지 도자기로 장식한 도잔신사[陶山神社(도산신사)]는 아리타에서 도조陶祖라고 받드는 도공 이삼평을 모시고 있다. 이삼평은 임진왜란 때 끌려온 도공이었다. 1616년 아리타의 이즈미야마[泉山(천산)]에서 백자를 만들 수 있는 흙을 발견한 그는 가마 '덴구다니요[天狗谷窯(천구곡요)]'를 만들어 일본 최초의 백자를 제작했다. 이것이 일본 도자기 산업의 효시가 되었다.

때마침 운이 따랐다. 대항해 시대가 개막된 이 무렵 도자기는 고가의 무역 상품이었다. 유럽은 동양에서 건너온 우아한 도자기에 홀딱 빠졌다. 동방으로 가는 바닷길을 장악했던 포르투갈과 네덜란드 상인들은 눈에 불을 켜고 도자기를 찾아다녔다. 당시 도자기의 최상품은 중국에 있었다. 원래 이들이 구입한 것도 명나라 도자기였다. 하지만 17세기 중반 명나라가 청나라로 교체되면서 극심한 전란이 중국을 휩쓸었다. 중국에서 최상품 도자기를 생산하던 경덕진요(景德鎭窯·중국 장시성에 있는 중국 최대의 도자기 가마)도 이런 혼란을 피해갈 수 없었다.

몸이 달았던 유럽 상인들의 시선을 잡아끈 것이 일본이었다. 일본은 1650년 네덜란드 동인도 회사의 주문을 받아 아리타 도자기 145개를 수출했다. 이후 1682년까지 30여 년 동안 아리타에서 네덜란드 동인도 회사를 통해 수출한 자기는 19만 점이 넘는다. 이때 아리타에서 도자기 산업에 종사하는 노동자는 무려 4,000명에 달했다. 이삼평이 죽기 1년 전(1654년) 작성했다는 문서에 따르면 그의 밑에서 일한 도공만도 120명이었다. 현재 아리타

일본 규슈 사가현의 아리타에 있는 도잔신사 임진왜란 때 일본으로 끌려간 도공 이삼평을 모시는 신사로, 입구인 도리이를 비롯하여 여러 시설이 도자기로 이루어져 있다.

인구가 1만 8,300명이니 당시 저 규모가 얼마나 대단했는지 가늠이 된다.

그런데 조선 도공의 흔적이 남은 곳이 규슈에서 아리타만 있는 것은 아니다. 이삼평뿐 아니라 심당길, 이우경, 홍호연, 박평의 등 조선인 도공들은 사쓰마, 가라쓰, 아가노, 다카도리 등 규슈 곳곳에 자리 잡았다. 이곳들은 모두 각각의 브랜드로 발전해 일본 도자기 발전을 이끌었다. 그런데 왜 하필 규슈였을까? 왜 조선인 도공들은 당시 일본에서 자본이 모여든 오사카, 나고야, 에도가 아닌 규슈의 곳곳에서 도자기를 빚어야 했을까?

조선 도공들은 왜 규슈로 갔을까?

신이 지난 신해년 봄에 (일본에) 포로로 잡혀간 전이생全以生 등의 편지를 얻어 보았는데, 그 가운데 중대한 내용이 있었습니다. (…) 전이생과 같은 처지의 사람들로서 살마주薩摩州에 잡혀 있는 자가 3만 700여 명이나 되는데, 별도로 한 구역에 모여 산 지 24년이 되어갑니다.

_『광해군일기光海君日記』 9년 4월 19일

겸사복(임금을 호위하는 기마병) 정신도가 조정에 상소한 내용의 일부다. 살마주는 사쓰마번[薩摩藩(살마번)·번(藩)은 지방 영주가 다스리는 일정한 구역을 뜻하며, 일본어 발음으로는 han(ハン)이다], 지금의 가고

시마를 중심으로 한 규슈 남부다. 3만 700명이라는 숫자는 다소 과장된 것 같지만 이곳에 많은 규모의 조선인이 끌려왔다는 점은 분명한 사실이다. 임진왜란에는 1군 선봉장 고니시 유카나가, 2군 선봉장 가토 기요마사를 비롯하여 규슈 지역의 유력 다이묘들이 많이 참전했다.

당시 일본에서는 다도茶道 애호가였던 도요토미 히데요시의 영향으로 도자기 수요가 급증했지만, 제작 수준은 낮았다. 일본은 1,000℃에서 만드는 도기陶器 수준에 머물렀지만, 조선은 1,200℃ 이상의 고온에서 자기磁器를 구울 줄 알았다. 이 차이가 도자기 분야에서 한일의 '초격차'를 만들어냈다. 그 때문에 조선 도공들은 일본인 무장들에게 좋은 '전리품'이 되었다. 특히 사쓰마번의 영주 시마즈 요시히로와 히젠번의 영주 나베시마 나오시게는 경쟁하듯 조선인 도공을 납치했다. 당시 나베시마 나오시게는 이삼평을 비롯해 155명을, 시마즈 요시히로는 70명가량을 끌고 갔다.

그런데 이삼평의 집안이 남긴 「金ケ江三兵衛由緒之事」(카나가에 산베에[金ヶ江三兵衛]는 이삼평의 일본 이름인데, 산베에는 삼평의 음역으로 보인다. 책 제목은 우리말로 '카나가에 산베에가 겪은 일의 기록'으로 풀이할 수 있다)라는 문서에 따르면 이삼평이 일본으로 가게 된 경위가 조금 다르게 기술되어 있다. 이삼평은 정유재란 때 나베시마 나오시게의 길잡이 역할을 했다가 일본군이 철군하자 보복이 두려워 나베시마를 따라갔다고 한다. 금강을 본관으로 해서 카나가에金ヶ江라는 성을 정하고 이름은 산베에三兵衛로 붙였다는 것이다. 진짜로 일본군에 협조를 한 것인지, 아니면 일본 사회에서 인정을 받기 위해 후손들이 꾸며낸 이야기인지는 알 수 없지만, 그가 조선으로 돌아올 생각은 없었던 것 같다.

나베시마냐, 시마즈냐, 엇갈린 도공들의 운명

나베시마 가문이 다스린 히젠번에는 임진왜란 이전부터 도자기를 굽는 곳이 많았다. 덕분에 나베시마 나오시게는 도자기가 돈이 된다는 사실을 알았다. 그래서 그는 이삼평을 비롯한 조선 도공들을 각별히 챙겼다. 대항해 시대가 열렸을 때 아리타, 이마리, 가라쓰 등 나베시마 가문이 다스리는 히젠번의 도자기가 널리 수출된 이유다. 이들이 만든 수십만 점의 도자기는 네덜란드 상선에 실려 인도네시아에 있는 동인도 회사로 옮겨졌다. 덕분에 나베시마 가문은 짭짤한 수익을 거둘 수 있었으니, 이들에게 조선 도공은 '황금알을 낳는 거위'처럼 귀한 존재였다.

하지만 고급 기술자라고 해도 어쨌든 전쟁 포로다. 언제 어떻게 다루어져도 하소연할 수 없는 신세다. 군대와 정치권에서 종종 '줄을 잘 서는 게 중요하다'는 말을 하는데, 조선 도공들의 운명도 그랬다. 나베시마 가문에 의해 극진히 대우받은 도공들과

한국사는 없다

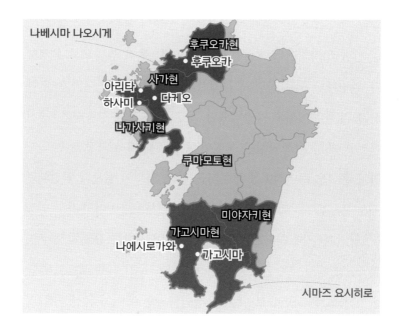

나베시마 나오시게

후쿠오카현
후쿠오카

아리타
사가현
하사미
다케오

나가사키현

쿠마모토현

미야자키현
가고시마현
나에시로가와
가고시마

시마즈 요시히로

규수 지역의 다이묘였던 나베시마 나오시게, 시마즈 요시히로의 관할지와 도자기로 유명한 지역

도공	정착지			출신지
이삼평	규슈	사가현	아리타	충남 금강
김태도, 백파선	규슈	사가현	다케오	경남 김해
이우경	규슈	나가사키현	하사미	전남 순천
심당길(심수관)	규슈	가고시마현	나에시로가와	전북 남원
박평의	규슈	가고시마현	나에시로가와	전북 남원
존계	규슈	후쿠오카현	아가노	경남 사천
팔산	규슈	후쿠오카현	다카도리	경남 고령

규수로 끌려간 주요 조선인 도공

달리 시마즈 요시히로에게 끌려온 도공들의 생활은 비참했다.

시마즈 가문은 전국 시대부터 용맹한 무장 집안으로 유명했다. 임진왜란 때도 사천, 순천에서의 육상 전투뿐 아니라 노량 해전 등의 해전에서도 맹활약했다. 조선 중기 문신 강홍중은 『동사록東槎錄』에서 '사쓰마인은 성질이 모질고 독해서 가장 전투에 능하고 홍색으로 머리띠를 두른다고 한다. 일찍이 들으니 임진왜란에서 홍두왜紅頭倭가 가장 포악한데 분명 사쓰마인이다'라고 남겼다. 임진왜란 때 시마즈 가문의 당주였던 시마즈 요시히로는 영화 〈노량〉에서 고립된 고니시 유키나가를 돕기 위해 대규모 수군을 이끌고 온 다이묘로 나온다. 첨언하자면 메이지 유신 이후 일본 해군의 주축이 된 세력도 바로 이 사쓰마번 출신들이다.

임진왜란 때 시마즈 가문에게 끌려간 도공들은 가고시마 인근 구시키노에 내려졌다. 나베시마 가문이 보여준 것 같은 배려는 없었다. 이들은 황무지를 개간했고, 생계를 위해 도자기를 구워 인근에 사는 일본인과 물물 교환을 하여 간신히 연명했다. 안전도 보장되지 않아 일본인과의 충돌이 잦았으며, 집단 보복전도 횡행했다고 한다.

나에시로가와, 일본 속 작은 조선

다행히 상황은 점차 나아졌다. 세키가하라 전투에서 패배한 서군에 섰던 시마즈 가문은 요행히 살아남은 뒤에는 조선인 도공들을 보호하기 시작했다. 특히 시마즈 요시히로의 아들 시마즈 미츠히사는 나에시로가와에서 조선인 도공들이 도자기 생산에 전념할 수 있도록 했다. 그는 도공들이 조선 문화와 언어를 보존할 수 있도록 배려했고, 일본인의 출입이나 일본인과의 결혼도 통제했다. 또한 일본식 성을 사용하는 것도 금지했다. 어떻게 보면 차별일 수도 있지만, 이렇게 해야 도기를 생산하는 기술이 보존될 것으로 보았던 것 같다.

나에시로가와 사람들은 조선말을 사용하고 조선 옷을 입고 상투도 틀었다. 1787년 이곳을 방문한 지리학자 후루가와 고쇼켄은 『서유잡기西遊雜記』에 '조선인 자손 1,500명이 사는데 상투를 틀고 있고 키도 크고 얼굴도 갸름하다. 아버지를 마우, 어머니를 아바라고 부른다'고 남겼다. 또 마을 북서쪽 언덕에 수호신인 단군을 제사하는 옥산신궁玉山神宮이 있어 음력 8월 15일(추석)에 술과 고기, 떡, 쌀을 올리고 음악과 가무를 곁들인 의식을 행한다고 덧붙였다.

조선 도공들이 나에시로가와로 이주했을 때 조선인 지도자는 박평의였다. 그는 마을 장로에 해당하는 쇼야[庄屋(장옥)]에 임명되었다. 박평의는 아들 박정용과 함께 사쓰마 각지에서 백자토를 찾는 데 성공했고 이를 바탕으로 사쓰마 도자기를 발전시켰다. 박평의와 함께 사쓰마번에서 활약한 조선 도공은 심당길이다. 그의 12대 후손 심수관은 1873년 오스트리아에서 열린 만국 박람회에 대형 항아리를 출품해 호평을 받았다. 이후 가업을 이은 후계자에게는 '심수관'이라는 이름이 대물림되었다.

메이지 유신과 나에시로가와의 해체

박평의 가문을 비롯해 나에시로가와 주민들은 사실상 사족(士族·선비나 무사 집안)으로 대우받았다. 인구가 늘어나면서 1705년에는 35가구 162명을 분촌分村시켰다. 만약 이들이 차별적이고 가혹한 대우를 받았다면 나에시로가와 도공 마을이 오랜 기간 유지되면서 인구가 증가하기는 어려웠을 것이다. 사쓰마번과 나에시로가와는 도자기를 매개로 윈-윈 관계를 맺었던 것 같다.

상황이 달라진 것은 1866년 메이지 유신과 함께 신정부가 들어서면서다. 메이지 정부는 구질서를 해체하기 위해 폐번치현(廃藩置県·지방 통치를 담당한 번을 폐지하고 행정 구역을 중앙 정부가 통제하는 부와 현으로 일원화한 행정 개혁)을 단행했다. 사쓰마번이 폐지되자 그간 나에시로가와 마을에 제공되었던 특권과 편의도 사라졌다. 그래서였을까? 사쓰마번 출신 정치가 사이고 다카모리가 메이지 정부를 상대로 세이난 전쟁(1877년)을 일으켰을 때, 나에시로가와에서도 96명이 반정부군에 참여했다. 전쟁은 6개월 만에 메이지 정부군의 승리로 마무리되었다. 메이지 정부는 나에시로가와 주민을 화족(和族·나라에 공이 있는 집안), 사족, 평민의 세 계급 중 평민으로 분류했다. 나에시로가와 주민들은 자신들을 사족으로 편입해 달라는 운동을 벌였지만 성공하지 못했다.

도공에서 외무대신까지, 박평의 가문의 여정

일본의 무사 계급이 그랬듯 나에시로가와 사람들도 새로운 질서에 순응했다. 하지만 신분상승의 꿈을 놓지 않은 이들도 있었다. 박평의의 후손 박수승은 그동안 모은 재산으로 도고[東鄕(동향)]라는 사족 가문의 족보를 샀다. 세이난 전쟁이 끝나고 10년 뒤의 일이다.

박수승의 아들 박무덕은 지역에서 영특한 수재라고 소문이 자자했다. 그런 아들에게 평민 도공의 삶을 물려주고 싶지 않았던 것이 박수승의 결심을 확고하게 만들었는지도 모른다. 도고라는 성姓을 사들인 그는 아들의 이름을 박무덕에서 도고 시게노리로 바꾸었다.

도고 시게노리는 부친의 기대를 저버리지 않았다. 도쿄 제국 대학 문학부를 졸업한 뒤 1913년 외교관 시험에 합격한 그는 1941년 일본의 외무대신이 되었다. 경력은 화려했지만 인생은 순탄치 못했다. 그는 1937년 독일 대사로 근무했지만 나치를 싫어했다. 결국 독일과의 동맹에 소극적이라는 이유로 경질되었다.

외무대신 시절에도 패전의 조짐이 짙어진 1944년부터 항복론을 주장했다가 내각에서 고립되었고, 일본 우익의 공적이 되었다.

하지만 전쟁의 책임에서 자유로울 수는 없었다. 전후 재판에서 그는 A급 전범으로 분류되었다. 사형은 피했지만 20년 금고형을 받았다. 그리고 형무소에서 『시대의 일면時代の一面』이라는 회고록을 집필하던 중 1950년 옥사했다.

반면 박평의 집안과 함께 나에시로가와의 조선인 집단을 이끌었던 심당길(심수관) 집안은 조선식 이름을 유지하며 도공을 이어갔다. 13대 심수관은 교토 대학교 법학부, 14대 심수관은 와세다 대학교 정경학부를 졸업했지만 다시 규슈로 돌아가 묵묵히 가업을 이었다.

도고 시게노리가 전범으로 재판을 받을 무렵 14대 심수관은 도쿄에서 와세다 대학교에 다니고 있었다. 그는 규슈에서 도자기를 굽는 아버지의 부탁으로 아홉 차례나 도고 시게노리를 면회하러 다녔다고 훗날 회고했다. 나에시로가와를 대표하는 두 가문이 선택한 길은 달랐지만 서로에 대한 마음만은 끊어지지 않았던 것 같다.

도공들은 왜 본국으로 돌아가지 않았나?

조선 도공들은 전쟁의 피해자였다. 그렇지만 일본에 남겨진 것이 비극이었다고만 말하기는 어렵다. 이들이 조선에서 도자기를 구웠다면 이삼평이나 심수관이라는 이름이 남았을까? 우리는 교과서에서 조선이 훌륭한 도공을 가졌다는 사실은 알지만, 도공 개개인은 기억하지 못한다.

임진왜란이 끝난 뒤 조선은 여섯 차례에 걸쳐 포로 쇄환(刷還·외국에서 유랑하는 동포를 데리고 오는 일)에 나섰다. 하지만 일부 조선인 포로들은 고국으로 돌아가고 싶어 하지 않았다. 일본에 다녀온 조선 사신들이 남긴 기록에 따르면 '일본은 물자가 풍부하고 백성이 편안하여 생리가 매우 넉넉하므로 잡혀온 사람도 빈손으로 와서 수년 사이에 재산이 혹 수백 금이 되니 이 때문에 사람들이 그 생업을 즐겨 하여 본국으로 돌아갈 뜻이 없었다'(『문견총록聞見摠錄』)며 포로 일부는 조선 귀환을 거부했다고 한다.

> 돌아가고 싶어 하면서도 마음을 정하지 못하고 주저하는 자는 품팔이꾼으로 고생하는 사람이다. 생계가 조금이라도 넉넉하여 이미 안정된 자는 더욱 귀국할 마음이 없으니 그 태도를 보면 밉기 그지없다. (…) 처자가 있거나 재산이 있어서 이미 정착하고 있는 자들은 거의 귀국할 뜻이 없다. 가증스런 일이다.
>
> _『문견총록』 1617년 9월 20일

창원 출신의 김개금이 찾아왔다. 12~13세에 잡혀왔다는데 조금도 조선어를 하지 못한다. 연거푸 귀국을 권하였으나 그는 '주왜(主倭·일본인 주인)가 지금 에도에 있으므로 그가 돌아오길 기다려 상의하여 결정하겠다. 20여 년이나 은혜를 입은 사람을 배반할 수 없다'고 한다. (…) 죽이고 싶을 정도로 밉다.

_같은 책 9월 20일

이들에 대해 '죽이고 싶을 정도로 얄밉다'며 분개했을 뿐 이들이 조선 귀국을 주저하지 않도록 상황을 개선하지는 못했다. 당시 일본에서는 조선으로 돌아간 이들이 홀대받는다는 소문이 파다했다.

"사로잡혀온 사람으로 이성립, 김춘복이란 자가 있는데, 일찍이 강康·박朴 두 역관과 친분이 있으므로 술을 가지고 찾아왔다. 이어서 말하기를, '조선이 사로잡혀온 사람을 비록 쇄환하기는 하나 대우를 너무 박하게 한다고 하더라. 사로잡혀온 것이 본디 제 뜻이 아닌데, 이미 쇄환했으면 어째서 이같이 박대하오."

_강홍중, 『동사록』 1624년 11월 23일

이런 소문은 일본에서 도자기를 굽던 도공들의 귀에도 들어갔을 것이다. 일본에 사신으로 갔던 강홍중은 인조를 만났을 때 "감언이설甘言利說로써 이리저리 달래어 겨우 데리고 왔는데, 부산에 내리자 의지할 곳이 없다 보니, 신이 서울로 오던 날 말 앞에서 울며 호소했습니다. (…) 본토本土에 돌아와도 어렵다는 상황을 듣는다면, 지금 일본에 있는 포로들을 쇄환하기가 더욱 어려울 것입니다"라고 했다. 하지만 인조는 별다른 관심을 보이지 않았다. 그저 강홍중이 "쇄환인 가운데 수십 명은 포 쏘는 데에 능숙하니, 서울로 데려와 훈련도감 포수砲手를 가르치면 좋을 듯합니다"라고 했을 때 "매우 좋은 일이다"라고만 반겼을 뿐이다. 인조는 이들이 돌아와 부족한 군대 숫자나 보충해주면 좋겠다고 생각했던 것이다.

양반도 예외는 아니었다. 절의를 지키지 못했다는 주변의 따가운 시선과 자괴감에 시달려야 했다. 일본에 끌려갔다가 돌아온 강항은 자신의 경험을 『간양록看羊錄』이라는 책으로 냈다. 처음 제목은 '건차록巾車錄'이었다. 건차는 죄지은 사람이 타는 수레를 의미한다. 이것을 후세에 '간양록'으로 바꾸어 달았다. 중국 한나라에서 흉노에 끌려가 양을 치며 절개를 인정받았던 소무蘇武에 빗댄 것이다. 하지만 사관의 평은 냉담했다. '그(강항)를 일러 왜적에게 항복하였다고 하는 것은 지나치나, 그에게 무슨 칭할 만한 절의가 있겠는가.'(『현종실록』 9년 4월 13일)

인식이 이러하니 일본에 남은 조선인 포로들을 어찌 손가락질할 수 있을까?

국교 재개가 필요했던 조선과 일본

포로 쇄환을 위해 일본으로 건너가기 시작한 사신단은 얼마 후 조선 통신사通信使로 발전했다. 일본의 요청을 조선이 수용하는 형태였지만, 실은 양국의 이해관계가 맞아떨어진 측면이 있었다.

역대 한반도 왕조는 역사를 통해 습득한 것이 있다. 두 개의 전선戰線을 만들면 안 된다는 점이다. 고구려 장수왕도 북위와의 관계가 안정된 뒤에 한강 유역으로 남하했고, 통일 신라도 왜에 사신을 보내 불가침 조약을 맺은 뒤 당나라 군대를 공격했다. 반대로 후기의 고구려와 백제는 두 개의 전선(신라-당)을 감당하지 못하고 무너졌다.

1605년 만주에서 세력을 키운 후금의 누르하치가 국왕을 자처하며 서로 대등한 입장에서 교류하자는 서신을 보냈을 때, 조선은 이제 북쪽에서 거대한 위기가 올 것임을 직감했다. 누르하치의 서신은 명나라 중심의 국제 질서에 균열을 내겠다는 예고였다. 따라서 조선에서는 군사력을 북쪽에 집중하기 위해 남쪽을 안정시켜야 한다는 명분이 힘을 얻고 있었다. 일본과는 더 이상 으르렁거릴 여유가 없었다. 1606년 일본에 포로를 쇄환하러 갔던 사신단에게 맡겨진 비밀 임무도 오사카에서 조총 500자루를 구매하는 일이었다. 후금과의 무력 충돌에 대비하기 위한 것이었다. 이런 위기감은 현실이 되었다. 누르하치는 1618년 명나라에 선전 포고를 했고 만주를 야금야금 먹기 시작하더니 1627년에는

정묘호란을, 1636년에는 병자호란을 일으켜 조선을 완전히 굴복
시켰다.

공교롭게도 조선이 일본에 처음 통신사를 보낸 때는 병자호
란이 일어난 1636년이다. 이전의 사신단에는 (포로)쇄환사라는
명칭을 붙였지만, 이때부터는 과거에 얽매이지 않고 양국 관계를
정상화하자는 의미에서 '통신사'라는 명칭을 썼다. 후금에 대한
위기의식이 강해진 탓이다.

또 다른 한편으로 통신사는 일본을 감시하는 역할을 담당했
다. 조선은 일본을 제대로 파악하지 못한 탓에 임진왜란 때 큰 희
생을 치러야 했다. 통신사 일행은 일본 각지를 거쳐 수도인 에도
에 도착한 뒤 그곳에 머무르며, 일본의 동향을 샅샅이 살폈다. 그
래서 일본에 다녀온 통신사들은 반드시 일자별로 기록을 남긴
보고서를 작성해 국왕에게 바쳤다.

일본을 통치하는 도쿠가와(에도) 막부도 계산기를 두드렸다.
이들에게 조선 통신사는 유학, 그림, 글씨 같은 문화를 수입하는
통로 이상의 더 중요한 쓰임이 있었다.

첫째, 일본의 시각에서 볼 때 조선 통신사는 어디까지나 쇼군
의 취임이나 경사를 축하하러 온 사절단이었다. 수백 명 규모의
통신사 일행은 대마도를 시작으로 이키-지쿠젠-부젠-나가토-
스오-비젠-오미-오와리-스루가 등의 지역을 지나 에도에 도착
했다. 현재 일본의 행정 구역인 도도부현(都道府縣·1개의 都, 1개의 道,

2개의 府, 43개의 縣으로 이루어진 오늘날 일본의 행정 체계)으로도 나가사키, 후쿠오카, 야마구치, 히로시마, 오사카, 교토, 효고, 기후. 시즈오카, 도쿄 등 14곳이나 지나는 긴 여정이었다. 당시 일본에서 발전이 뒤처진 도호쿠나 시고쿠를 제외한 전국이라고 해도 과언이 아니었고, 왕복하는 데 대략 6개월이 걸렸다. 이를 맞이하는 성대한 준비를 통해 에도 막부는 자기네의 권위와 위상을 국내에 재확인시킬 수 있었다. 일본 전국이 동군과 서군으로 나뉘어 내전(세키가하라 전투)을 벌인 터라 에도 막부는 권위를 과시할 수 있는 이런 상징적 이벤트가 절실했다.

둘째, 지방의 작은 다이묘에서 출발한 도쿠가와 막부는 자신들과 같은 사례가 나오는 것을 막기 위해 각 번藩의 재정을 약화하는 방식을 고안했다. 참근교대제라 불린 제도로 인해 다이묘들은 2년마다 1년씩 에도에서 가족들과 머물러야 했고 이 일에는 막대한 비용이 발생했다. 그런데 막부는 조선에서 온 통신사의 경비까지 각 번이 부담하도록 했다. '그것이 얼마나 된다고'라고 생각할 수도 있지만, 그렇지가 않다.

옥스퍼드 대학교에서 한국사를 연구하는 제임스 루이스 교수는 「문명의 가격은 얼마인가? : 17~19세기 대일본 조선 사절의 역할과 비용」이라는 논문에서 일본이 조선 통신사를 맞이하는 데 들인 비용을 추산한 적이 있다. 그에 따르면 통신사의 접대 비용은 1년 쌀 생산량의 3퍼센트 정도였다. 근대 이전의 일본은 연

17~18세기 조선 통신사의 일본 여정 통신사는 도쿠가와 막부의 권위를 높이는 행사인 동시에 지방 다이묘들의 경제력을 약화시키는 작용을 했다.

간 쌀 생산량인 '고쿠다카'로 각 번番의 세력을 가늠했다. 통신사 접대에는 45개 지역이 지정되었는데 체류 비용은 모두 각 번이 부담했다. 통신사가 올 때마다 각 번은 1년 예산의 3퍼센트 가까이 소비한 셈이다. 결코 만만한 비용이 아니었다. 참고로 한국의 국방비가 전체 예산의 3퍼센트가 조금 안 되는 수준이다.

1682년 후쿠오카번의 기록에 따르면 통신사는 에도에 갈 때 1박, 귀국할 때 2박을 머물렀는데 이때 이들을 대접하기 위해 교토에서 금박 1만 장과 최고급 차, 대추 등, 오사카에서 연초 담뱃

대 260자루, 잎담배, 구리로 만든 목욕 가마, 은박 1만 장, 가다랑어포, 밀랍초 2,300정, 나가사키에서는 집돼지 10마리, 얼음 설탕 50근, 당지唐紙 100장, 상어 토막 등을 구입했다. 일본에서도 비싼 특산품이었다. 이에 소요된 비용은 구리 284관 746돈 2분으로 지금 시가로 4억 6,594만 엔(한화 약 51억 5,500만 원)에 달한다. 후쿠오카 한 곳에서만 쓴 비용이다.

뿐만 아니라 통신사를 위해 숙박 시설을 새로 짓기도 하고 사원이나 민가를 비우기도 했다. 올림픽을 유치하면 숙박 시설 등 관련 인프라 시설을 정비하듯 일본도 마찬가지였다. 또 이들을 이동시키기 위해 오사카부터 에도까지 이어지는 육로에 사용되는 말은 8,100~9,700필에 달했으며, 수행하는 하인은 1만~1만 2,000명에 달했다고 한다.(나카오 히로시 『조선통신사 : 에도 일본의 성신 외교』에서 인용) 여기에 들어간 인건비까지 합산하면 비용은 훨씬 늘어날 것이다.

"귀국에는 만국전도가 없습니까?"

양국 정부의 목적이 어떻든 간에 조선 통신사에는 학자를 비롯해 화가, 서예가 등 다양한 계층이 참여하면서 이를 통해 활발한 문화 교류가 일어난 것이 사실이다. 이 중 일본에서 목 빠지게 기다렸던 것은 조선의 유학자 그룹이었다. 일본이 임진왜란 이

에도 시내를 행렬하는 조선 통신사 일행 일본 화가 하네가와 토에이가 1748년에 그린 〈조선통신사내조도朝鮮通信使来朝圖〉다. 막부의 장군에게 조선 국왕의 국서를 전달한 뒤 숙소로 향하는 조선 통신사 행렬을 묘사한 그림이다.

후 이황의 학문을 수용해 성리학을 꽃피웠다는 사실은 잘 알려진 이야기다. 일본 학자들은 조선에서 온 사신들과 성리학에 대해 논하고, 자신들의 학문을 평가받고 싶어 했다. 자신들이 정리한 책을 이황의 도산서원에 전해달라고 부탁하기도 했을 정도다.

그런데 18세기가 되자 다른 움직임이 싹트기 시작했다. 성리학에 대한 이해도가 높아지면서 자신감을 갖게 된 일본 학자들은 양명학을 수용하고 성리학을 비판하는 수준으로 나아갔다. 그러면서 조선의 학문을 낮추어 보는 흐름까지 나타났다. 조선의 시에 대해 "송宋과 원元의 구습을 답습했다"고 비판하거나, 고대 일본이 한반도 남부를 정벌했다는 신공 황후(神功皇后·일본 고대사의 전설적인 인물. 한반도의 삼한을 다스렸다는 설화가 전해진다. 대체로 가상의 인물이자 가상의 이야기로 치부되지만 한일 관계가 악화할 때면 어김없이 등장한다)의 삼한정벌론이 유행하기도 했다.

1711년 조선 통신사에 대한 접대를 대폭 간소화하는 빙례개혁聘禮改革을 주도한 아라이 하쿠세키도 그런 인물이었다. 하쿠세키는 "유럽 지방의 이탈리아, 네덜란드 사람들을 보았다"며 은근히 자랑하다가 통신사 일행으로부터 "유럽, 이탈리아, 네덜란드 등은 어느 곳에 있습니까?"라는 질문을 받자 "귀국에는 만국전도萬國全圖가 없습니까? 저에게 지도 한 장이 있으니 필요하다면 드릴 수 있습니다"라고 과시했다.

일본 역사에서는 이들을 국학파國學派라고 부른다. 오규 소라

한국사는 없다

이, 다키 가쿠다이, 가메이 난메이 등이 대표적인데, 이들은 옛 경서를 직접 탐구하면서 주자와 성리학을 유학의 한 갈래 정도로 격하했다. 주자의 가르침을 절대화했던 조선에서는 상상도 못 할 일이었다.

성리학에 대한 절대화와 상대화, 이것은 일본과 조선이 서로 다른 앞날을 만들어갈 것이라는 신호탄이었다. 그 조짐을 본 것은 1763년 통신사였다.

계미 통신사와 가메이 난메이의 만남

그 가운데 축전주築前州의 의원인 구정로龜井魯라는 자는 나이가 21살이었는데 총명하고 슬기롭기가 남보다 월등히 뛰어났고, 붓을 놀리기가 마치 나는 듯하였다.

_원중거, 『승사록乘槎錄』

1763년 파견된 11번째 통신사가 구정로龜井魯, 가메이 난메이를 만난 때는 1763년 12월, 20일간 치쿠젠[筑前(축전)·현재의 후쿠오카]에 머무르는 동안이었다. 계미년癸未年에 갔다고 하여 계미 통신사라고도 불리는 이들은 정사正使 조엄을 필두로 남옥, 성대중, 원중거, 김인겸 등 하나같이 글재주가 뛰어났다.

통신사 일행이 도착하면 해당 지역의 일본 학자들이 찾아와 필담을 나누는 것이 관례였다. 이때 통신사의 눈에 들어온 이가 가메이 난메이였다. 그는 자신을 유학자이자 의원醫員이라고 소개했다. 조선과 달리 일본에서는 유학자가 의원을 겸하는 경우가 흔했다. 성리학을 단순한 학문을 넘어 삶의 방향과 일치시키는 철학으로 받아들인 조선과 달리 일본은 하나의 수단으로서 수용했기 때문이다.

난메이는 흔히 말하는 천재였다. 21세였던 그는 번뜩이는 재기와 열의로 통신사 일행을 사로잡았다. 원중거는 치쿠젠에서 만난 일본 유학자들이 잠깐 필담 후 이런저런 핑계로 자리를 비웠다면서, "구정로(난메이)만이 홀로 붓을 나부끼듯 다루며 왼쪽에 응수하고 오른쪽에 응답하며 하루 종일 피곤해하지도 않았다. 그는 필담한 것들은 묻고 답한 것을 막론하고 모두 그 자리에서 거두어 품 안에 집어넣었고 조금도 남기는 것이 없었다"며 감탄했다. 통신사 일행은 오랜 시간 난메이와 필담을 나누며 일본에서 유행하는 국학파의 분위기를 접할 수 있었다.

난메이는 "신체발부는 부모에게 받은 것인데, 비록 의업에 종사한다지만 홀로 머리를 기를 수는 없는가?"라는 통신사의 질문에 "공자께서 송宋에 계시면 송나라가 되고, 월越에 계시면 월越이 되는 것입니다. 우리나라의 풍속이 그러합니다"라고 답했다. 즉 진리의 기준은 절대적인 것이 아니라 상대적인 것이라는 항변이었다. 이를 들은 통신사 일행은 경악했다. 난메이는 "100여 년 동안 누구의 문집이 가장 훌륭하냐?"는 질문에는 "오규 소라이"라고 거침없이 답하기도 했다. 중국과 조선의 학자를 대지 않는 것은 자신감의 발로였다.

통신사 일행이 나가토[長門(장문)·현재의 시모노세키]에서 만난 다키 가쿠다이는 더 과격했다. 그는 오규 소라이에 대해 "옛 경전을 근본으로 삼고, 주자의 해석을 따르지 않는다"며 치켜세웠다. 조선 성리학자들로서는 받아들일 수 없는 이야기였다. 원중거가 "정주(程朱·송나라 때 성리학을 연 정호, 정희 형제와 주희)의 도는 하늘의 해와 같으니 이를 배반하고 달아나는 사람은 모두 도깨비나 요괴"라고 질타하자 다키 가쿠다이는 "동의할 수 없다"며 물러서지 않았다.

일본은 '이단의 나라'

통신사 일행은 일본의 풍요로움에 놀라기도 했고, 귀국길에는 자신들이 쓴 시가 이미 출판되어 유통되는 것을 목격하기도 했다. 그들 눈에 일본은 조선보다 부강한 나라였다. 하지만 이들의 눈에 더 크게 들어온 것은 이단 학풍의 유행이었다. 조선의 통신사 일행은 난메이와 가쿠다이의 재주를 높이 평가하면서도 오규 소라이가 연 새 학풍이 일본을 병들게 한다며 안타깝게 생각했다. 그러면서 오직 성리학의 바른 도를 지키는 것은 조선뿐이라는 자긍심을 안고 귀국했다.

그래도 통신사 일행은 20대의 간메이를 진심으로 아꼈다. 그들은 간메이에게 오규 소라이의 학문에 깊이 빠져들지 말라고 권고하며 조선 선비들이 애독했던 『소학小學』을 건네기도 했다. 또 그를 멸시하고 따돌리는 치쿠젠의 성리학자들에게 "간메이는 재능이 많으니 용납하고, 배척하지 말아달라"고 부탁했다. 국학파의 발호에도 조선과 가까운 규슈는 여전히 성리학이 우세했다. 그곳에서 새로운 학풍을 따르는 간메이는 소수파이자 이단아에 불과했다.

그런 통신사의 진심을 난메이도 알았다. 통신사 일행이 치쿠젠을 떠나 에도로 가던 날 난메이는 언덕에 올라 '평안平安'이라고 쓴 글자를 들고는 한참 동안 통신사 일행을 바라보고 서 있다가 돛이 안 보이자 그제야 돌아섰다고 한다. 이를 보고 있던 남옥은 "마음이 짠했다"고 회고했다.

10여 년 뒤 난메이는 일본을 대표하는 지식인이 되었다. 1784년 후쿠오카번의 교육 기관인 간토칸[甘棠館(감당관)]의 관장에 취임했고, 그가 죽은 뒤 국학파는 일본의 주류가 되었다. 특히 메이지 유신으로 국학파가 부상하면서 그는 큰 평가를 받았다.

당시 통신사 일행 중 난메이를 각별하게 생각했던 남옥은 서얼 출신이었다. 신분의 한계를 딛고 통신사의 서기로 참여할 정도로 글재주가 좋았다. 그가 남긴 『일관록日觀錄』은 이전 사신들이

한국사는 없다

남긴 기록보다 내용이 풍부하고 객관적인 서술이 돋보인다는 평가를 받는다. 하지만 간메이의 바람과 달리 그의 여생은 '평안'하지 못했다. 일생을 궁핍에 시달렸던 남옥은 글을 파는 행위인 매문賣文으로 유배되기도 했고, 일본에 다녀온 7년 뒤에는 사도 세자를 비호했다는 혐의에 휘말려 국문 도중 사망했다. 48세, 학문이 정점에 오를 시기였다.

통신사의 끝

1811년, 일본은 대마도에서 간소화된 절차로 조선 통신사를 맞이했다. 조선은 간략하게 진행하자는 일본의 요구를 수용했다. 통신사가 에도까지 가는 데 들이는 조선의 비용도 만만치 않았기 때문이다. 앞서 말했듯이 일본이 부담한 통신사 비용은 막대했다. 조선도 빈손으로 갈 수는 없었다. 대마도를 시작으로 에도에 이르기까지 조선은 일본의 주요 인사들에게 '예단'이라고 부르는 선물을 주어야 했다.

1763년에 떠난 통신사의 기록에 따르면 호피, 표피를 비롯해 인삼, 청심환, 종이, 먹, 붓, 벼루, 매, 술(법주), 비단 등 45종을 예물로 가져갔는데 당시 비용으로 환산하면 동전銅錢 3만 6,412냥이 들었다. 하지만 통신사가 방문하는 곳이 대마도로 장소가 바뀌면서 예단은 절반으로 줄었고, 양국의 부담은 훨씬 가벼워졌다.

하지만 에도에서 한참이나 떨어진 이곳에서 일본이 어떻게 변해가는지 알기는 어려웠다. 이전 통신사들은 일본의 수도까지 가는 동안 보고 듣고 느낀 것을 기록으로 남겼지만 1811년의 통신사 일행은 대마도의 환대에 그저 좋아했을 뿐이다. 1763년 일본의 변화를 미세하게나마 감지했던 눈마저 흐려진 상태였다.

1811년 이후 통신사는 다시 일본 땅을 밟지 못했다. 200년간 이어진 조선 통신사가 하필 이때 막을 내린 것은 우연이 아니었다. 19세기 초는 조선과 일본 사이에 힘의 균형이 무너진 시기였다. 조선만 이를 몰랐다.

조짐은 18세기 말부터 있었다. 1788년 10월 일본의 에도 막부는 통신사 파견을 연기해달라고 요청했다. 1607년 일본의 요청으로 통신사를 보낸 이래 처음 있는 일이었다. 이 무렵 일본의 대외 관심사는 홋카이도까지 출몰하는 러시아로 넘어가고 있었다. 1787년에는 하야시 시헤이 같은 학자가 러시아에 대한 위협에 대비한 해안 방어를 강조하고 있었다.

1840년과 1864년의 통신사 일정도 모두 일본에 의해 취소되었다. 그리고 약 10년 뒤인 1876년 조선은 일본의 무력에 눌려 불평등한 강화도 조약을 맺었다. 가메이 난메이와 남옥 일행이 만나고 100년 후에는 두 나라의 입장이 그렇게 달라져 있었던 것이다.

지금까지 조선 통신사는 한류의 원조 정도로 다루어지는 게

전부였다. 거기에는 한국 특유의 '국뽕'과 위로의 심리가 관통하고 있다. 일본이 조선 문화에 고개를 숙이고 반겼다는 사실이 국권 침탈로 상처 입은 마음을 달래주는 한편 '우리가 우월하다'는 점을 확인받고 싶은 심리가 작용하는 것이다. 하지만 이러면 조선 통신사가 주는 중요한 시사점을 잃고 만다. 조선 통신사가 지금 우리에게 남기는 메시지는 크게 두 가지다.

하나는 전선을 두 개 만들지 않으려 했던 조선 왕조의 고민이다. 조선은 북쪽에서 후금의 위협이 증대하자, 임진왜란을 일으킨 일본과 관계를 개선하는 선택을 했다. 조선의 국력으로 양쪽을 감당할 수 없다고 진단했기 때문이다. 심지어 일본에서 군수물자인 조총을 수입하려고도 했다. 비록 병자호란으로 무너지긴 했지만, 조선의 이런 판단 자체가 잘못된 것은 아니었다. 덕분에 이후 중국에서 인삼 시장이 닫혔을 때 일본 시장으로 대체할 수도 있었다.

또 다른 교훈은 일본에 대한 관심과 경계다. 조선은 여러 한계에도 불구하고 주기적으로 통신사를 보내면서 일본이 어떻게 변화하고 있는지 파악했다. 적어도 통신사가 제대로 기능한 17~18세기에는 양국의 국력 차가 크게 벌어지지 않았고, 일본으로부터의 침략 위기도 없었다. 공교롭게도 통신사는 19세기 중반부터 단절되었다. 이후의 결과는 우리가 아는 대로다.

in 서울을
선호하는 정서는
언제 시작되었는가?

한양 독점 시대와 서울 집중화 현상의 기원

'1776년 12월 27일. 수서에서 「기하원본幾何原本을 번역하여 붙인 서문」이라는 글을 보았다. 만력 정미년(1607)에 이마두(利瑪竇·마테오 리치)가 지은 것이다. 서양에서는 산수를 연구하는 사람을 기하가幾何家라고 부른다고 한다.'

18세기 후반 한양에 거주한 유만주의 일기 중 일부다. 사대부 집안(기계 유씨)의 자제였던 그는 과거에 번번이 떨어져 벼슬에 오르지 못했고 서른넷이라는 젊은 나이에 요절했으니, 한양에 살았던 장삼이사 중 한 명에 불과했다. 그런데 그는 훗날 많은 주목을 받게 될 특별한 기록을 남겼다. 스무 살이 된 1775년부터 사망하기 1년 전인 1787년까지 거의 매일 쓴 일기였다. 그는 죽기 전 "불태우라"는 유언을 남겼지만 부친은 차마 그러지 못하고, 책(『흠영欽英』)으로 묶어 냈다. 12년간 한양의 일상을 담은 이 기록은 무려 24권이나 된다. 덕분에 우리는 유만주의 눈을 통해 18세기 한양 양반의 라이프 스타일을 엿볼 수 있게 되었다.

그의 일기를 통해 펼쳐진 18세기를 들여다보면 한양 양반들은 우리가 지금 생각하는 것보다 세련된 삶을 영위했던 것 같다. 유만주는 딱히 직업이 없는데도 중국 서화와 서적, 서양 지도를 수집하는 것이 취미였다. 제법 여유가 있었던 가세 덕분인지 흠고당欽古堂과 흠영각欽英閣이라는 공간을 두어 각종 예술 작품과 골동품을 모았고, 당대 유명한 학자였던 박지원과도 교류했다.

1783년 11월 15일자 일기를 보면 114점의 수장품을 꺼내 감상했다고 하는데, 이 중에는 〈천하여지도〉라는 세계 지도가 등장한다. 지금은 남아 있지 않지만, 일본, 대만, 동남아시아는 물론 아메리카까지 비교적 자세히 묘사한 〈천하도지도〉와 비슷했으리라 추정된다. 그는 서양에 대한 관심을 자주 드러냈으며 서양화를 감상한 경험도 남겼다. 경제적으로 풍요로워진 18세기 후반 한양의 중산층 양반 자제들은 이렇게 살았다.

TK 전성시대에서 한양 전성시대로

서울 25개 구區의 의대 진학률 자료가 화제가 된 적이 있다. 새삼스러울 것도 없지만 역시 서울의 강남 3구가 압도적이다. 그 배경은 경제력이 꼽힌다.

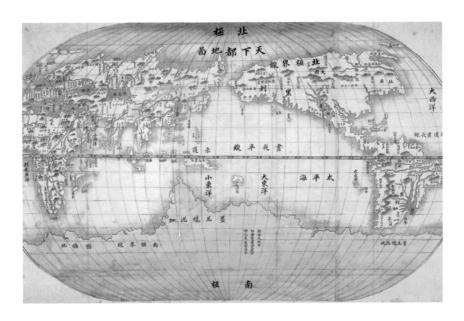

천하도지도天下都地圖 중국에 머물렀던 이탈리아 선교사 줄리오 알레니가 편찬한 『직방외기』에 수록된 만국전도를 바탕으로 1790년대에 조선에서 제작한 세계 지도다. ⓒ서울대학교 규장각

조선도 다르지 않았다. 조선 전기에 가장 두각을 드러낸 지역은 경북이었다. 당시 생계에 대한 걱정 없이 학문에 전념할 수 있는 재산 기준이 전답 300~500두락(약 3만 평)과 노비 100여 명이라는 연구도 있는데, 이런 수준의 부를 갖춘 가문이 많이 살았기 때문이다.

경북 양반 가문들의 상당수는 고려 말 낙향한 성리학자 그룹에서 출발한다. 당시 이들은 송나라 때 발달한 강남농법(江南農法·송대 양쯔강 일대에서 발생한 선진적인 농사법)을 익힌 신지식인이기도 했다. 당시만 해도 경북은 산이 많고 농사에 적합하지 않은 그저 그런 지방에 불과했다. 하지만 성리학자들은 이 산간 지대에 주목했다. 산에는 소량이라도 냇물이나 계곡이 흐르는 곳이 많은 덕분에 물 공급이 언제나 원활하기 때문이다. 그래서 이들은 계곡 양편에 전답을 만들고 천방(川防·산골짜기에 흐르는 개울 등을 이용한 수리 시설)을 확충해 강남농법의 모내기를 도입했다. 아무도 주목하지 않던 경북 산간의 땅을 옥토로 바꾼 것이다. 이런 방식으로 생산력 높은 농지를 대량 확보한 경북의 유지들은 재산을 자녀 교육에 집중 투자했다. 덕분에 경북은 김숙자, 김종직, 김굉필, 이황 같은 조선 전기를 대표하는 쟁쟁한 성리학자들을 연이어 배출했다. 유성룡처럼 성공한 정치인도 나왔다. 조선 전기는 TK(대구·경북) 전성기라고 해도 과언이 아니었다. 이렇다 보니 16세기만 해도 경북 학벌의 위세가 한양을 압도했다.

그런데 18세기에 접어들자 상황이 달라졌다. 몇 가지 이유가 있었다.

첫째, 청-조선-일본을 묶는 중계 무역으로 인해 한양에 은과 돈이 쏟아져 들어오기 시작했다. 이를 바탕으로 소비 도시가 된 한양은 상업 발달을 통해 경제력에서 다른 지역을 압도하기 시작했다.

둘째, 18세기 호락논쟁(湖洛論爭·사람과 사물의 성격에 관한 성리학 논쟁. 충청도 지역파와 한양 지역파가 대립했다)에서 낙론계를 형성한 서

한국사는 없다

杯箸錯陳
集四隣
香麕
肉膳上頭珍
老僕
於此何由
鮮不敢
屋门
對貴人

야연夜宴 조선 후기의 풍속화가 성협의 화첩에 실린 그림으로, '고기 굽기'라는 별칭이 붙어 있다. 양반들이 야외에서 고기를 구워 먹는 모습을 담았는데, 한양이 물류 중심지로 변화하면서 식문화의 수준이 높아진 풍속을 표현했다.

울·경기 노론의 정치적 세력이 커졌다. 이들은 청나라와의 교역과 상공업 진흥에 긍정적이었고, 북경에서 넘어온 최신 문물에 관심이 많았다. 또 상업이 번성하고 대도시로 성장해가던 한양의 활기찬 분위기 속에서 이들은 소고기 시식 모임을 만들고, 화초 관리에 대한 책을 냈으며, 패관소품稗官小品이라 불리던 감정과 욕망을 묘사하는 소설들을 탐독했다. 또 중국에서 들어온 서양 악기를 연주하고, 해외 지도를 수집하는가 하면 중국 상·주 시대의 청동기 유물을 들여와 감상할 정도로 이전 사대부와는 다른 삶을 살았다. 이들을 '경화사족京華士族'이라고 부른다. 북학파를 이루었던 홍대용, 유득공, 박지원 등이 노론 시파 출신의 대표적 경화사족 인사들이다.

반면 호락논쟁에서 호론계를 형성했던 충청 지역의 노론은 매우 완고하고 배타적인 분위기를 고수했다. 청나라에 대해서도 여전히 오랑캐라며 멸시하는 입장이었다. 이런 흐름 속에서 서서히 당파보다는 한양에 거주하느냐 아니냐가 더 중요해지는 분위기가 조성되었다.

이런 사정은 남인도 마찬가지였다. 정조에 협력적인 남인은 대개 서학에 호의적이고 개혁적인 인사라고들 생각하지만, 지역별로 분위기가 달랐다. 숙종 때 갑술환국으로 권력에서 소외된 남인은 지역별로 다른 길을 걸었다. 허목-이익-권철신-정약용 등 서울·경기 지역에서 활동한 근기(近畿·서울에서 가까운 곳) 남인들은 서양 학문에 관심을 가졌고 일부는 서학(천주교)에 귀의했다. 반면 영남 남인들은 노론보다도 전통 주자학에 더욱 집착했다. 훗날 천주교 서적을 강습한다고 정약용을 고발한 이도 같은 남인이었던 홍낙안이었다. 경북 안동 출신인 홍낙안은 서학에 부정적인 영남 남인(공서파)에 속했다.

외부에서 위기가 닥쳐오면 이에 대처하는 두 가지 양상을 보이는데, 창조적 파괴와 혁신을 추구하거나 반대로 전통에 집착하며 단결시키는 방식이 있다. 남인은 전형적인 이 두 가지 패턴으로 움직인 것이다.

이런 분위기 속에서 경화사족들은 당파를 초월해 한양 안에서 서로 교류하며 학문을 주고받았다. 당파가 다르더라도 말이 잘 통했기 때문이다. 노론 산림의 거두인 김장생의 후손 김상현이 남인 정약용에게 배우기도 했고, 노론 벽파인 김정희는 시파와 어울린 박제가에게 수학했다. 그래서 이들을 '경화학파'라고 부르기도 한다. 마치 지방 명문고 학맥이 쇠락하고 서울 강남이나 외고 출신들이 새로운 파워 엘리트로 등장한 지금의 대한민국을 보는 것 같기도 하다.

영·정조 시대였던 이때를 '조선의 르네상스'라고 부르며 많은 평가를 해왔지만, 빛이 있으면 그림자도 있는 법이다. 위에서 묘사한 한양의 모습을 보면 멋있고 화려해 보이지만, 18세기 조선은 서울 집중화가 심화되어 경향京鄕의 균형이 붕괴된 시기이기도 했다.

서울 독주 시대의 개막

한양 집중화를 보여주는 좋은 자료가 문과 급제자의 지역별 비율이다. 과거 시험은 조선 시대에 권력과 재력 그리고 사회적 권위를 획득하는 거의 유일한 통로였다. 그러니 과거 급제자의 비율을 따지는 일은 요즘 의대나 SKY 합격자 수를 지역별로 따져보는 것과 비슷할 것이다.

서울여대 이원명 교수는 문과 급제자를 다수 배출한 주요 가문을 추린 뒤 다시 지역별로 분류하는 작업을 진행했다. 이에 따르면 급제자를 100명 이상 낸 가문은 1그룹(15개), 40~99명을 낸 가문은 2그룹(26개), 1~39명을 낸 가문은 3그룹(117개)으로 구분했다. 그런데 100명 이상 급제자를 낸 1그룹 가문 중 한양 출신은 17세기 전반만 해도 평균 60퍼센트 정도였는데, 17세기 후반에는 74퍼센트로 늘어나고, 19세기에는 80퍼센트를 넘어섰다.

우리가 흔히 안동 김씨라고 부르는 19세기 세도 정치 가문도 정확히 구분하면 한양에 자리 잡은 장동 김씨다. 병자호란 당시 척화파의 선두였던 김상헌의 후예들로 장동(오늘날 서울 종로구 효자동) 일대에 모여 살았다. 이들은 중앙 정부의 권력까지 장악해 경화거족京華巨族이라고 불렸다. 안동(장동) 김씨 외에도 달성 서씨, 풍산 홍씨, 파평 윤씨, 전주 이씨, 반남 박씨, 청송 심씨, 경주 김씨 등이 대표적인 경화거족으로 꼽힌다. 이런 가문에 속한 한양 거주 집안에서 문과 급제자가 다수 배출된 것이다.

1789년(정조 13년) 문과 급제자 현황 역시 한양 집중화의 한 면모를 보여준다. 당시 서울 인구(18만 9,153명)는 전국 인구(740만 3,606명)의 2.6퍼센트에 불과했는데, 문과 급제자는 45.9퍼센트를 차지했다. 서울 독주 시대가 열린 것이다.

한양의 장점은 차고도 넘쳤다. 지금도 강점으로 꼽히는 정보와 교통 요소는 이때도 마찬가지였다. 조선 시대에는 3년마다 치르는 정규 문과 외에도 별시, 증광시 등 비정기적으로 치르는 과거 시험이 있었다. 한양과 경기도는 정보가 빠르게 전달되었고, 과거를 치르는 장소와 거리도 가까워 시험에 응시할 여건이 좋았다. 반면 한양에서 며칠이나 걸리는 영·호남에서는 상대적으로 비정기적 과거에 매번 참여하기가 어려웠다. 숙식비도 몇 배가 들기 때문에 경제적 부담 역시 컸다.

최한기를 붙잡은 서울의 매력, 소프트파워

한양의 장점은 교육에만 국한되지 않았다. 문화의 힘, 요즘 말로 하면 '소프트파워'라고 할 수 있는 문화적 인프라를 무시할 수 없었다. 조선 후기 '만물박사'였던 실학자 최한기의 삶을 더듬어

보면 '왜 서울인가?'에 대한 답을 어느 정도 찾을 수 있다.

최한기의 집안은 경제적으로 제법 윤택한 평양 지역 유지였다. 그런데 그는 변변한 벼슬도 없는 처지에 굳이 한양 남산에 터를 잡고 살았다. 남산 일대는 '남촌'이라고 불렸는데, 원래 군인들과 권력에서 소외된 남인들이 사는 동네였다. 최한기가 평양의 저택을 마다하고 이곳을 선택한 이유는 한양에 거주하며 누릴 수 있는 문화적 혜택 때문이었다.

한양 구리개(현재 을지로) 일대에 서점과 골동품 상점들이 밀집했고 광통교에는 서화 판매점들이 있었다. 한양의 양반들은 이곳을 통해 중국에서 들어온 서화와 골동품 등을 수집할 수 있었다. 정약용과 함께 18~19세기 조선 실학을 대표하는 서유구가 19세기 초 남긴 『임원경제지林園經濟志』는 도자기, 청동기 또는 명화와 고서를 수집하고 감상하는 방법과 보관 및 감식법을 자세히 다룬 책이다. 최한기는 한양에서 살면서 경화사족들과 어울리며 북경에서 들어온 선진 문물을 빨아들였다. 중국에서 들여온 많은 서적을 구입하고, 김정호와 함께 지도를 제작하기도 했다. 그가 1857년에 제작한 지리서 『지구전요地球典要』에는 지구와 천체의 움직임을 비롯해 유럽, 아프리카, 아메리카에 대한 풍토와 정치, 풍속 등 세세한 정보를 담고 있는데, 분량은 무려 13권이다.

최한기는 비록 경화사족에 밀려 그럴듯한 출세는 할 수 없었지만 '인in 한양'이 주는 혜택은 자신의 비루한 처지를 감수하고

한국사는 없다

도 남았다. 그 노력은 자식 대에 빛을 보았다. 한양에서 자란 최한기의 맏아들은 1862년 문과에 급제해 고종의 시종이 되었다.

다소 의외일 수 있지만 '인 서울'의 중요성을 누구보다 강조한 사람이 바로 실학자 정약용이다. 그는 전남 강진에서 18년간 귀양살이를 하면서 『경세유표經世遺表』,『목민심서』 등을 남기며 많은 사회·경제적 개혁을 주창하고 지방의 피폐함을 가슴 아파했지만 경화거족이 장악한 한양 집중화를 타파하는 데는 소극적이었다. 경기도 양주 출신인 그는 누구보다도 '인 서울'의 중요성을 잘 알고 있었고, 자식들도 그러한 흐름에서 이탈하지 않기를 바랐다. 정약용이 귀양살이를 하며 아들에게 보낸 많은 편지 속에는 이 같은 마음이 잘 반영되어 있다.

> 혹여 벼슬에서 물러나더라도 한양漢陽 근처에서 살며 안목을 떨어뜨리지 않아야 한다. 이것이 사대부 집안의 법도이다. (…) 내가 지금은 죄인이 되어 너희를 시골에 숨어 살게 했지만, 앞으로 반드시 한양의 십 리 안에서 지내게 하겠다. (…) 분노와 고통을 참지 못하고 먼 시골로 가버린다면 어리석고 천한 백성으로 일생을 끝마칠 뿐이다.

유만주는 왜 마포에 가서 돈을 빌렸나?

정치뿐 아니라 교육과 문화의 중심이 된 한양의 집값이 오른 것은 당연한 일이었다. 집안의 힘으로 직업 없이도 결혼도 하고 생계 걱정 없이 살았던 유만주조차 '집을 사는 일이 참 어렵다. 모두 이와 같다면 누가 집을 사려고 하겠는가?'라며 스트레스를 토로할 정도였다.

유만주가 남긴 일기를 보면 그는 1784년 1월부터 수서(水西·서울 중구 남대문로 4가), 창동(倉洞·서울 중구 남창동), 난동(蘭洞·서울 중구 회현동), 명동明洞, 한정동(寒井洞·서울 종로구 명륜동 4가 일대), 공동(公洞·서울 중구 소공동), 낙동(駱洞·서울 중구 충무로 근방) 등에 집을 보러 다녔고, 1784년에는 명동에 2,000냥짜리 집을 장만했다. 1784년 8월 5일 일기를 보면 한 달 생활비로 16냥을 썼다고 하니, 명동 집은 10년 5개월치 생활비였던 셈이다.

유만주의 부친이 종5품 현직에 있었지만, 2,000냥은 큰돈이었다. 그래서 그는 집값의 상당액을 친척과 경강주인들에게 빌렸다. 경강주인은 조선 후기 마포 일대에서 숙박과 유통을 독점한 집단으로 한양 사금융의 '큰손'이었다.

유만주는 경강주인 측에 1,050냥을 빌리고 싶다고 편지를 보내고 이튿날 새벽에 돈을 보내주겠다는 답장을 받았다. 2,000냥의 1,050냥이니 집값의 53퍼센트가량을 대출받은 셈이다. 대출을 의뢰한 이튿날 돈이 융통되었으니, 카카오뱅크만큼이나 빠른 속도였다. 하지만 부친의 꾸지람 때문인지 유만주는 이듬해 명동 집을 팔고 창동倉洞의 930냥짜리 집으로 이사를 갔다.

17세기 이후 대동법이 정착하면서 세금은 대부분 쌀로 냈다. 그리고 지방에서 거둔 세금(쌀)을 실은 배들이 도착하는 곳이 바로 마포였다. 이러면서 강과 바다를 이용하는 수운水運이 발달했고, 한양에 팔기 위한 상품을 지방에서 구입한 상인들도 배를 이용해 마포로 보냈다. 18세기 조선에도 쿠팡이 있었다면 그 본사는 틀림없이 마포에 세웠을 것이다. 이러면서 자연스럽게 마포는 도매업, 숙박업, 유통업, 금융업 등이 발달하게 되었다. 유만주가 주택 담보 대출을 받으러 마포로 간 것도 당연했다. 그런데 이 시기에 한양에서 살고자 했던 이들은 양반들만이 아니었다.

이스트엔드와 마포

영국 BBC가 방영하는 프로그램 중에 1985년부터 지금까지 이어온 〈이스트 엔더스East Enders〉라는 드라마가 있다. 런던 동부에 거주하는 서민들의 삶을 다룬 작품이다. 서울은 한강 서부보다 동부가 부유한 편인데, 런던은 반대로 서부가 부유하고 동부는 상대적으로 환경이 열악하다. 런던이 국제 무역항으로 발전하면서 일용직을 얻은 노동자들이 주로 거주했기 때문이다. 런던 동부(이스트엔드)에서 가장 유명한 지역이 화이트채플Whitechapel이다. 이곳은 19세기 런던을 공포로 몰아넣은 잭 더 리퍼라 불리던 연쇄 살인마가 범행을 저지른 곳이기도 하다.

런던의 인구는 16세기까지만 해도 파리나 베네치아, 나폴리 등보다 적었지만, 엘리자베스 1세 여왕 시대 이후 급성장했다. 예를 들어 1550년경 파리의 인구는 약 13만 명, 베네치아는 15만 8,000명으로 추정되나, 런던은 7만 5,000명에 불과했다. 그러던 것이 1600년이 되면 런던의 인구는 20만 명, 파리는 22만 명, 베네치아는 13만 9,000명, 나폴리는 28만 1,000명으로 바뀐다. 1650년에는 런던 40만 명, 파리 43만 명, 베네치아 12만 명, 나폴리 17만 6,000명이다. 그리고 1700년에는 런던 57만 5,000명, 파리 51만 명, 나폴리 21만 6,000명이 되었다.

흥미로운 점은 1600년~1650년 사이 런던의 중심부인 시티*City of London* 지역 인구는 거의 변하지 않았는데도 런던 전체의 인구는 2배로 증가했다는 사실이다. 시티 지역은 런던 성벽(London Wall·브리튼섬에 상륙한 로마군이 템스강변에 물자와 군인을 수송할 목적으로 만든 항구 도시 론디니움을 감싼 성벽이다)으로 둘러싸인 핵심 지구를 가리킨다. 서울로 치면 사대문 안이다. 다시 말해 런던의 '사대문' 밖 인구가 급성장한 것이다.

1550년 런던 인구 7만 5,000명 중 시티 인구는 6만 9,000명, 시티 외는 6,000명에 불과했다. 즉 시티 바깥에 사는 인구는 8퍼센트 정도였다. 그것이 1801년이 되면 시티는 12만 9,000명, 시티 밖은 82만 8,000명으로 시티 외곽의 인구가 런던 전체 인구의 86.5퍼센트를 찍었다. 런던 인구가 폭증에 가깝게 늘어나는 때는 17세기인데, 세계 상업 무역의 중심으로 우뚝 선 런던 항의 물동량 증가와 맞물렸다. 1700년 무렵 영국의 해외 무역량 75~80퍼센트가 런던항을 통해 유통되면서 부두 인근에는 하역이나 창고 건설에 투입할 노동자 수요가 급증했고, 자연스레 이들을 위한 숙박, 주점 등도 발달했다. 우리에게 뮤지컬로 더 익숙해진 〈지킬 앤 하이드〉, 〈스위니 토드〉, 〈잭 더 리퍼〉의 주요 배경이 바로 이 지역이다. 템스강 하류이자 런던의 동부인 이곳은 이스트엔드*East End*로 불리게 되었고, 하류-서민층의 거주지로 자리잡았으며 산업 혁명 전후 런던 인구 증가를 견인했다.

한편 조선 시대 한양도 런던만큼은 아니지만 가파른 인구 증가를 경험하는 중이었다.

이미 세종 시대부터 사대문 안 주택난을 호소할 정도였고, 조정은 도성 밖 십 리를 한성부로 인정하는 이른바 성저십리城底十里를 한양의 경계로 확정한다. 이에 따라 한양의 영역은 서쪽으로 양화도와 모래내, 남쪽은 노량진, 동쪽은 중랑천 일대까지 확장되었다.

한양 역시 17세기부터 급격하게 인구가 급증했는데, 여기에는 복합적인 이유가 있었다. 정묘·병자호란에 이어 17세기 중반 소빙기가 겹치면서 농업이 어려워지자 살길이 막막해진 지방민들이 대거 한양으로 올라왔다. 조선 시대 족보를 분석한 한 연구도 이를 뒷받침한다. 이에 따르면 15세기 안동 권씨 집안의 평균 자

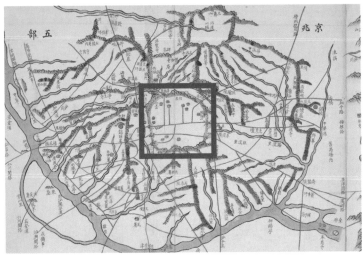

한양의 확장 사대문을 비롯한 출입구를 설치하고 성벽으로 둘러쌌던 조선 초기의 한양은 인구가 집중됨에 따라 사방 십 리 이내로 영역이 확장되었다.

한국사는 없다

녀 수는 3.41~3.73명이었다. 그런데 조선 후기 전주 서씨 족보를 분석한 연구에서는 2.5명로 나타났다. 즉 소빙기에 농업 생산량이 감소하면서 출산율이 낮아지고 인구도 감소했다는 사실을 보여준다.

하지만 이때 한양 인구는 도리어 증가하는 기현상이 일어났다. 효종 8년(1657년) 실시한 인구 조사에서는 8만 572명이었는데 현종 7년(1666년)이 되면 19만 4,030명으로 급증했다. 이것은 구휼책 때문에 지방에서 한양으로 사람들이 몰려든 사실을 반영한다.

때마침 세금 부담을 줄이는 대동법의 시행으로 납세가 쌀로 통일되면서 전국에서 거두어들인 쌀이 조운漕運을 통해 한강으로 모여들었다. 특히 서해와 한강으로 이어지는 한강 하류는 충청·전라도 등에서 거둔 쌀이 모두 모여들었고 광흥창 같은 쌀을 보관할 창고가 곳곳에 세워졌다. 즉 템스강 하류와 흡사한 과정을 밟았다. 하역 노동자가 몰려들었고 이들을 위한 숙박 시설과 주택이 지어졌으며 이들을 상대할 주점과 매춘업이 발달했다. 한양의 인구 급증과 함께 슬럼화가 진행된 것이다. 이 중 상업이 가장 번성한 곳이 마포였다. 시전만 15개가 설치되었으며 뱃사람을 상대하는 주점이 수백 개에 달했다고 한다. 『조선왕조실록』이나 『승정원일기』 등을 보면 이 지역에 대해서 소송을 즐겨 한다거나 세력가들이 왈패랑 손을 잡고 살인도 거리낌 없이 저지르고 심지어 이들의 행패를 단속하기 위해 나온 한성부 관리들까지 구타해 물의를 빚고 있다는 기록도 나온다.

1426년 인구 조사에 따르면 한양에서 사대문 안 인구는 10만 3,328명, 성 밖은 6,044명에 불과했다. 성 밖 인구는 한양 전체 인구의 6퍼센트가 채 안 되는 수치다. 그런데 1789년 조사에서는 사대문 안 인구가 11만 2,371명으로 거의 차이가 없는 반면 성 밖은 7만 6,782명으로 늘었다. 한양 인구의 40퍼센트를 넘긴 것이다. 또한 세종 때와 비교하면 도성 밖 인구가 무려 11배나 증가한 수치다.

인구 급증을 이끈 것은 엄청난 물류가 오가는 한강 일대였고, 특히 상업이 가장 발달한 마포가 있는 서부였다. 그래서 이 지역에는 서강방과 용산방이라는 새로운 행정 구역이 설치되었다. 18세기 한양의 마포와 런던의 이스트엔드는 비슷한 현상을 경험하고 있었다.

급등하는 서울의 집값

한양은 1392년 정도전의 구상에 따라 계획도시로 건설되었다. 다만 인구 10만 명 정도를 고려하고 설계했기 때문에 이후 늘어나는 인구를 감당하기에는 턱없이 좁았다. 이것은 한양 집값이 급등할 수밖에 없는 요인이 되었다. 수요는 많고 공급은 적으니 시세 차익을 기대하는 것이 당연했다.

한국사는 없다

조선 헌종 때 한양 경화사족의 겸인(집사)이었던 이윤선은 1854년 방교(芳橋·서울 종로구 신문로 일대)로 이사했는데 집값 1,500냥에 집 앞의 밭까지 합쳐 2,250냥을 주고 샀다. 그리고 1863년에는 이 집을 3,000냥에 팔고 2,550냥을 들여 상대창동(서울 중구 남대문로 3·4가)의 주택을 구입했다. 9년 만에 750냥(집값의 33.3퍼센트)의 시세 차익을 남긴 것이다. 그는 평생 한양에서 살았고, 29년 동안 6번의 이사를 다녔는데 이 같은 재테크를 통해 적잖게 재산을 불릴 수 있었다.

유입 인구가 많아지면 주택 거래가 활발해진다. 18세기 한양이 그랬다. 지금까지 남아 있는 당시의 매매 기록을 보면 주택 거래가 제법 활발했다. 평균 5~6년에 1번씩 집주인이 바뀌었는데, 때로는 3~4개월 만에 바뀌는 경우도 있었다. 지금까지 전해지는 18~19세기 장통방(서울 중구 남대문로와 종로구 서린동 일대)의 주택 매매 기록에는 당시 한양 집값의 변화가 고스란히 담겨 있다. 1719년 160냥에 거래된 집이 1764년에는 200냥, 1769년에는 300냥, 1783년에는 350냥으로 서서히 오르다가 1800년에는 900냥, 1830년 1,205냥, 1831년에는 1,500냥으로 급격히 상승했다. 1세기 동안 10배가량 올랐다. 요즘 집값의 상승률과 비교하면 그 수치가 대단치 않을지 몰라도 또 다른 물가 척도인 곡물 값과 비교해보면 급격한 상승이었다.

18세기는 한양의 독주 체제가 본격화한 시기였다. 사람도 돈

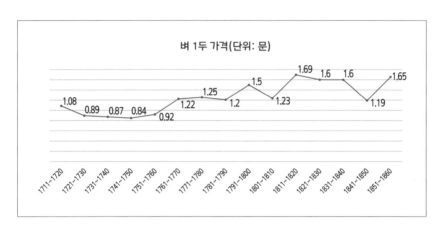

벼 1두 가격(단위: 문)

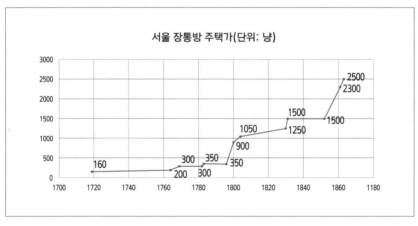

서울 장통방 주택가(단위: 냥)

18세기~19세기 조선의 곡물 가격과 한양의 집값 변동 추이 비슷한 시기의 쌀값의 상승률에 비해 한양 장통방 지역의 집값 상승률이 매우 크다는 사실을 알 수 있다.

도 모두 한양으로 향했다. 외국과의 무역이 제한된 조선 같은 나라는 경제의 파이가 한정될 수밖에 없다. 그런 상황에서 부富가 특정 지역으로 쏠리면 상대적으로 다른 지역의 소외와 지체를 수반할 수밖에 없다. 19세기 초, 차별에 억눌린 서북 지역에서 홍경래의 난이 일어나고 이후 전국 곳곳에서 민란이 이어진 것도 우연이라고만 보기는 어렵다. 화려한 18세기가 남긴 짙은 그림자였다.

14장

근대 열강들이 주목한 한반도의 가치와 조선의 운명

거대한 제국주의의 파도 앞에서 조선과 일본이
선택한 갈림길

여수 연안 여객선 터미널을 출발한 배는 나로도, 손죽도, 동도를 거쳐 2시간 반 만에 거문도 여객선 터미널에 도착했다. 2월 중순, 동백꽃으로 뒤덮인 섬은 이미 봄날이었다. 여객선 터미널은 거문도를 이루는 3개 섬(고도, 동도, 서도) 가운데 고도古島에 있다. 과거 영국군이 요새를 설치했던 곳이다. 150년 전 영국 병사들도 이곳에 배를 정박시킨 뒤 주변을 둘러보며 하선했을 것이다.

영국군이 주둔했던 흔적은 이제 많이 사라졌다. 당시 300명의 주민을 동원해 건설한 기지 터에는 이제 거문 초등학교가 들어섰고, 9기였던 영국군 무덤도 이제 2기만 남아 있다. 묘비에 새겨진 '윌리엄 머레이William. J. Murray와 찰스 데일Charles Dale, 1886년 3월 11일'이라는 글자만이 한때의 역사를 증언하고 있었다.

| 거문도의 영국군 묘지

거문도 섬 주민과 영국 해군의 기묘한 동거

1885년 4월 15일, 거문도 주민들은 평소와 다름없이 고기잡이를 나갔다. 이 무렵은 조선이 소빙기에서 벗어나면서 기후가 점차 따뜻해지던 때였다. 수온이 올라가자 명태가 남해에서 자취를 감추어 어민들의 애를 태웠다. 이날 거문도 어민들도 명태가 왜 이렇게 안 잡히느냐며 걱정을 주고받고 있었을지 모른다. 하지만 이날 이들을 기다리고 있던 것은 명태가 아니라 이전에 본 적 없는 거대한 선박들이었다. 617명의 영국 군인이 탑승한 3척의 군함이었다. 섬으로 빠르게 이동한 이들은 3개의 섬 중 사람이 살

한국사는 없다

지 않는 고도에 임시 병영과 요새를 건설했다. 주민들이 사는 동도와 서도를 피한 것은 현지와의 마찰을 최소화하기 위해서였다. 이렇게 한반도의 한 귀퉁이에서 섬 주민들과 열강 세력 군대의 기묘한 동거가 22개월간 이어졌다.

이런 경우 힘을 앞세운 군인들이 순박한 현지인들을 겁박하고 착취하는 모습이 떠오를 법도 하지만, 실상은 전혀 달랐다. 주민들은 이방인들을 두려워하지 않았다. 아니, 오히려 이들과의 동거를 적당히 즐겼다. 주민들은 가끔 군함을 방문해 담배와 과자, 차를 대접받고 조타실에서 사진을 찍는가 하면 일부는 영국군 막사에서 일하기도 했다. 덕분에 이들은 간단한 영어를 익혔고, 아이들은 영어로 담배를 조르기도 했다고 한다.

거문도 주민들에게 영국군은 좋은 이웃이었다. 이들은 요새 건설 공사에 동원한 주민들에게 일당으로 통조림 등 식량을 나누어주었고, 이들이 다치면 치료해주었다. 또 필요한 토지는 제값을 치러 구입했고 자신들이 입던 헌옷을 나누어주기도 했다. 주민들 입장에서 이런 영국군의 태도는 환심을 사기에 충분했을 것이다. 그래서 영국군이 떠날 때 거문도 주민들은 경제적으로 어려워질 것을 우려해 슬퍼했다는 이야기도 전해진다.

영국군도 다소 무료했던 이곳의 삶을 즐겼던 것 같다. 거문도에는 이들이 만든 한국 최초의 테니스장 터가 남아 있다. 서도 해변에는 이들을 상대로 한 유곽이 일본인에 의해 운영되었는데,

해병대원 하나가 이곳에 가려고 바다를 건너다가 익사했다는 '도시전설' 같은 이야기도 전해진다.

그렇다면 영국군은 왜 거문도에 들어왔던 것일까? 주민들이 통역에게 이 섬에 왜 왔는지 물었을 때 영국군은 이렇게 답했다. "이 섬은 아주 중요한 섬이라오. 이 섬을 지키면 다른 배가 바다를 마음대로 다니지 못한다오." 영국군의 이 답변에는 구한말 조선이 맞이한 운명이 함축적으로 담겨 있었다.

대양에 진출하려는 러시아와 이를 저지하려는 영국의 대결

19세기, 전 세계에 제국주의의 열풍이 밀어닥쳤다. 열강들은 세계 각국에서 자국의 이익을 확보하기 위한 각축전을 벌였다. '힘이 곧 정의'였던 시대다. 특히 남쪽으로 전진해 대양으로 진출하려는 러시아와 이를 저지하려는 영국은 유라시아 대륙을 체스판으로 삼아 거대한 게임을 벌이고 있었다. 세계사에서 '그레이트 게임*Great game*'이라고 불리는 패권 경쟁이다.

러시아는 거대한 영토를 보유하고 있지만, 패권국이 되기에는 치명적인 약점을 안고 있었다. 바로 해양으로 진출하기 어렵다는 점이다. 당시 러시아가 해양으로 진출할 수 있는 항로는 ①발트해 → 대서양 ②흑해 → 지중해(수에즈 운하) → 인도양이다.

그런데 발트해를 거쳐 대서양으로 가는 길목에 영국이 있었

| 러시아의 대양 진출을 저지하려는 영국과 열강들의 움직임을 풍자한 그림

다. 흑해에서 지중해로 나가려면 오스만 튀르크 영토인 발칸반도를 확보해야 했다. 어느 하나 자신들의 마음대로 할 수 있는 길이 없었다. 그래서 러시아는 오스만 튀르크를 상대로 전쟁을 벌인 적도 있지만 영국 등의 반발에 부닥쳐 흑해를 장악하는 데 실패했다.

1885년 3월 러시아가 눈을 돌린 곳은 중앙아시아였다. 아프가니스탄 침공은 영국의 허를 찌른 수였다. 아프가니스탄을 점령하면 아라비아해가 코앞이고, 영국의 가장 중요한 식민지인 인도가 바로 앞에 있다. 이런 러시아의 남하를 막는 것이 영국의 가장 중요한 지상 과제였다. 영국이 거문도를 점령한 때는 러시아가 아프가니스탄을 공격하고 한 달 뒤였다. 러시아와의 대결을 준비하는 포석이었다.

러시아는 1860년 제2차 아편 전쟁을 중재한 대가로 청나라로부터 연해주를 받아냈다. 덕분에 러시아는 항구(블라디보스토크)를 확보했지만 숙원인 대양 진출에는 여전히 한계를 안고 있었다. 블라디보스토크는 일본 혼슈와 홋카이도로 둘러싸여 있다. 태평양으로 가려면 사할린과 홋카이도 사이를 지나가는 항로가 가장 가깝지만, 이곳은 겨울에 유빙이 떠다닌다. 꿈에 그리던 부동항不凍港과는 거리가 있었다. 그래서 러시아의 눈에 들어온 것이 한반도와 그 부속 섬들이었다.

영국의 생각도 같았다. 거문도를 점령하면 블라디보스토크에서 출발하는 러시아 해군의 해양 진출을 저지하는 한편, 유사시 블라디보스토크를 침공할 수 있었다.

영국이 거문도를 점령했다는 소식을 들은 러시아는 블라디보스토크 공격에 대비해 병력과 방어 시설 확충에 나섰다. 두 열강의 그레이트 게임이 지중해, 중앙아시아를 거쳐 이제는 한반도 일대로 무대가 확장된 것이다.

한국사는 없다

열강이 주목한 거문도의 가치

19세기 거문도를 찾은 외국 군함은 이전에도 있었다. 1840년 대에는 영국 군함 사마랑호가, 1850년대에는 러시아 함선 팔라다호가 방문했다. 거문도 주민들은 2세대에 걸쳐 외국군과 접촉한 상태였다. 이 무렵 거문도는 이미 영국에서 명명한 '포트 해밀턴*Port Hamilton*'이라는 이름으로 불리고 있었으며 세계 열강들이 군침을 흘렸다.

지도를 보면 이유를 알 수 있다. 거문도는 여수항에서 115킬로미터, 제주도에서 100킬로미터 떨어져 있다. 남해안과 제주도의 거의 중간이다. 거기에 일본의 나가사키와 중국의 상하이 사이에서도 거의 중간에 위치하고 있다. 또 영국의 조차지(외국의 영토를 일정 기간 대여해 배타적이고 독점적인 정치적 지배권을 가진 땅)였던 홍콩에서는 2,000킬로미터, 러시아의 부동항 블라디보스토크에서는 1,200킬로미터가 떨어져 있다. 누가 봐도 동아시아 해역에서 전략적 요충지다. 누구든 이 섬에 해군 기지를 짓는다면 중국-조선-일본-러시아를 상대로 군사 작전을 벌이기에 유리해진다.

이런 지정학적 조건은 쉽게 바뀌지 않는다. 남해에는 장보고가 세운 청해진(완도)이 있었고, 지금은 대한민국의 해군 기지(제주도)가 있다. 역사에서 눈여겨봐야 할 것은 바로 이런 것이다.

| 거문도의 지리적 가치

조선의 의도치 않은 '도박' : 인아거청

이 당시 조선의 상황은 미묘하게 흘러가고 있었다. 임오군란

(1882년)과 갑신정변(1884년)을 청나라의 도움으로 진압한 조선 정

부는 사실상 청나라의 속국 신세로 전락했다. 지친 고종은 러시

아를 끌어들여 청나라를 견제하고자 했다. 이를 '인아거청引俄拒淸'

이라고 한다. 고종과 명성 왕후는 열강의 힘을 빌려 다른 열강을

견제하는 외교적 해법에 관심이 많았는데, 이때 눈에 들어온 대

상이 러시아였다. 고종은 러시아에 두 차례 밀서를 보내 영흥만

일대를 제공하는 대신 제물포(인천)에 러시아 전함과 해군을 파병

하고, 조선을 러시아의 보호국으로 지정해줄 것을 요청했다. 부동항을 꿈꾸는 러시아로서는 달콤한 요청이었다.

하지만 당시 조선은 정상적인 국가가 아니었다. 외교 업무를 총괄하던 김윤식은 뼛속 깊이 친청파였다. 그는 고종의 계획을 청나라에 알렸고, 청나라의 추궁에 당황한 고종은 "나는 모르는 일"이라며 발뺌했다. 국왕이 외교 밀사를 보냈는데, 이것을 외교 총책임자가 다른 나라에 보고하는 상황이 이때 조선이 처한 현실이었다.

어쨌거나 청나라를 견제하려던 도박이 조선의 운명을 결정했다. 이 시기 영국의 최대 외교 현안은 남하하는 러시아를 봉쇄하는 것이었다. 그런데 조선이 러시아와 손잡는다면 러시아의 해양 진출이라는 영국의 악몽이 현실화된다. 이때 조선이 조금 더 국제 정치에 눈이 밝았다면, 러시아를 끌어들이는 것이 어떤 후폭풍으로 이어질지 내다볼 수 있었을 것이다. 당시 영국은 세계 4분의 1을 실질 지배하고 가장 강력한 해군을 보유한 최강대국이었다. 그레이트 게임 와중에 러시아를 선택한 것은 의도치 않은 악수惡手가 되었다.

일본과 조선이 열강을 대하는 자세

여기서 열강을 대하는 조선과 일본의 차이를 보자.

현 세계정세는 동서 열강들이 대치하는, 마치 춘추 시대와 같이 서로 맹약을 맺고 끊임없이 전쟁을 벌이고 있다. 우리나라는 소국小國이나 동양의 지리적 요충지에 위치하고 있어 진晉과 초楚 사이에 낀 정鄭과 닮았다. 오늘날 미국은 지구상에서 가장 공평하고 부유한 나라로 무턱대고 타국을 침략하려는 욕심이 없다. 미국이 먼저 우리와 맹약을 맺기를 제안하지 않아도 우리가 솔선해서 미국과 굳건한 맹약을 맺어 고립을 회피하는 게 왜 그릇된 일인가? 이것이야말로 우리나라가 나아가야 할 길이다.

오래전 춘추 시대 소국인 정나라가 대국인 진과 초에 끼어 침략을 받아 멸망 직전에 처했을 때, 뛰어난 재상 자산이 등장해 정치를 맡았다. 복잡한 국제 정국에서 한 번도 실패하지 않고 50여 년 동안 전화戰禍를 피하고 나라와 백성의 안녕을 끝까지 지켜냈다. 지금 일본도 정나라와 비슷한 처지에 처해 있는 만큼 자산과 같은 인물을 선발해 힘을 기울여 외국과의 협상에서 실패가 없도록 도모해야 한다. 일본은 순한 기후, 풍요로운 미곡, 유능한 백성 등 뛰어난 국체를 가지고 있다. 그런데도 그에 걸맞은 국력을 키우지 못했다.

인용한 글 가운데 위는 19세기 개화파의 거두였던 박규수의 글이고, 아래는 같은 시대 일본의 개화파 지식인 사쿠마 쇼잔의 글이다. 19세기 말 국제 정세를 춘추 시대와 비교하거나 조선과 일본을 소국인 정나라에 비유한 것은 동일하지만, 내놓은 해결책

한국사는 없다

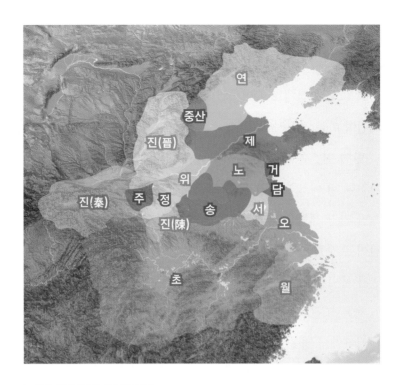

| 춘추 시대 당시의 정나라 위치

은 사뭇 다르다. 박규수는 의지할 만한 강력한 나라를 찾는 것이 중요하다고 본 반면 쇼잔은 뛰어난 인재를 찾아 정치를 맡기고, 외국과의 협상에서 끌려 다니지 않아야 한다고 강조한다.

이런 차이는 이후 양국의 역사에 그대로 반영된다. 박규수로 부터 시작된 조선의 개화파는 어떤 열강과 손잡고 지원을 받아야 하는지를 놓고 분열했다. 민영익이 속한 온건 개혁파는 대개 친청파에 속했고, 김옥균이 리더였던 급진 개혁파는 친일파에 속했다. 이들은 개화를 위해 청나라와 일본을 모델로 삼아야 한다는 데 그치지 않고, 두 나라의 지원을 받아야 한다고 생각해 외부 세력을 국내 정치로 끌어들였다. 이 두 세력이 충돌하여 일어난 사건이 바로 갑신정변이다.

반면 일본은 시찰단을 서구로 보내 영국, 프랑스, 독일 등을 관찰한 뒤 어느 나라를 모델로 삼을 것인지 토론을 벌이기는 했지만 열강 세력을 국내 정치에 끌어들이지는 않았다. 사쿠마 쇼잔이 주장했듯이 '뛰어난 정치 세력이 개혁을 주도하면 곧 열강만큼 국력을 키울 수 있다'고 보았기 때문이다.

물론 조선과 일본은 지정학적으로 차이가 있다. 조선은 중국, 러시아와 국경을 맞대고 있기 때문에 조선의 문제는 단순히 조선의 문제로 끝나지 않았다. 대표적인 것이 임오군란이다. 구식 군인들의 폭동으로 시작된 이 사건은 대원군의 정권 장악과 명성 왕후의 몰락으로 마무리될 것 같았으나 청나라 군대가 개입하면서 결과가 180도 달라졌다. 반면 섬나라인 일본은 상대적으로 외국의 간섭을 덜 받을 수 있었다. 일본도 보신 전쟁과 세이난 전쟁 등 개화 과정에서 무력 충돌이 일어났지만, 외국이 개입한 적은 없다. 일본은 외세를 끌어들일 생각도 안 했지만, 지리적으로도 외국이 개입하기가 쉽지 않았을 것이다. 일본의 개국이 조선보다 20년 가까이 앞섰다는 점도 있지만, 이런 지정학적 요인도 두 나라의 운명을 가르는 주요 요인이 되었다. 같은 이유로 일

한국사는 없다

본은 이전에도 중국 왕조의 간섭으로부터 자유로웠다.

일본의 대러 공포증과 을미사변

한편 영국 못지않게 러시아의 움직임에 민감하게 반응한 나라가 일본이다. 러시아가 시베리아로 진출한 17세기, 사할린과 쿠릴 열도 등에 러시아인들이 나타나자 일본 사회는 큰 충격을 받았다.

『삼국통람도설三國通覽圖說』의 저자 하야시 시헤이 등 당시 일본의 오피니언 리더들은 러시아가 일본까지 노리고 있으며, 언젠가 군사적 충돌이 불가피하다고 인식했다. 19세기 초 발간된 『북해이담北海異談』(1806년과 1807년 러시아의 기습으로 일본군이 패배한 전투를 다룬 소설. 국방 현안을 다루었다는 이유로 저자는 처형되었다)에서는 조선이 임진왜란의 복수를 위해 러시아를 끌어들여 일본을 공격할 것이라는 시나리오까지 등장할 정도였다. 이러한 일본의 공로증(恐露症·Russophobia), 즉 러시아 공포증은 일본 여론과 대한반도 정책에도 큰 영향을 끼쳤다. 이런 상황에서 일본을 자극하는 결정적 사건이 벌어졌다. 일본은 1895년 청일 전쟁에서 승리해 랴오둥반도를 확보했지만 러시아, 독일, 프랑스의 '삼국 간섭'으로 다시 돌려주어야 했다. 그리고 러시아는 일본이 토해낸 뤼순과 다롄을 가져갔다. 일본은 큰 분노에 휩싸였다.

| 랴오둥반도와 뤼순항 위치

이것을 본 고종과 명성 왕후는 재빨리 친러 내각으로 개편했다. 청일 전쟁에서 일본이 승리하자 조선에는 친일 내각이 들어섰지만, 일본이 랴오둥반도를 내놓는 것을 보면서 '아, 일본도 러시아 앞에서는 별것 아니구나'라는 확신을 갖게 된 것이다. 음식점 메뉴판 바꾸듯이 주변 정세에 맞추어 내각을 갈아치우는 게 이때 고종과 명성 왕후의 보신책이었다. 이런 상황에서 조선 주재 일본 공사 미우라 고로가 호시탐탐 정치적 재기를 노리던 흥선 대원군과 손잡고 일으킨 사건이 을미사변이다.

이 무렵 흥선 대원군과 고종 부부의 관계는 최악이라는 표현

한국사는 없다

도 충분치 않을 정도였다. 흥선 대원군은 임오군란에 대한 책임으로 청나라에 끌려갔다가 돌아왔지만, 고종과 명성 왕후에 밀려 연금 상태에 있었다. 흥선 대원군이 청나라에서 제물포(인천)에 도착했을 때 고종과 명성 왕후는 마중 일행도 보내지 않을 정도로 양측 관계는 악화되어 있었다. 뿐만 아니라 흥선 대원군이 서울로 돌아온 날 고종은 대원군과 연결된 임오군란의 주범을 공개 처형했다. '앞으로 조신하게 있으라'는 경고였다.

흥선 대원군은 이미 고종을 끌어내리고 장손인 이준용(장자 이재면의 아들)으로 왕위를 교체하려는 의지를 갖고 있었다. 조선의 친러 내각 수립에 분노했던 미우라 공사가 흥선 대원군에게 접근한 것은 어쩌면 당연한 수순이었는지 모른다. 아무리 막 나간다고 해도 정규군도 아닌 자객 일부를 이끌고 궁에 침입해 일국의 왕후를 제거하는 것은 지극히 어려운 일이다. 내부 협력자 없이는 불가능하다. 미우라 공사는 을미사변을 일으킨 뒤 일부 조선 군인들을 선동해 쿠데타를 조장하고, 친일 내각을 다시 세우고자 했다. 흥선 대원군은 이준용을 왕위로 올리기 위해 이에 기꺼이 동의했다. 양측의 이해관계가 맞아떨어졌다.

일본이 이렇게까지 극단적으로 나온 배경에는 17세기 후반부터 쌓여온 러시아 포비아가 자리 잡고 있었다. '조선이 러시아에 넘어가면 그다음은 일본'이라는 공포다.

660년 백제 수도가 함락되었을 때, 일본은 군사를 탈탈 털어

백제 부흥군을 보낸 적이 있다. 당나라가 한반도를 차지하고 나면 다음에는 일본 차례가 될 것이라고 본 것이다. 한반도는 대륙으로부터 일본을 보호하는 '안전선'이라는 개념은 일본의 유구한 안보관이었다.

하지만 일본의 극단적인 방식은 잠깐 효과에 그쳤다. 국제적 평가를 손상시켰을 뿐 아니라 도리어 조선과 러시아가 밀착하는 빌미를 제공했다. 전국에서 반일 감정이 고조되었고, 고종은 아예 러시아 대사관으로 도망쳤다. 그리고 이 기간 친러파 정권은 압록강 연안 개발이나 울릉도 등의 삼림 벌채권을 러시아에 넘겼고, 러시아는 인천에 석탄 저장소를 설치하는 등 한반도에 대한 영향력을 확고하게 다졌다. 해양 진출을 위한 준비를 차근차근 추진한 것이다. 이때만 해도 조선은 일본이 아니라 러시아로 넘어갈 가능성이 높아 보였다.

일본에 날개를 달아준 영일 동맹

러시아와 그레이트 게임을 벌이던 영국은 조선에 대해 어떻게 판단했을까? 영국은 조선이 러시아에 넘어가지 않되 외교적으로는 청나라에 종속되는 쪽을 선호했다. 조선을 직접 가져가는 것은 부담스러우니, 청을 통해 러시아로 넘어가지 않도록 관리되는 정도가 바람직하다고 본 것이다.

한국사는 없다

기간	한반도에 지배력을 행사한 열강
1882~1895	청
1895~1896	일본
1896~1905	러시아
1905~1910	일본

그런데 청일 전쟁 패배로 청나라가 조선에서 영향력을 상실하고, 러시아가 치고 들어오자 영국은 다급해졌다. 이 무렵 영국은 남아프리카에서 벌어진 보어 전쟁에 발이 묶여 아시아에 병력을 파견할 여력이 없었다. 이때 러시아를 막을 파트너를 다급하게 찾던 영국의 눈에 들어온 나라가 일본이었다.

1902년 체결된 영일 동맹은 일본에 날개를 달아주었다. 일본이 러시아를 상대로 전쟁을 벌일 수 있었던 것도, 조선을 합병하겠다는 '꿈'을 꿀 수 있게 된 것도 궁극적으로는 영일 동맹을 맺었기 때문이다.

영일 동맹 직후 일본의 육군 원수이자 총리였던 야마가타 아리토모가 "우리나라 이익선의 초점은 실로 조선에 있다. 조선의 독립이 상실되면 머리 위에 칼날을 대는 정세가 되어 주권선도 지키지 못한다"고 공언한 데서도 드러난다. 일본은 다른 나라의 침입을 허용치 않는 '주권선'을 넘어 '이익선'까지 확보해야 한다는 논리를 앞세워 국방비를 대폭 증액했다. 영국이라는 든든한

후원자가 생겼으니 한반도를 놓고 러시아와의 결전을 준비한 것이다.

러일 전쟁이 발발했을 때 영국은 중립을 표방했지만, 실제로는 그렇지 않았다. 예를 들어 뤼순항에 있던 러시아 함정들이 일본의 기습을 받고 산둥반도의 웨이하이웨이항으로 피신했을 때 이곳을 통치했던 영국은 러시아군을 모두 억류하고 무장 해제시켜버렸다. 이 때문에 러시아 해군 전력은 절반으로 감소했다. 이를 만회하기 위해 러시아는 흑해 함대를 한반도로 파견하려고 했다. 지름길은 흑해를 통해 수에즈 운하를 통과한 뒤 인도양으로 빠지는 길이었지만, 영국은 '흑해 중립화'를 규정한 파리 조약 위반이라며 펄쩍 뛰는 등 교묘한 방해 공작을 벌였다. 결국 러시아 측은 발틱 함대를 동원해 아프리카를 도는 먼 항로를 택할 수밖에 없었다. 뿐만 아니라 러시아 함대는 아프리카를 돌아 한반도까지 오는 동안 영국령 항구를 활용할 수 없어 석탄, 물, 식품 등 보급 물자 공급에 심각한 문제를 겪었다. 9개월에 걸쳐 3만 7,000킬로미터를 항해해 한반도에 도착한 발틱 함대는 이미 극심하게 지친 상태였다. 제대로 전투를 치를 리 만무했다.

러일 전쟁에서 가장 중요한 요소는 '돈'이었다. 일본은 국가 예산의 10년치에 해당하는 막대한 돈을 러일 전쟁에 투입했다. 당시 일본의 재정 형편으로는 이처럼 막대한 군자금을 구할 수 없었는데, 이때 세계 최강대국 영국의 금융 자본이 나섰다. 덕분에

러시아 **발틱 함대의 이동 경로** 발틱 함대의 소형 군함은 수에즈 운하를 통과할 수 있었다.

군자금을 충분히 마련한 일본은 군비를 확충해 전쟁을 수행할 수 있었다.

　직접 개입하지는 않았지만 러일 전쟁의 전체적인 설계자는 영국이었다. 조선이 내민 러시아라는 카드를 일본은 영국이라는 카드로 제압한 것이다. 러시아가 스트레이트였다면 영국은 풀하우스였다. 좋은 패를 쥐는 것도 실력이다.

　'역사를 잊은 자 미래는 없다.'

　여러 방송 등을 통해 신채호가 했던 말로 알려져 있지만, 기원은 불분명하다. 적어도 신채호는 이런 말을 남긴 적이 없다. 이 말을 강조하는 측에서는 구한말 역사를 논하면서 대체로 친일파의 매국 행위, 위정척사파의 저항 정신, 의병 투쟁을 강조하는 경향이 있다. 하지만 역사를 공부하는 목적을 생각해보면 앞뒤가 바뀌었다는 생각이 든다.

구한말 역사에서 조선이 국권 침탈을 맞이하게 된 가장 결정적인 패착은 국제 관계에 대한 오판이었다. 중국밖에 몰랐던 조선의 국왕은 열강에 대해 너무 순진하게 접근했다. 그래서 조선의 힘을 키우기보다는 열강을 이용하려 했다. 처음에는 미국에 기대려 했고, 그다음에는 영국과 러시아에, 그리고 필요에 따라 청나라와 일본에도 보호를 기대했다. 남의 힘을 이용해 자신의 안전을 보장받고자 한다면 국제 사회의 움직임과 이해관계를 명확하게 꿰뚫고 있어야 한다. 고종은 그럴 능력이 없었고 국권 침탈이라는 비싼 대가를 지불해야 했다.

이 과정에서 조선의 주요 인재들도 친일파, 친청파, 친러파 등에 속하거나 소속을 갈아탔다. 당대 조선의 인재로 꼽혔던 민영익, 김윤식은 친청파, 한때 조선의 미래를 이끌고 갈 인물이라 평가받았던 김옥균, 박영효는 친일파였다. 훗날 친일파의 거두가 되는 이완용은 을미사변 직후까지만 하더라도 친러파의 핵심 인사였다.

이런 구도를 만든 장본인은 고종 자신이다. 국왕이 늘 어느 열강의 도움에 기댈까를 고민하는데, 신하들이라고 다를 수 없다. 그러니 친일파는 이런 환경이 만든 마지막 결과물에 불과했다. 러일 전쟁에서 러시아가 승리했다면 지금의 친일파 자리에는 친러파가, 청일 전쟁에서 청나라가 승리했다면 친청파가 자리했을 테니 말이다.

내가 바라보고 싶은 것만 바라보아서는 역사에서 교훈을 얻을 수 없다. 피 끓는 감정을 고양시키기보다는 차갑게 당시의 현실을 직시할 필요가 있다. 몇몇 친일파 때문에 나라가 망한 것이 아니라는 점을 직시할 수 있을 때 비로소 '역사를 잊은 자에게 내일은 없다'는 말도 의미를 갖게 되지 않을까.

한국사는 없다

초판 1쇄 발행 2024년 8월 5일
초판 2쇄 발행 2024년 9월 2일

지은이 유성운
펴낸이 김선준

편집이사 서선행
책임편집 송병규　　**편집4팀** 이희산　　**디자인** 김예은
마케팅팀 권두리, 이진규, 신동빈
홍보팀 조아란, 장태수, 이은정, 권희, 유준상, 박미정, 이건희, 박지훈
경영관리 송현주, 권송이, 정수연

펴낸곳 페이지2북스
출판등록 2019년 4월 25일 제2019-000129호
주소 서울시 영등포구 여의대로 108 파크원타워1 28층
전화 070) 4203-7755　　**팩스** 070) 4170-4865
이메일 page2books@naver.com
종이 ㈜월드페이퍼　　**출력·인쇄·후가공·제본** 한영문화사

ISBN 979-11-6985-092-6 (03910)